王正清　著

监狱管理

JIANYU
GUANLI

U0133108

化学工业出版社

·北京·

内 容 提 要

提高监狱管理的科学化水平，是充分发挥监狱职能和最优化实现监狱工作目标的前提和基础。本书立足于当前社会管理创新的需要和监狱管理的生动实践，引进理性、精细化、目标、责任等先进的管理理论，系统阐述了监狱管理工作中需要注意的问题和应当呈现的样态。

本书分为八章，包括：理性管理、精确管理、细化管理、用心管理、用情管理、用能管理、用诚管理、创新管理。

本书可供监狱高层、中层管理者培训用，也可作为在职监狱民警培训用，亦可作为司法警官类院校学生参考，也可作为其他关心监狱发展的读者了解监狱、认识监狱、研究监狱的重要参考书之一。

图书在版编目（CIP）数据

监狱管理/王正清著 . —北京：化学工业
出版社，2012.5
ISBN 978-7-122-13735-7

Ⅰ. 监⋯　Ⅱ. 王⋯　Ⅲ. 监狱-管理-中国
Ⅳ. D926.7

中国版本图书馆 CIP 数据核字（2012）第 039350 号

责任编辑：旷英姿　　　　　　　　文字编辑：李　曦
责任校对：吴　静　　　　　　　　装帧设计：杨　北

出版发行：化学工业出版社（北京市东城区青年湖南街 13 号　邮政编码 100011）
印　　装：北京云浩印刷有限责任公司
787mm×1092mm　1/16　印张 10　字数 234 千字　　2012 年 6 月北京第 1 版第 1 次印刷

购书咨询：010-64518888（传真：010-64519686）　　售后服务：010-64518899
网　　址：http://www.cip.com.cn
凡购买本书，如有缺损质量问题，本社销售中心负责调换。

定　　价：45.00 元

序

　　与其他社会现象一样，管理现象和管理行为存在于人类历史的各个阶段。可以说，有团体活动和集体组织的地方，就必然有形形色色的管理活动。虽然管理的科学性和合理性有所差异，但管理行为对于人、财、物的整合和资源的利用都有着不可忽视的作用。有效的管理可以促进团队目标的实现，保持团队的战斗力，提高团队适应环境的变革能力和创新能力。无效落后的管理也必然会削弱集体的竞争力，浪费集体的各种资源。不过，随着以提高劳动生产率为目标的古典管理学的建立，管理行为和管理活动的研究主要集中在企业层面。这就将计划、领导、组织和协调等具有广泛意义的管理行为，局限在了狭隘的经济领域。近年来的公共管理研究逐渐拓宽了管理科学的适用领域。

　　其实，监狱领域同样存在着太多的科学管理问题。监狱管理是监狱运行、发展和创新的基础和保障。没有监狱管理活动的支撑，任何监狱目标和监狱价值的实现都是空谈。在理论探讨和实践分析中，我们往往习惯于重视监狱的政治属性和法律属性。虽然已经没有人单纯地将监狱定义为国家暴力机器的组成部分，但监狱的政治功能和政治作用仍然是监狱实践运行的重要指针。而监狱作为刑罚执行机关的法律定性，更促成了法学规范研究和权力分析在监狱学领域的"显学"地位。在这种视角下，监狱管理沦为了简单的行政控制和流程管理，监狱管理的地位和意义受到了很大的影响。完全着眼于政治属性和刑罚执行的管理活动，很难实现自身对于监狱活动的整合功能和协调作用。

　　2009年底，全国政法工作电视电话会议强调，"社会矛盾化解、社会管理创新、公正廉洁执法"是当前的三项重点工作。其中，社会管理创新对于监狱管理提出了新的时代要求，监狱管理必须开始面向新的社会背景和吸收新的社会管理经验。监狱领域必须保持与时俱进的精神和开放进取的意识，而不能固守封闭保守的观念。不可否认，国家权力是支撑监狱运行的基石，监狱也必须坚持坚定的政治立场，法律更是监狱得以存在和活动的主要依据。但是仅仅因此将监狱学等同于国家刑罚权研究或者完全侧重于执法研究和行刑研究，监狱领域中的其他问题就很难被发现和解决。现代管理学已经充分表明，人类组织具有很大的共同性，任何组织机构，都必然遵循着普适的管理学规律和原理。监狱管理不仅仅是简单的执行命令和按制度办事，而是一门有着深厚学科底蕴和实践价值的组织科学。监狱管理可以为有效行刑、高效行刑和正义行刑提供充分的机制保障。

　　王正清监狱长是个有一定理论功底而又勤于思考的人，他监狱工作经验丰富，而且善于总结。在长期的监狱实践过程中，充分认识到了监狱管理的复杂性和能动性，也发现了执法者在监狱管理过程中的多元管理手段。监狱管理可以解读为包括理念、目标、动机、细节等多要素构成的系统活动。相应地，监狱管理技术也包括了理性管理、精确管理、细化管理、用心管理、用情管理、用能管理和用诚管理等七方面的内容。管理的立体性和交互性充分地得到了体现。但王监狱长并没有采用其不擅长的学术论著风格将其整合成规范的专著，而是以一种札记形式娓娓道来。通读全书，其间虽少有艰深的学术分析，但却充满了平实和智慧的工作感悟。监狱管理中间需要注意的问题和应当呈现的样态，在作者一个个简单深刻的案例中和通俗的语言中，得到了完美的表达。此种形式与内容的结合，将监狱管理的精髓有机地整合了起来，尤其适于监狱各级领导学习，对基层一线民警亦有启迪。

最后，我认为，在监狱理论研究和实践探索中，我们不能仅仅一味关注直接的罪犯现象和行刑研究，也应该适当拓展监狱学的研究领域。罪犯现象是监狱现象的重要内容，行刑活动也是监狱活动的核心内容，但监狱领域是一个整体，监狱场域的形成是多种合力共同作用的结果。没有监狱自身的组织完善、智力支持和资源保障，行刑活动和罪犯矫正也无从入手。监狱学研究应当去除一些功利性，不要把与行刑目标没有直接关系的内容一律边缘化。任何存在于监狱空间的人、物、事和行为、现象，都是监狱发展和监狱进步的可用载体。本书就告诉我们，通过现代管理理念的引入，监狱管理有些未必都直接作用于罪犯，但它却是监狱行刑目标实现的基础和保障。把这些直接的、非直接的管理因素有机地整合起来，将会给人们提供出一个全新的和全面的管理视野，必将极大地提升监狱活动的现代管理水平。

王明乐

2012年之月于保定

前　言

　　一个组织依赖于科学的管理才能实现目标。管理也是一个组织最为基本的活动。监狱作为国家的刑罚执行机关，也是一个组织。我国监狱法明确规定了其应实现的目标，即把罪犯改造成为守法的公民。监狱要高效地实现这一法定目标，持续提高改造的质量，同样依赖于科学的管理。长期以来，我国的监狱管理主要是经验型的、粗放式的，管理的效能和效率还不是太高，已不能适应社会发展，也不能最大化地满足社会对监狱的新诉求。为此，引进现代管理理论、管理技术和较为科学的管理理念，实现监狱管理的新提升，并在此基础上不断创新，既是时代的要求，也是监狱主动适应社会发展的必然之举。卓越的管理才能实现卓越的发展。本书既是作者长期工作实践的思索，也是不断学习之后的思考，谨以此书奉献给执着的事业。

　　本书可供监狱高层、中层管理者培训用，也可作为在职监狱民警培训用，亦可作为司法警官类院校学生学习参考，也可作为其他关心监狱发展的读者了解监狱、认识监狱、研究监狱的重要参考书之一。

　　本书在编写过程中得到了中央司法警官学院党委副书记、教授王明泉同志的充分肯定和指导。江苏省句容监狱的孙银军、黄震和吴金才同志，为本书的编写搜集、整理了大量的资料和素材。江苏省司法警官高等职业学校的马臣文同志对本书初稿作了修改。江苏省司法警官高等职业学校宋行教授为本书进行策划、统稿和最后修改。本书也得到了江苏省句容监狱党委的全力支持，在此一并深表感谢！

　　由于作者水平有限，书中疏漏之处在所难免，在此敬请读者批评指正！

王正清

2012 年 2 月 29 日

目 录

第一章　理性管理——理念决定未来

理性管理是监狱管理艺术的第一要义，是现代监狱管理中必须遵循的第一原则。作为国家法定的刑罚执行机关，监狱行刑任务的完成有赖于其在既定目标指引下协调各种资源的管理行为。一方面，监狱必须设定各个层次的合理目标；另一方面，监狱必须通过组织、计划、控制和协调等各种活动对资源进行有效利用。而利用资源实现目标的过程就是一个理性管理的过程。理性管理是现代监狱区别于传统监狱的重要标志。它意味着按照现代监狱管理的基本理念，对于监狱资源进行有效整合和科学定位。这些特定的监狱管理理念包括科学、法治、公平正义、人道、人权和人性。正是这些凝聚时代精神和文化精华的理念，影响了监狱运行的现实状况，也决定了监狱发展的未来走向。

一、理性管理是现代监狱的重要标志

理性管理的准确定位必须置于监狱发展的历史背景中。与野蛮、暴力和没有自我限制的惩罚理念相比，理性管理意味着文明、合理和具有节制的监狱运行方式。理性管理是在概括监狱现实进步要素基础上所形成的一种监狱管理理念和监狱管理艺术。理性管理是监狱组织各种关系合理化的综合体现。理性管理增强了现代监狱的结构化运作方式和正式制度的约束能力，也强化了监狱执法领域和其他活动的规范化属性和合理化程度。理性管理是现代监狱区别于传统监狱的重要标志。

1. 理性管理释义

理性管理的特征在于管理的理性化。对于理性，经济学、社会学、法学、政治学等多个学科都对其有定义。而西方的理性主义运动和理性启蒙在历史现实中确实曾经并且仍然在发挥着不可低估的作用。不过，就理性的基本含义我们基本能够达成共识，即理性意味着：人们致力于使他们从世界得到的满足最大化；社会的每个成员都控制着一定的资源，并且在需求最小化和供给最大化的时候达到最大的自我满足；与他人的互动被视为是带有特定目的的交易或商谈；个体持续计算着每个特定行动的成本收益关系；人们处于一种稳定的预期和相对不变的需求状况中……❶理性始终与手段对于目标实现的有效性、目标本身的正当性以及有序合理的过程密切相关。在监狱领域，理性管理与监狱正式组织和非正式活动的合理化密不可分。监狱是一个正式的组织，具备完善的结构和合理的运行规则。监狱工作人员相互联系、相互依存，在资源、目标和规则支撑下，实现了监狱的日常运行。而监狱管理的理性化，即理性管理，不仅仅是指监狱资源在规则和制度框架中基本配置的适当性，还包括了监狱活动中人们智力活动的合理化和规范化。这种智力活动就是我

---

❶［澳］马尔科姆·现代社会学理论. 杨善华等译. 北京：华夏出版社，2000：64.

们通常所说的计划、组织、协调和控制等人与人之间的沟通状况。监狱管理其实是涉及监狱整体并成为联系监狱其他子系统的重要力量。理性管理意味着这种干涉力量的有序、稳定和有效。具体而言，理性管理主要概括了以下几个层面的管理内容。

（1）在合理协调监狱现有人力、物力和财力等所有资源的基础上，有效且高效地实现监狱目标　监狱管理是一个涉及诸多层面、诸多内容和诸多人员的复杂活动，必须采用科学系统的方法进行合理协调，才能确保各个层面监狱目标的实现。不同于以营利为目的的企业，监狱在保持自身稳定运行和有效运作的同时，承担着执行刑罚、惩罚和改造罪犯的法定任务。一定的物质基础、制度环境和人力资源是实现监狱目标的基本条件。只有按照组织运行规律和监狱发展规律协调各种关系，优化利用各种资源，方能实现监狱目标。

（2）在职权范围内，合理利用监狱自身的各种职能　这是理性管理在制度层面的基本含义。依据法律明文规定和各种授权，每一个监狱都具备了目标制度、计划、聚集资源、组织、控制和协调等多种类型的职权和职能。这些权能是监狱各种活动和行为的源泉和基础。只有将各项职能进行合理配置，清晰定义每一项职能的范围和程序，并保证协调运行、界限明确，监狱运行才能高效合理。理性管理所包含的就是这样一种制度层面和职能层面的合理性和理性化。没有职能配置和协调的理性化，监狱管理将很难达到理性管理的层次。

（3）将监狱与外部联系起来，及时针对社会发展需要作出反应　这是外部环境对监狱管理的理性要求。监狱不是一个封闭的系统，而是置于开放社会中的一种组织形式，所以必须时刻关注和回应社会发展的需要。我国现处于社会主义建设的新时期，整个社会的法治民主意识和人权理念已显著发展。监狱事业的发展必须充分尊重社会发展的现实和社会主义精神文明建设的成果，要尊重罪犯权利，重视管理创新，以此实现自身进步。与时俱进、保持自身发展和时代发展的同步，是监狱理性管理的题中之意。

（4）创造能实现个人目标和集体目标的组织氛围　监狱不是一般的社会组织，其内部管理事项繁杂，形式多样，政治属性明显。因此，恰当合理地协调组织成员的个人目标和监狱目标，创造良好的工作氛围和监狱文化，是监狱持续健康发展的前提。监狱理性管理既要着眼于短期目标的实现和监狱整体的发展，又要着眼于监狱每一个工作人员的健康成长。只有在尊重监狱工作人员个人发展的基础上，一个监狱才能保持持久的战斗力，在内部形成一股积极向上、关注监狱发展的氛围，保证矫正罪犯目标的更好实现。这其实也意味着监狱角色的多元化，监狱不仅仅承担决策者和控制者的管理角色，同时也是帮助个体成长的人际关系协调者和个人生涯规划者。

（5）融合了各种现代社会的文明理念　监狱理性管理最高层面的内涵在于，它是一种融合了现代文明理念的监狱管理样态。监狱管理中涉及的人不是一般的社会个体，其管理对象是受到了法律谴责和责任制裁的个人。管理者行使的行刑权和管理权，导致罪犯始终处于事实上的弱势地位。以一种什么样的理念为指导进行监狱管理，直接影响了监狱管理和监狱发展的类型。理性管理区别于其他管理类型和具体管理技术的地方是，它包含了科学、法治、公平正义和人道、人权、人性等文明理念，确保了监狱发展理念的正当合理。只有将世界文明和人类社会至今为止的先进理念都积极吸纳入监狱管理中，理性管理才能名副其实地成为先进的管理类型。各种文明理念的支撑，为监狱管理的理性化提供了稳定的价值因子和文化动力。

2. 理性管理是监狱法治发展的结果

监狱管理的理性化是伴随着监狱法治发展的轨迹逐步展开的。没有监狱法治的推进，监狱管理的理性化将很难得到实现。不管基于什么样的行刑目的，监狱是通过剥夺罪犯自由实现国家惩罚功能和改造功能的国家机关。因此，监狱首先是一个人身自由的剥夺之地，充满了以暴制暴的血腥味。公权力对于个体的吞噬倾向更为明显。在监狱发展的历史上，此种无视罪犯人权的暴力行径一再上演。国家对于罪犯可以进行非人的报复和惩罚，以此来威慑他人、维持秩序。国家的惩罚权一度不可遏制。罪犯权利的肯认和行刑权行使的边界成了监狱领域亟待解决的问题。而这正是监狱法治的基本内涵。因此，法治文明的发展，催生了监狱法治的成长。从酷刑到有节制的惩罚，从被视为异端和怪物的罪犯到被视为违反了法律规则的公民，监狱行刑的文明化程度日渐增强。尤其是作为公权力类型之一的行刑权，其行使程序和规则逐渐公开、公平、清晰和可救济。法治的精神正在于此处。著名学者哈耶克即指出，"法治意味着政府的全部活动应受预先确定并加以宣布的规则的制约——这些规则能够使人们明确地预见到，对特定情况行政当局将如何行使强制力，以便根据这种认知规划个人的事务。"❶监狱法治的发展确保了行刑权行使的可预见性，监狱管理的规范化和人道化程度显著提高。

从另一个角度看，理性管理依赖于规范的完善和制度的合理。监狱法治既要求有完备可行的"良法"，也要求法律得到良好无误的执行。因此，监狱法治发展的结果便是，监狱制度的体系化和完善性得到了保障和法律支撑，各种监狱管理行为和管理活动都纳入到了可预见的法律轨道；而且监狱各个层次的管理规章和要求都是按照上位法律规则一步步落实下来的，管理的执行力因此有了制度层面的保障。各个层次的管理同时也都具有了协调一致的方向和共同的理念支持，监狱法治化程度的提高最终促进了理性管理水平的提高。

3. 理性管理是现代管理技术的结晶

管理是一个组织体内部协调各个分支系统，并使其适应外部环境的主要手段。现代西方社会对于管理的研究始于工业革命。伴随着大工业的发展，企业规模的增大和企业内部事务复杂性的增强，导致了重视资源利用效率和生产速度的管理技术的迅猛发展。如德鲁克所言，"管理作为一种基本的、独特的和主要的制度，它的出现是社会历史中具有重大意义的事情。在人类历史中，很少有一种制度能够如此迅速地证明自身的必不可少……管理，主要负责使资源具有生产效率，即它是负责取得有组织的经济进步的社会机体。这正是时代精神的反映。"❷管理者可以将人员、机器、场地、金钱、技术等各种资源整合成一个具有竞争力的企业。管理是将上述不同资源整合成一个有目标的系统的过程。这本身就是一个理性化的过程。管理不是盲目追求利益的过程，而是注重协调各种资源整合和调度的合理化途径。在管理实践和管理理论的推进下，管理技术进一步发展，其理性化程度日渐增强。从以工作为中心的 X 理论、以人为中心的 Y 理论到注重系统的、更为灵活的权变理论，现代管理技术更加注重个案的适应性和合理性，而不是追求统一的规则性和确定性。权变理论可以利用其复杂的参数系统，为组织的每一种境况提出适合其管理的框架

❶ 张文显. 马克思主义法理学——理论、方法和前沿. 北京：高等教育出版社，2003：338.

❷ [美] 彼得·德鲁克. 管理实践. 齐若兰译. 北京：机械工业出版社，2009：3.

和参照，理性管理在这里得到了真正的实现。

4. 理性管理应上升到理念高度

作为现代监狱重要标志的理性管理，必须上升到理念的高度，才能真正作为一种管理技术和管理艺术贯彻到监狱管理实践中。在监狱工作中，忽视管理细节、不重视管理方式方法、执行力不强等问题的出现，既有不重视执法素质和制度建设等方面的具体原因，更是没有充分贯彻理性管理意识的缘故。理性管理所追求的管理行为和管理活动的规范化、合理化和文明化，其诸多支撑理念可以为罪犯管理和警务管理提供有益的价值参照。如果真正将理性管理作为一种行动理念和管理理念，监狱日常管理中的很多问题都能够有效避免。比如漠视罪犯权利的管理者，从表面上看是不按照法律要求和规章办事的结果，是个人素质不高的表现，但其深层次原因必然是管理理念的错位或者不清晰。真正内化了理性管理理念的管理者，通过对于科学、法治、公平正义、人道、人权、人性等理念的认知，其管理行动必然合理有效、文明适度。

二、科学——监狱理性管理的基本路径

监狱管理是一项复杂的系统工程，必须遵循科学的路径，才能实现管理的理性化。没有科学理论的指导和科学规律的遵循，没有科学要求的制订执行和科学路径的确立，监狱理性管理只能是纸上谈兵。可以说，科学管理为理性管理提供了扎实的基础和可行的路径。

1. 科学是监狱理性管理的必然选择

所谓科学管理，"是指监狱应当以科学理论为指导，遵循罪犯思想转化的客观规律，采用先进的管理制度，运用科学文明的管理手段和现代化的监管设施，对罪犯实施监禁和管理。"[1] 当然，监狱理性管理的科学性还体现在对于自身组织内部事务的管理上，比如对于民警的任用、管理、激励和培训等。罪犯管理的科学化无疑在理性管理中占有主要的地位。这既取决于监狱的主要职能是惩罚改造罪犯和执行刑罚，也与罪犯管理的相对复杂性有关。民警管理的科学较容易理解，因为监狱与民警的关系虽不同于企业与员工的关系，仍有很大的近似性。对于民警的管理需要按照科学管理的要求和路径进行。而罪犯管理活动中双方的关系和地位差异较为独特，科学管理如何实现？其实虽然带有一定的特殊性，但罪犯管理本质上仍是一种管理活动，是特定的组织——代表国家行使刑罚执行权的监狱对于其特定的监控对象——罪犯的一种管理行为。罪犯管理同样应当遵循管理的基本规律，以促进监狱管理活动的效率性和合理性。

监狱管理本质上是协调各要素的过程。理性管理体现的是如何审慎、合理地将监狱中的民警关系、警囚关系和集体个人关系整合到位。这是一项既涉及到如何利用现有人、财、物等资源的问题，也是涉及到如何处理人与人之间关系和激励个体的问题。科学地进行管理，在这里不是一句空话和套话，而是意味着必须在管理过程中，切实运用科学知识、科学方法和科学制度，将监狱管理的理性化程度真正予以提高。监狱理性管理的科学化之路，有利于把握罪犯管理的规律和独特性，从而提高管理效能；有利于把握监狱组织

---

[1] 杨殿升. 监狱法学. 北京：北京大学出版社，2001：85.

协调的真谛，按照现代管理理论打造一支有战斗力和凝聚力的队伍；更有利于监狱资源的高效合理使用。

2. 监狱理性管理的科学路径——规范化、标准化、程序化和系统化

监狱理性管理的科学理念坚持不是抽象的教条，而是有着具体内涵的系统措施。规范化、标准化、程序化和系统化的管理方式，是监狱理性管理在科学理念指导下的科学路径。监狱管理路径的科学化，确保了监狱理性管理的正确方向，为监狱发展注入了取之不尽的方法论源泉。

（1）规范化　规范化是指监狱管理的一切活动和行为，不是随意和无序的，而必须符合监狱法律法规和规章制度的要求。规范化对于监狱管理行为的制度化程度提出了要求。虽然各个层次的监狱管理内容不同，但其都是直接或间接围绕罪犯展开的，管理行为和管理活动的确定性和连贯性直接关系到监管秩序的稳定程度。因此，任何管理行为和管理活动，必须纳入制度建设的轨道，实现规范化运作。不过，规范化的科学性不是指对于监狱任何管理项目都做出事无巨细的规定和要求，也不是指任何管理行为都要按照固定或唯一的模板进行。这是对于规范化的误解。规范化的实质在于确立一套适用于特定情形的处理模式和工作原则。在不同的工作场景中，规范化的体现有所不同。在劳动改造中，规范化是建立在培养罪犯劳动习惯和改变既有恶习前提上的，任何执法行为和管理活动都必须以此为潜在基础。而在减刑假释中，规范化意味着遵循法律标准，按照统一标准衡量罪犯的情况，从而做出判断。可见，规范化绝不是事事整齐划一，而是需要有不同的精神要素和价值要素的支持。规范化的真正要义就是建立适合监狱各种工作场景的、具有特定价值导向的制度流程，从而为管理行为提供指针和方向。

（2）标准化　标准化是指监狱管理活动和管理行为的技术统一性。作为国家的行刑机关，监狱管理不仅关乎到监狱自身形象和监狱发展，而且与罪犯矫正质量和监狱安全系数密切相关。因此，监狱管理行为和管理活动必须符合统一的标准，不能有任何懈怠和马虎之处。只有每一个管理节点都达到一定的要求，才能保证监狱全局的良性运转。标准化是量化了的监狱目标和监狱宏观决策。因此，标准化是科学管理的重要基础。

与规范化不同，标准化强调的是监狱管理行为的统一性，但二者并不矛盾。规范化是对于管理行为提出了抽象的模式要求，这里面蕴涵着很强的倾向性。比如要求罪犯改造必须达到特定的质量水平，这个要求的内容不仅意味着管理行为必须向该水平靠拢，而且意味着该要求的内容是监狱或者国家所赞同的，因而规范化里面包含着一定的裁量性。标准化关注的是管理行为技术层面的要求。无论是监狱生产项目的管理，还是罪犯改造的管理，每一项管理活动在技术上都必须设置一定的标准。然后将该标准推广下去，以此要求和指导每一个民警的执法行为和管理活动。标准化的科学性体现在其严格性方面。即一旦监狱经过调研论证，就某个事项制定了标准，每一个具体管理者都必须以此为工作任务和工作目标。同时，该标准的内容随之成为评价每一个民警执法素质的重要依据。当然，标准化的要求也是监狱招录、奖惩和培训工作人员的基本依据。

（3）程序化　程序是做一件事情的步骤、方法和过程。监狱理性管理的重要路径就在于实现管理行为的程序化。程序化的要义在于将整个管理内容进行流程化的规范处理。与规范化管理的价值要求不同，程序化处理的纵向性十分明显。程序化管理强调的是将每一个管理环节按照先后顺序进行固定，经过实践检验，形成具有合理性的管理流程。比如在

罪犯管理方面，监狱管理部门一般都将其分为入监管理、中期管理和出监管理三大阶段和若干小的阶段，在每一个阶段又设置了若干可选择的程序，这就为监狱管理的理性化提供了重要的参照依据。

程序化之所以重要，在于我们利用程序可以简化搜寻和选择过程。每一个个体的行为，都是对于环境刺激的反应。这种反应表现为当刺激要素出现时，个体会立即搜寻自己可以选择的备选方案，以应对环境变化。比如当监狱出现突发事件之时，即使没有任何可依据的处理规则，管理者也会依据自己经验和认知做出处理。但是这种自发的、完全依赖个人判断的处理往往难以预测且风险较大。如果将监狱突发事件处理程序化，制订出突发事件处理流程，那么在突发事件发生后，管理者便可以迅速按照程序步骤进行应急处理。这样就保证了应急处置的规范化，而且也减少了应急处理的随意性。可见，程序化管理的最大优势是，为管理进行具体的、类型化的事务处理提供了制度化的过程依据。当符合程序规定的事项出现时，相应程序即被激活，程序执行机制也立即启动。管理人员在处理极具复杂性的监狱事务时，完全可以按照程序化管理的要求，自动、自觉地进行理性管理。当然，程序化管理并不是一种按部就班式的照搬照抄。根据监狱管理目标层级的不同，相应的程序也有所不同，各个程序之间也存在一种互补关系和衔接关系。这就需要管理者清晰地认识每一个程序所适应的情境，既不能误用程序，又不能乱用程序。管理者始终要在监狱运行中处于一种主动积极的地位，因为在定义情境、选择可用程序以及程序组合方面，其仍具有很大的自由性和裁量权。正是程序的行为固化功能和管理者个人抉择能力的结合，为监狱理性管理提供了合理的路径。

（4）系统化　管理的系统化，是监狱完善自身内部结构、实现整体发展和平衡运行的理性措施。系统化着眼于监狱的结构关系，将监狱各个领域划分为各个组成部分，并按照各个局部的内在逻辑进行科学发展。为了完成不同层次的任务和践行各种职能，监狱系统可以被看作是若干子系统构成的有机体。监狱发展是整合和协调各子系统的过程。只有每一个子系统都进入良性发展轨道，并且系统之间实现了有机融合，监狱管理才能称得上是理性管理。系统化是监狱统筹各层关系的重要决策思路，是将监狱建设置于宏观视野下的有效措施。系统化的发展路径可以避免监狱各个部门之间的相互对立，增强不同职能方向上的协作性和合作性，进而在各个领域发展的基础上实现监狱整体的完善和进步。

具体而言，系统化为我们重新理清监狱职能的定位和监狱自身的机构组成提供了可行的发展路径。监狱是由相互不同组成部分构成的系统，其子系统的组成代表了监狱发展的不同思路。从管理角度看，监狱管理系统至少包括了围绕人员和任务形成的技术子系统、结构子系统、社会心理子系统和管理子系统。技术子系统是监狱管理中所使用的各种技术，包括知识、技术、装备、设施和信息等。结构子系统包括监狱内部形成的不同结构体，包括各个行政层级单位和一些功能性的内设机构。社会心理子系统是监狱中各层社会关系相互作用形成的人际结构。管理子系统是各子系统之间计划协调活动的总和。不同的子系统共同构成了监狱管理的总系统。监狱管理的理性化因为子系统目标的明确和协作的统一而得到了保障。同时，由于监狱管理系统又是监狱大系统以及社会大系统的组成部分，我们可以按照系统化的路径，对其进一步分析。可见，系统化的路径是整合监狱管理系统以及监狱组成要素的合理方法，系统化表征了监狱理性管理的科学之维。

3. 监狱理性管理的科学要求——安全、效益、服务和创新科学，不仅是监狱理性管理在路径上的必然选择，而且也为监狱确立了合乎监狱发展规律的要求。安全、效率、服务和创新，这些代表监狱科学发展要求的新理念，处处散发着现代社会的理性之光。

（1）安全　安全是监狱理性管理科学化的第一要求和基本要求。这取决于监狱职能的独特性和监狱任务的艰巨性。监狱不是一个普通的社会组织和国家机关，它承担了执行自由刑的功能和惩罚改造罪犯的重任。安全是保障自由刑顺利执行的环境要求和制度要求。如果监狱管理混乱不堪，各项事务的处理十分随意，安全要求将很难达到。因此，监狱理性管理首先要关注安全层次的内容。监狱不仅是人身自由保管场，更是人性觉醒和恢复的矫正场。这同样需要一个安全的监狱环境。安全要求其实意味着监狱管理对于秩序的诉求。不管是直接针对民警的管理，还是针对罪犯的管理，监狱管理活动的目标实现都依赖于一个有秩序、有纪律和有保障的监狱环境。所以，监狱管理的基本要求是安全。安全之路为监狱理性发展搭建了第一级前进的台阶。

（2）效益　效益是科学要求的另一重要内容。监狱管理的理性化体现在管理的高效益上，即通过计划、控制、组织、协调等活动，监狱资源得到最大限度的利用，监狱人际关系得到优化的组合。效益要求是对于监狱理性管理的质量控制。监狱管理的理性化程度必须通过对于现有资源的合理运用和管理成果的显著可见来证明。效益包含了效率和收益两个层次的内容。监狱理性管理既要在促进监狱具体活动完成速度上达到一定要求，又要在保证监狱收入与产出比上稳步提升。速度的要求易于理解，通过组织协调可以要求改造任务或者生产任务在一定时间内必须完成。管理活动的速度要求也符合行政活动的应有意义。收益的要求在生产以外的领域则不易理解。似乎只有生产领域的投入产出可以计算，从而得出收益率。其实在管理的其他领域，同样存在一个投入与产出的比值关系，比如矫正罪犯活动已经可以通过评估来验证其矫正质量状况。当然，这完全得益于监狱对于现代新科学的学习和引进。

（3）服务　监狱管理的理性化，集中地体现在监狱管理的与时俱进和开放性方面。在理性管理的视野中，监狱管理具有科学的发展方向和发展要求。监狱管理不是在封闭行刑环境中的约束和制裁，而是包含了现代公共行政诸多精髓的理性协调活动。服务意识和服务要求就是现代监狱理性管理的重要内容。服务是监狱管理必须坚持的方向和理念准则，坚持了这一方向和准则，监狱理性管理才能真正实现。

监狱管理的参加者包括民警和罪犯，形式包括罪犯管理和民警管理。民警管理会直接牵涉到罪犯管理的内容。比如对于民警工作业绩的管理，必然要考察改造任务、生产任务以及罪犯教育质量等内容。服务并不意味着监狱按照民警的需求服务民警，更不意味着民警和监狱按照罪犯的需求服务罪犯。服务是一种自我意识要求和自我品质要求。它要求监狱在考虑民警和罪犯需求的基础上进行决策，虽然不能也不可能完全按照民警和罪犯的主观意向进行管理，但在计划组织协调中必须充分考虑罪犯和民警的需求。在实现管理目标的前提下，选择最大限度符合民警和罪犯利益的管理措施，这才是服务的本义。服务要求所体现的尊重人和重视人的思想，确实有利于良性监狱文化的形成，从而在管理者与管理对象之间达成最大限度的和谐共处。

（4）创新　创新意味着变革和发展，是监狱管理理性化之路达至未来的根本途径。科学精神的本质在于探索和创新，正是不断地探索和创新才促成了科学的永续发展。监狱理性管理不仅要求重视现有技术和现有资源的合理使用，而且要求重视监狱未来的发展趋势。在监狱管理活动中，必须将新理念和新精神的引入作为一项基本要求，以此来推进监狱活动的创新进程和变革方向。否则，人的惰性和组织行为的惯性，加上行政机关的层级阻碍，监狱创新将无从谈起。因此，监狱管理创新是监狱创新的关键。只有在计划、组织、协调和控制活动的过程中，为新程序的引入、新思想的试用、新思路的探索等新生事物提供一定的空间，监狱创新才能实现。比如我们过去一直不太重视监狱建筑的精神内涵，只是将其视为监狱的形式，稳固美观即可。经过新思想的浸入，我们认识到，监狱建筑本身体现了不同的行刑理念和管理风格。采用不同的建筑形式，既有利于营造优质的文化氛围，同时也可以为不同矫正模式的采用提供基础。

三、法治——监狱理性管理的基本框架

法治是现代文明的基础和基本价值基础。监狱理性管理的框架和运行程序必须在法治基础上展开。"法治"观念最早见于中国先秦诸子和古希腊思想家的著作中。《管子·明法》中有"以法治国，则举措而已"，《商君书·任法》中有"任法而治国"，《韩非子·心度》中有"治民无常，唯以法治"。古希腊的亚里士多德在《政治学》中也明确主张"法治优于一人之治"。这实际上都是把"法治"作为一种治国方略和社会调控方式在使用。法治本身即蕴涵有管理特定事项的含义。监狱理性管理必须将法治作为框架和基础，方能坚实稳固，扎实推进。同时，理性管理是实现监狱法治的具体举措和有效途径。理性管理与监狱法治具有内在的精神一致性。

1. 法治是理性管理的基础

理性管理追求的是监狱管理的合理性和发展性。法治是监狱各项行为追求的制度轨道。当今世界，将一切行为纳入到法治轨道已经基本成为共识。法治在为监狱活动提供制度平台和制度约束的同时，也构成了监狱理性管理的基础。如果没有法治框架的完善，监狱理性管理的可行性必将大打折扣。监狱是一个充满了各种权利与权力作用的地方，法治的推行程度直接决定了监狱理性管理的进展。如果一些问题在法治背景中都没有得到解决，或者说根本没有纳入到法律轨道，理性管理将无从谈起。下面案例中的管理困境即是如此。

【案例】 某监狱中关押的未成年犯人王某，男，16 岁，因犯盗窃罪入狱，被判处有期徒刑 2 年。王某在服刑期间表现良好，积极上进，自我改造意愿强烈，屡次获得监狱奖励和加分。达到减刑要求时，管理民警找其谈话。王某态度良好，但拒绝减刑，他提出："能不能以其他形式奖励我"的要求。民警表示只要符合现有法律规定，都可以提出来。经过沟通，王某表示，他只想在看押下，透过栅栏，看一看一堵监墙后面女工劳动的场面。

以上案例中的管理困境正是来源于法律对于罪犯权利界定的不清晰和法治规则的不完善。未成年罪犯正值青春期，对异性有心理上的期盼和冲动本属于正常之事。王某在被关押于封闭的监狱之中，其心理发展受到一定阻碍，在表现良好的情况下，提出看看异性的要求，也属于正常。但作为民警，对于该种情况应如何"理性"管理呢？基于监狱管理的国家属性以及监狱管理的利益重大性，每一项管理活动都应当直接或间接有现行法律的依据。那么，民警能够为以上案例的处理找到什么样的法律依据呢？

首先，《中华人民共和国监狱法》（以下简称《监狱法》）第七条规定："罪犯的人格不受侮辱，其人身安全、合法财产和辩护、申诉、控告、检举以及其他未被依法剥夺或者限制的权利不受侵犯。"根据该条，王某要求看看异性的权利似乎属于未被依法剥夺或限制的权利。因为王某仅仅被剥夺了人身自由，其提出的要求并没有企图要求获得自由，而且主动要求在受看押状况下看看异性。从宪法层面上讲，公民的思想自由和行为自由似乎也应该受到保护。罪犯服刑失去的只是人身的完全自由状况，在监狱看押下，其因自由丧失附带的其他权利应当仍可以享有。同时，在监狱服刑不能看到异性，并不是因为罪犯被剥夺了该项权利，而是人身自由丧失的消极后果。这样，民警可以理性地以此为依据，作出同意王某看异性要求的管理决策。

但是，从另一个角度看，我国法律并没有明文规定罪犯在服刑期间可以提出这样的要求。即使罪犯表现良好，我国监狱法也只是明文规定了可以对其进行表扬、奖励、记功或者减刑、假释。那么，王某提出的要求就是于法无据，不能获得批准。而且在监狱环境中，行刑事项事关重大，法无明文规定即可按照禁止来处理。这样，管理者同样可以理性地不批准罪犯的请求。

那么，到底困境在哪里呢？其实，问题的根源就在于法治框架的不完善。在我国法治社会建设刚刚起步、取得了一定成就的基础上，涉及罪犯权利保障这样的法律难题尚未纳入到法治视野。既没有具有指导意义的司法判例，法律规范也没有细化到如此的程度。因此，当管理者遇到涉及法治框架内没有解决的问题时，监狱理性管理即难以实现。通过该案例，我们应当清楚地认识到，没有监狱法治的确立，没有监狱管理行为的法治框架，监狱理性管理随时可能掉入没有法律重力约束的规则真空之中。

2. 理性管理是推进法治的重要步骤

建设法治国家是现代国家的发展趋势。我国社会发展的战略目标之一即是由人治逐步过渡到法治，在经济基础和上层建筑各个领域实现依法治国。但法治是一个融民主、自由、平等、人权、理性、文明、秩序、效益与合法性等多重意义的综合观念和社会理想，在我国现有基础上，只能逐步推进。法治的推进需要一定的社会基础、文化基础、经济基础等。提倡客观、创新、实证和求真的理性精神无疑是实现法治的重要智力基础。建立在理性精神基础上的理性管理和理性化活动，为崇尚规则与正义、理性与文明的法治的实现提供了重要的助力。因而监狱理性管理是推进法治，尤其是行刑法治的重要措施和步骤。

（1）理性管理为监狱法治的规范化维度注入了活力　监狱活动纷繁复杂，既包括行刑过程，也包括行政管理和企业运行。监狱法治是实现监狱活动民主化、合理化和规范化的重要战略方向。它包含了若干层次的内容。比如对于监狱行政权、行刑权等公权力的规制、对于罪犯权利的肯定、对于监狱行为的要求等等。理性管理强调的是监狱各项计划协调活动的合理性和妥当性。理性管理追求的是管理目标和管理价值的统一，为了实现特定的管理目标，必须将体现价值内涵的要素融入到管理行为，为组织协调行为提供坚实的支持。因此，监狱理性管理对于监狱制度化和规范化具有内在的诉求。在理性管理过程中，组织者按照合理、科学的制度进行管理以及安排各项活动，使管理活动具有可预见性，各种关系处于一种和谐有序的状态。这种管理方式对于行刑法治尤其具有积极的促进作用。行刑活动涉及到罪犯的行为和权益，规范化的执法是维持监狱秩序、保障矫正质量的根本。行刑法治要求行刑行为的法律依据和行刑活动的人道性。这些必须通过规范化的制度建设予以实现。只有将这些要求作为基本的管理原则，行刑活动才能步入法治轨道。尊重被管理者的权益、讲求效益、按照规律进行科学管理，这些理性管理要义是落实行刑法治的现实举措。其实在实践中，正是这样一个个细小的理性管理行为，不断地改变着监狱领域的规范化程度，切实地推进着监狱法治的进程。

(2) 理性管理促进了法治意识的形成　理性管理与法治的良性关系主要在于二者在精神理念上的一致。法治的精髓不在于形式层面的公开、适度、前后一致等要求，而在于精神层面的实质内涵。法律精神的渗透和法律意识的内化，才是法治形成和法治实现的标志。监狱法治的发展，必须从制度建设和规范化操作入手。但是法治精神的培养和浸入同样重要。只有监狱法治意识和监狱法律文化得到了认同，监狱法治才能实现。监狱工作人员都自觉地、积极地按照法律精神的要求行事，并且遵循权力运用的规则，尊重罪犯的基本权利，这才是监狱法治的理想状况。理性管理提倡的即是与此相同的精神、理念和行为模式。理性管理不是吹毛求疵的细节至上主义，不是规定至上的唯制度论，也不是空谈利益协调的应付主义，而是讲究在每一具体管理情境中理性运用权力进行妥当管理的规范信念。理性管理的宗旨不在于一切行为的完全理性化，而是为我们管理行为的合理性发展提供一种价值依据。在监狱行政管理的过程中，在监狱执法管理的落实中，在监狱经济事务管理的操作中，具体管理人员都科学合理、审慎明辨地进行组织协调和执行处理，这才是理性管理的最佳写照。从这个角度讲，理性管理所培养的精神及促进的氛围直接滋润了法律意识和法律文化的成长。法律意识所内涵的中规中矩、适度行事精神正是理性管理的产物。理性管理在精神层面为监狱法治的推进贡献了不可低估的作用力。

(3) 理性管理为法治建设补充了人力资源　法治建设不可能凭空而起，需要无数个人的奉献和努力，而法治建设需要的是高素质的人才队伍。监狱法治事业也是如此。但是法律运行过程相对抽象，执法过程所要求的能力素质也不是十分清晰，并且往往容易掩盖在行政操作等具体管理活动之中。法治建设的人力资源基础，很难在具体的监狱执法实践中积累起来，而监狱管理活动则能弥补这一缺憾。因为管理是涉及方方面面工作的一项系统活动。在计划、组织、控制、协调和执行过程中，管理人员的素质和能力时时都可以得到强化。理性化的管理过程，对于塑造一个符合现代监狱法治要求的人才具有十分积极的作用。尽管我们可以认为，监狱法治建设的人力资源可以在法律实践领域培养和塑造。但是就监狱现实来看，监狱理性管理过程所塑造的人才和积累起来的人力资源，才是监狱法治建设的现实人才基础。监狱理性管理为监狱法治建设提供了"人"的要素和培养合适人才的训练空间。

四、公平正义——监狱理性管理的基本取向

公平正义是衡量一个国家或社会文明发展的标准，也是我国构建社会主义和谐社会的重要特征之一。胡锦涛同志在省部级主要领导干部专题研讨班上的讲话中深刻指出："维护和实现社会公平和正义，涉及最广大人民的根本利益，是我们党坚持立党为公、执政为民的必然要求，也是我国社会主义制度的本质要求。只有切实维护和实现社会公平和正义，人们的心情才能舒畅，各方面的社会关系才能和谐，人们的积极性、主动性、创造性

才能充分发挥出来。"这对当前我国构建社会主义和谐社会各方面的工作都具有重要的指导意义。作为刑罚执行机关，公平正义在监狱领域更是具有尤为重要的作用和意义。公平正义为监狱理性管理提供了重要的活动依据，构成了监狱理性管理的基本取向和理念指针。

1. 公平正义是监狱管理的价值依托

监狱管理是协调监狱内部人力资源、物质资源和信息资源的基本手段。通过确定目标、制订计划、分配资源、组织、控制、执行和协调等具体活动，监狱管理层将各类监狱活动纳入理性的轨道。但是管理仅仅是针对人和物的活动，其价值内涵受制于管理对象和管理活动的性质。监狱管理的直接对象是监狱工作人员，其内容是围绕罪犯刑罚执行和惩罚改造形成的基本事实，因此，监狱管理的价值依托与监狱领域的独特性密切相关。监狱工作人员的执法主体身份和工作内容的刑罚执行属性，都决定了监狱管理必须将公平正义作为基本的价值参照。公平正义作为监狱理性管理的价值依托，不仅可以妥当地确保管理行为的合理性，而且可以透过管理行为来实现罪犯行刑过程的公正和合理。不过，公平和正义对于监狱管理具有不同的价值指导意义。

（1）公平为监狱管理确立了关系层面的价值标准 从公平本身的语义看，"公"为公正、合理，能获得广泛的支持；"平"指平等、平均。一般来说，公平是指处理事情合情合理，不偏袒某一方或某一个人，即参与社会合作的每个人承担着他应承担的责任，得到他应得的利益。公平侧重的是分配意义上的合理性，强调的是所有参与者在各项属性上的比例恰当。公平的这种分配意义是监狱管理中必不可少的价值参照。

监狱管理意味着抽象的决策过程和具体的实践过程的统一。在决策过程中，要对特定情境下的资源配置和行为指导做出计划和目标设定，并制订详细的方案。管理者就必须按照各个要素的现实情况对其进行公平配置，达到一种理性合理的状态。这种合理状态的出现依赖于管理者对于各个要素关系的适当均衡和协调。按照公平理念和公平原则，进行系统分析决策所形成的结论才比较适度妥当。而在具体实践过程中，罪犯情况千变万化，民警个人情况和应对能力也各不相同。公平原则是指导处理具体事件的指导性标准，也就是说，在类似情况出现时，进行类似处理，而不能偏离一定的范围。这其实是在协调不同事件处理结果的关系。按照公平的价值指向，管理者在管理过程中才可以合理地协调各个具体情形的处理结果。可见，公平为管理者在具体的管理活动中如何协调要素之间的关系以及事件处理之间的关系提供了有益的价值参照，确保了监狱管理的合理性和科学性。

（2）正义为监狱管理确立了理由层面的价值标准 正义是人类社会普遍认为的崇高的价值，是指具有公正性、合理性的观点、行为、活动、思想和制度等。正义是一个相对的概念，不同的社会、不同的阶级有不同的正义观。衡量正义的客观标准是这种正义的观点、行为、思想是否促进社会进步，是否符合社会发展的规律，是否满足社会中绝大多数人最大利益的需要。可见，正义一般意味着具有正当的依据和理由。正义最低的内容是，正义要求分配社会利益和承担社会义务不是任意的，要遵循一定的规范和标准。监狱管理是一种复杂的人类活动，其作用依据必须有正义基础。监狱管理过程必须在正义的根基上进行，否则将会失去其基本的理性因子和价值支撑。

监狱管理活动在干预现实社会关系和物质配置时，必然按照一定的行为程序，考虑一些基本的要求和限制，再根据情况作出适当的抉择。这里面具有很强的能动因素。因为即使是最为严密的处理流程，其惯例式的管理行为也不足以应对所有的情况。当特殊情况出现之时，管理者必须灵活应对，但这里面必须遵守正义原则。管理行为的正当性始终是首先要考虑的问题。比如民警在值班过程中，发生了罪犯打架事件，罪犯之间冲突严重，民警应当首先制止斗殴行为。在制止斗殴行为过程中，对罪犯的人身强制必须与现场状况相符，不能使用较为严重的手段制止较轻微的纠纷，更不能危及罪犯人格尊严和生命权。管理者在管理决策和管理实践的第一个环节，就是参照正义标准考虑管理行为的正当性。没有正义支撑的管理行为，无论其效益多么显著，都不应被认同和采纳。

2. 公平正义是现代监狱的根本诉求

公平正义不仅仅是监狱自身属性的规范说明，更是一种立基于监狱历史的理论阐述。人类文明的发展和监狱法治的进步最终使得监狱管理活动中的一切形式都必须遵循法律的框架和公平正义的理念。公平正义成了现代监狱的根本诉求和形成基础。因为即使是在18世纪初，作为社会异己的罪犯也是被当作国家的敌人和社会的怪物进行处罚的。在惩处罪犯的过程中，国家权力得到了最充分的表达。正如福柯在分析公开处决时所说的那样，"我们不能把公开处决仅仅理解为一种司法仪式。它也是一种政治仪式。即使在小案件中，它也属于展示权力的仪式。……公开处决并不是重振正义，而是重振权力。"❶ 这种权力主导一切的惩罚思想的改变经历了一个漫长的历史过程，启蒙思想家们的呼吁终于迎来了美国革命、法国大革命、意大利的统一运动以及中南美国家争取自由等一系列重大的历史事件，自然权利、权力分立、理性主义等人类进步力量的合流最终凝固在了《独立宣言》、《人权宣言》和当时的诸多法典中。人类法治化进程取得实质性进展的同时也催生了刑罚哲学的发展。从野蛮的酷刑到有序的报复，最终建立在新派教育刑罚哲学基础上的并重惩罚与矫正、以矫正功能为主的近代刑罚思想成为了主流思想。这个过程也是法律约束行刑权规范行使的过程，公平正义在监狱自身的嬗变中脱颖而出。人类法治文明的进步使统治者不敢再赤裸裸地通过残酷的刑罚来展现和保持自己的权力了，民族国家的复兴又使国家承担起了尊重和保护公民基本权利的职责。国家必须先把自己的意志限制在一个虚拟的社会契约里面才能进行统治活动；经过民主程序，统治者自己颁布的法律也为其划定了行为界限。哪怕仅仅是从表面看，依法行使权力已成了国家一切活动的行为准则；在惩罚罪犯的过程中，代表着国家权力的监狱必须遵循公平正义的价值要求，使自己各个方面的活动——包括罪犯管理活动以及其他管理都纳入到法律框架中去。

此外，现代监狱对于公平正义的诉求也体现在，监狱管理的理性化发展导入了公平正义的价值诉求。现代监狱管理中，每个具体的监狱工作人员的管理活动都不是独立的、分散作用的，而是系统地结成合力，共同作用于监狱管理实践。监狱自身的历史发展保证了监狱管理的理性化程度。监狱通过设定目标、跟踪目标和完成目标保证管理活动的方向性和目的性，并以此来营造和谐的人际关系，凝聚诸多技术提高管理实施者的战斗力。

另外，监狱管理不仅仅是一种确立目标的行为，即通过考核使最终的管理结果和初始设定的方案相一致；而是上升到价值层面的管理类型。此种价值蕴涵了尊重一切管理者和被管理者的公平正义精神，实现了管理方向和管理理念的同一性，力求让每一个管理体系中的人员树立目标意识、清楚自己的责任和工作任务，从而实现管理效能的最大化。这充

❶ [法] 米歇尔·福柯. 规训与惩罚. 刘北成、杨远婴译. 北京：三联书店，2003：51-53.

分体现了管理学中有名的"Y理论"，即"认为人并不是天生下来就厌恶工作的，有时人亦会主动寻求工作，外在的管制不是达到经营目标的唯一途径，它也可以通过个人努力去完成。以鼓励的办法来激励员工工作，效果比惩罚与强迫的方法要好得多；对员工精神方面的愿望给予满足也是一种重要的报酬……"这是人本主义思潮在管理学领域对科学管理思潮的有益修正。它赋予每一个管理技术参与者一定的独立地位，让每一个狱政实践中的工作人员明白其自身的态度和能力是每一个方案顺利应用的关键因素，从而使其明确自己在具体活动中的角色和责任，真正把自己督导、监控罪犯的行为统一到每一个具体的目标上。重视管理技术应用过程中的目标调整也就尊重了每一个行刑人员的自身能力状况，达到了技术运用与人的发展的协调，解决了工作与人的融合问题，实现了监狱管理中的公平正义。

3. 现代监狱是实现公平正义的器物态

公平正义作为一种普适的人类价值，在社会发展的过程中起着十分重要的作用。在某种程度上，现代文明的发展进步就是人类公平正义理念的普及过程和实现过程，是公平正义观念逐步深入人心并得到社会认同的过程。社会在进步，国家在发展，监狱也随着国家和社会的变迁而改变着自己的精神属性和外在形态。监狱曾经是充满暴力的阶级压迫场所，里面充满着罪恶和非人性的东西。在黑暗的年代，监狱是暴力和残忍的象征。理性主义的进步和人自身的启蒙发展，促使了监狱的启蒙和文明发展。现代监狱已经褪除了邪恶的外衣，成为了社会秩序的守护神和维护者。现代监狱充满着理性与人道的精神氛围，公平正义的价值诉求得到了监狱领域的认同。现代监狱本身即是公平正义的器物态，公平正义构成了现代监狱的精神依托。

现代监狱作为公平正义的器物态，这一定位的表征在于现代监狱中管理法治化程度的明显提高，监狱管理活动的规范性和正当性得到了认可和推广。首先，任何管理方案都依法制订，而不是恣意产生。制订主体、制订程序和制订内容都必须依据相关法律法规、体现法律的基本精神和原则，不得违反上位法和强行法的规定。管理方案的制订权必须根据方案执行范围的不同专属于各相应机构。各监狱管理部门必须严格按照司法行政部门的规章和条例制定相应的方案，不得越权、越级、越区制订管理技术方案，也不得单独制订自身职权范围以外的方案，比如在制订应急处置技术方案的时候就必须与相关武警部门共同议定，否则不仅有越权之嫌，也会导致方案的无法执行。同时，管理方案的制订必须遵循严格的法定程序。因为这些方案一旦运用于监狱管理中，它们就成了罪犯的行为准则和约束条件；制订中的瑕疵不仅可能导致狱政实践中的重大疏漏，也可能给惩罚犯罪和改造罪犯带来不利影响。制订管理技术方案中的严格程序通过促进意见疏通、加强理性思考、扩大选择范围、排除外部干扰以保证决定的成立和正确性。

其次，现代监狱的公平正义体现在各项监狱管理活动都依法合理运作。在实践中，约束执行者执行的只能是条文化了的法律法规和规章制度，管理者只要严格按照相应的条文和其中体现的精神来执行管理方案，管理技术所蕴涵的内在品质就不会被腐蚀，行刑机构改造犯罪者的种种设想也能准确地在现实中得以实践。所以说，管理技术的规范运用是国家权力矫正犯罪者观念过程的重要阶段，从某种程度上讲，它的实施效果是检验一个国家监狱体制有效性和文明程度的标志之一。另外，在公平正义理念氛围中，依据法律法规运用管理技术也是现代监狱工作人员的行为准则。在管理中，具体情况千变万化，执行者可以享有一定程度的自由裁量权，但是这种变通和裁量都必须以严格遵循法律法规和法律的基本原则为前提。现代法治和我国宪法赋予的公民的基本权利构成了罪犯管理活动的潜在限制条件，任何罪犯管理技术方案的执行都必须考虑这一点，并应在狱政活动中予以践行。我国《监狱法》第七条即明确规定："罪犯的人格不受侮辱，其人身安全、合法财产和辩护、申诉、控告、检举以及其他未被依法剥夺或者限制的权利不受侵犯。"可见，任何管理技术都必须以合法的、人道的方式运用于实践中，罪犯基本权利的不可剥夺性和国家权力的有限性共同保障了监狱管理活动和行刑人员管理行为以一种规范的方式在现有法律制度框架内合理运行。

最后，现代监狱的公平正义还体现在相关部门对于监狱活动法制监督上。监狱管理的法制监督不仅包括检察院和上级司法行政部门等法定主体的监督，也包括其他一切国家机关、社会团体和公民（包括未被剥夺政治权利的罪犯）的监督。对监狱管理进行法制监督不仅是管理技术运行过程中不可缺少的贯穿性机制，而且是权力制约体系的有机组成部分，同时也是现代监狱民主化和监狱法治化进程中的一个重要环节。我国《监狱法》第六条规定："人民检察院对监狱执行刑罚的活动是否合法，依法进行监督。"，第十条同时规定："国务院司法行政部门主管全国的监狱工作"，这就明确规定了人民检察院和司法行政部门对监狱活动的监督权。人民检察院的监督权是一种明确规定的执法监督权，其监督力度比较强，但处于不同系统的现实也导致了监督的不及时和不全面；司法行政部门是监狱的行政主管部门，其上下级之间沟通比较多，因而此种监督虽然仅仅是一种业务上的指导，但具有更强的针对性和现实意义。当然，两种法定监督主体对于罪犯管理活动的监督具有互补性，人民检察院作为法律监督机关的最终监督和上级司法行政部门作为业务监督机关的日常监督协调一致才能更好地促进国家权力机制的有效运作。

不管是哪种形式的监督，对现代监狱管理的监督皆依法进行，而且贯穿于管理方案的制订、讨论、决议、审批、公布以及运用等各个阶段。因为监狱管理活动中涉及到罪犯，罪犯管理技术的实施者是国家，而其对象是比一般公民更弱小的罪犯；作为已经侵犯、并仍可能侵害社会整体利益的罪犯应当受到惩罚和矫正，但国家刑罚执行权作用的过程也应该有既定的法律限度。这种限度正是公平正义价值观的体现。"一切有权力的人都容易滥用权力，这是万古不变的一条经验。有权力的人们使用权力一直到遇有界限的地方才休止。……从事物的性质来说，要防止滥用权力，就必须以权力约束权力。"即使是表征为一定的方案和管理方法，罪犯管理技术也依然是国家权力的显性形式，罪犯管理技术的运作过程实际上也是国家权力的运行过程，在管理活动的背后同样存在着行刑权越界的可能性。因此，权力制约体系的构建在监狱管理活动中必不可少，法制监督也是其中不可缺少的整合机制。

五、人道、人权和人文——监狱理性管理的基本方向

与其他管理活动一样，监狱管理也是围绕人的活动和人的行为以及人的关系展开的。因此，"人"的重视和发掘是监狱理性管理深入推进的必经之路。监狱管理涉及的人既包括罪犯，也包括民警；既包括享有具体执法权的公民，又包括人身自由受限制的公民。监狱管理中的人所围绕的目标具有一定的独特性，其管理方式、方法、资金来源、物质基础

等也都与一般的管理团队有所不同。但恰恰是因为这些特殊的地方，导致了人道、人权和人文理念对于监狱管理理性化的定向功能。这三种以人道、人权和人文为基础的现代人学理念，决定了监狱理性管理的基本方向和发展走向。

　　1. 人道——现代监狱管理文明发展的结晶

　　"人道"往往用于"人道主义"一词中。人道主义是以古希腊和古罗马思想为基础的、关于人的知识体系。文艺复兴时期，人道主义得以传播，进一步成为西方社会重要的社会价值观念之一。人道主义是一种以人为中心和目的，关于人性、人的价值和尊严、人的现实生活和幸福、人的解放的学说。"人道"单独成词时，往往具有人性的含义，意味着非人和野蛮行径的对立面。人道的基本要求在于，人类出于良知而在其行为中表现出善良与仁爱的态度和认知倾向，即把任何一个人当做是与自己具有相同属性的人来看待。人道理念构成了现代各种政治制度和社会制度的基石。没有尊重人性的精神，任何围绕人的活动都难以为我们的幸福带来福音。

　　在监狱领域，人道理念是监狱管理文明化的产物。监狱人道的发展得益于刑罚人道化的进展。西方监狱发轫于中世纪的矫正院，是监狱和社会收容机构的混合体。它既接收罪犯，也接收流浪汉。到了 17 世纪，苦役劳动成为这个时期监禁刑的特色。犯人经常被驱赶到矿山或者工地，从事繁重的体力劳动，并且身带镣铐，衣不蔽体，食不果腹。英国甚至设计出纯粹折磨罪犯的苦役劳动方式，比如踏轮、曲柄机和投标等。当时罪犯遭受的待遇，堪称非人。随着启蒙运动的兴起，人道主义经由刑法领域传播至监狱。尤其是现代法律奠基者贝卡利亚从人道主义立场出发，对于中世纪的残忍刑罚进行了猛烈抨击，并对深受酷刑之苦的无辜者表示了深切的同情。贝氏认为，罪犯也是人，之所以受到刑罚处罚，仅仅是因为他违背了社会契约，一旦法律容忍在某些情况下将人不作为人，而是作为物来折磨，那么自由就将无所依存。其后，大思想家康德和黑格尔又分别从人只能是目的、而不能沦落为工具和人作为享有自由意志的理性存在必须受到尊重的角度，对于人道精神进行了深刻阐述。这些思想也影响了监狱领域，罪犯处置的人道化和监狱精神的人性化随之增强。

　　人道精神浸入监狱的突出表现是个别化处遇行刑模式的确立。个别化处遇思想是建立在刑事实证学派将罪犯作为具体人的理论基础之上的。罪犯不仅仅是立法环节上的抽象个体，而是具有尊严、个人意愿和在具体生存环境中的活生生的具体个人了。因此，对于罪犯必须从单纯惩罚的立场转化到使其接受各种矫正以便重新回归社会的理念。根据观点不同，有人主张采用将罪犯作为病人予以治疗的康复行刑模式，有人主张采用将罪犯作为人格受损需要在社会回复的回归模式。但无论如何，罪犯已经被视为正常的公民和人类一分子了，罪犯的人性得到了承认，人道氛围影响了监狱领域。需要说明的是，人道精神只是在行刑领域表现得最为明显，而在监狱内部事务管理和其他活动同样受到了人道理念的熏陶。从另一个角度看，罪犯管理的人道化与监狱管理的人道化密切相关，互相影响。因为监狱工作人员从事的即是罪犯管理工作，如果罪犯被作为非人之物来对待，管理者的工作氛围和工作形式怎能人道？在野蛮环境和非人化场所里面不可能滋生出人道的管理模式。反过来看，监狱管理的人道化在行刑人道化的过程中也起到了重要作用。如果监狱管理者没有接受人道理念，其管理行为滞后，罪犯的人性也不可能得到尊重。监狱理性管理的长久作用也为监狱人道精神的弥散注入了强力的催化剂。二者互动所形成的人道理念也必将决定监狱未来的管理走向和发展方向。

2. 人权——现代监狱管理理性发展的法理基础

现代监狱管理的理性化，既需要政治支持和经济推进，也需要现代管理技术和管理理念在监狱中的积极应用。不过，监狱作为惩罚之地和行刑之地，其自身的伦理道德内容尤为重要。监狱不仅是一个关押罪犯的地方，也不仅是一个安全完成行刑任务即可的国家机关，监狱还承载更重要的国家使命、社会使命和人类使命。因此，监狱管理理性化的推进必须具有扎实的道德支撑和法理支持。人权，即是现代监狱管理理性发展的法理基础。人权的理念和思维，通过树立罪犯的主体地位和基本权利，深刻地影响了包括监狱管理在内的监狱活动和监狱发展。监狱管理的科学性、合理性和正当性，都得益于人权理论的法理支持和人权实践的现实作用。

人权，一般是指人之为人所应当具有的基本权利。之所以称这些权利为"人"权，是为了表明有一些权利是由于人性或人的本质而应当平等地并且在同等程度上适用于人类社会所有人的。单独的个体仅凭其作为人就享有这些权利，而不论其国籍、宗教、性别、社会身份、职业、财富、财产或其他任何种族、文化或社会特性方面的差异。人权理论的形成得益于西方历史的发展进程，也受到了讲求人道精神的宗教观念的影响，最终成为了影响世界的基本价值基础。人权构成了个人对抗国家、主张自我权利的法理依据。因为人权是与生俱来、不可剥夺的，人权具有先赋性和绝对性，所以即使是被剥夺了自由的服刑罪犯也具有基本的人权。这种观念促进了监狱管理活动中对于罪犯的尊重，而罪犯与管理者人格平等的确立，又直接促进了理性精神的产生。因为只有在平等主体之间，才能经过实践形成合理的、文明的行为方式和沟通模式。

从刑罚角度看，在人权理论影响下，经过报应刑论把罪犯看作是道义报应和法律报应的对象、目的刑论把罪犯看作是通过惩罚其肉体和灵魂来达到预防犯罪的阶段，现代刑罚观是一种以惩罚与预防为基础、强调矫正罪犯的教育刑论。作为管理技术作用对象的罪犯虽然是国家刑罚权的客体，但罪犯不再是被动的受刑者了，国家在处分犯罪者的时候所要衡量的不仅仅是客观的犯罪行为，它还必须全面考虑实施犯罪行为的犯罪人。在这里，犯罪人是作为一个类的分子存在的，罪行再深重的犯罪者也是有资格享有人类共同利益的一分子，暂时的恶性并没有赋予国家剥夺其回归社会的权利。因此，随着以自然法为基础的天赋人权理论和实践的扩展，国家便不得不寻找替代仪式化酷刑惩罚机制的新的惩罚机制了。此种新的权力机制必须既能够有限度地惩罚罪犯的肉体，又能够通过惩罚罪犯来警示民众，以彰显国家权力的存在。这种新的惩罚-权力机制不仅只是一种技术化的观念作用，它不仅仅要遏制当初以肉刑惩罚罪犯带来的负面效应——公开以酷刑处决犯人尽管可以消灭犯罪者，但同时又会使得罪犯的形象成为诸多亚文化群体中的偶像，而且更要满足时代潮流对于尊重罪犯的需求。因此，行刑过程和罪犯管理活动中的平等意识逐步增强，管理的精神也契合了尊重人之为人的理念。

从另一角度看，人权理论的抽象性促进了人权的普适性，人权在不同领域和不同国家都得到了承认，最终成为世界潮流。具体地说，理性主义的启蒙思潮和法国大革命等一系列的运动所铸造出的平等的、自由的人不是生活在现实中的人，而是抽象的人类个体。正如有人深刻地指出"宣言（指法国的《人权宣言》）所涉及的是人的权利，而不是公民的权利。这是公正的，因为它倾向于认为公民毫无特权；但是普遍的人权，这一种慢慢作用的革命所取得的成果，在人的意识中占据了中心地位。"❶ 正是此种逐步成长起来的"人"的因素的限制，促进了国家刑罚权行使的技术化和文明化。在制度机制上，这种转换就是通过尊重罪犯基本权利和明确规定国家刑罚权的限度来实现的。现在的惩罚和执法面对的主要是罪犯的精神和将其抽象为社会反叛者的形象，而不是肉体。对于惩罚的限制也就主要不是来自人的自然属性，而是来自罪犯的抽象化，即作为国家制度中的一个基本权利的附着物的人类个体形象。监狱管理理性化的发展自然不能忽视这一重要的法理资源和理论前提。无论是何种形式的管理活动，都必须考虑到人权精神和人权限制。国家正是通过尊重罪犯抽象的基本权利来达到其调控权力和实现惩罚方式人道化的表象的。在这里，人权支持的法律机制起到了媒介作用，罪犯被赋予了法律地位。罪犯应该、也可以被处罚，但在惩处的时候却必须以其基本权利为限度。"罪犯未被法律剥夺的权利成为国家刑罚权实现、社会正义的合理界限。"❷ 惩罚的技术机制因此制度化为尊重罪犯基本权利下的权利剥夺，一切监狱活动都必须在国家的法律框架和人权的价值许可下进行，即使是具体的管理罪犯现实生活中的各种操作技术也必须牢牢遵循这一前提，监狱管理的理性化发展因之得以顺利进行。

3. 人文——现代监狱理性管理的精神建构

人文，是一个动态的概念。从广义上讲，人文指人类各种文化现象的总和，这是将人文理解成了关于人的文化。不过，这样的理解实际上将人文等同于文化了，因为任何文化都是关于人、涉及人和与人有关的。因此，我们一般从狭义角度理解"人文"，人文就是人类文化中的先进部分和核心部分，即先进的价值观及其规范。其集中体现是，重视人、尊重人、关心人和爱护人。简而言之，人文，即重视人的文化。人文是含有重视人的价值要素的积极文化。它以其标识人类文化独特性的方式，为社会发展提供了原动力。人文精神即是在这个层面上确立起来的现代先进理念。人是一切活动的主体和创造者，只有构建了人文精神和人文理念，并将其融入到实践中，行动的文明性和理性化才能得到保障。现代监狱理性化发展的精神建构根植于人文主义的先进理念中，是人文价值确保了监狱管理各要素的理性化和人性化。

监狱管理活动涉及到人、财、物的配置，涉及到人与人之间关系的处理，涉及到以罪犯管理为内容的组织协调活动，其繁杂管理内容需要输入合适的精神因子，才能确保监狱目标能够在有效管理中完全实现。人文理念的精神建构功能可以为监狱人性化管理模式的确立奠定基础。人性化管理不仅要针对罪犯，而且监狱其他方面的管理也必须人性化。这是人文精神的普适要求。作为一种意义的复合物，基于其自身特性，监狱人文理念既可以为社会秩序、自由文明以及人类理性的建构作出积极的宏观贡献，也可在监狱管理领域发挥自己独特的微观作用。

建构，即建设与构造，它代表了一种积极主动的能量释放和改变世界的作用方向。作为一种文化类型，监狱人文不只是消极地反映着监狱的现实状况，而且主动地参与到了监狱实践和监狱构建的过程。"文化不仅作为人与外部生物物理世界的强大中介存在着，作为超有机体的文化世界存在着，而且还作为运动变化着的世界构成人们生存活动的独特的

---

❶ ［意］圭多·德·拉吉罗著. 杨军译. 欧洲自由主义思想史. 长春：吉林人民出版社，2001：64.

❷ 于爱荣等著. 矫正技术原论. 北京：法律出版社，2007：84.

文化环境、文化情境、文化情势等存在着。"❶ 监狱人文也是这样。它是对监狱这个特定领域中的人们的生存境遇的全面概括，是一种高度抽象的环境载体。同时，从文化的系统性角度来看，监狱人文精神也是整个社会文化在监狱制度和监狱载体中的折射；彻底改善社会结构和实现监狱管理的理性化必须通过监狱文化这一要素来实现。

可以说，现代社会中的文化已经具备了强大的力量，它可以渗透进每一个领域，并通过自己的作用改变事物和秩序的原貌。监狱文化的建构价值也正是因此而得到了落实。因为仅仅有实质重要意义的监狱文化也完全可能被行为者所忽视或者被其他社会因素所化解，但是在具备了强大的权力因子和作用途径时，监狱人文理念就实现了自身的独立性，从而成为监狱理性管理推进不可绕开的重要据点。理性化的监狱管理模式怎么能够缺少了重视人、尊重人、以人为本的人文精神呢？人文精神为沟通协调的管理活动注入了更加积极主动的价值因素。这样，监狱文化的精神建构能力就获得了充分的认可和实践支持，人文精神对于现代理性管理的支持状态也达至了一个理想的平衡点。

监狱文化既然可以发挥积极的建构价值，那么，它到底可以建构哪些有意义的事物呢？具体地讲，首先，监狱文化所致力于建构的事物与监狱自身所处的时代、地域和环境等密切相关。比如，古典时期的监狱奉行原始的报应观念，监狱机制运行于其中的环境弥散着强权的氛围，监狱文化所着力建构的是权力的威严和自然正义的不可违背。而近现代监狱追求的是一种报应与教化结合的惩罚机制，监狱机制运行于其中的环境也增添了人道的气息，监狱人文精神所极力建构的便是秩序的维护、实证正义的满足和个人性格的恢复了。但是作为制度构筑物和社会控制工具，监狱所具有的维护社会秩序的功能在各个时代都具有相似性。因此，监狱人文理念的建构价值所具体围绕的内容和过程都可以比较明显地展现在其对社会秩序的整合和作用过程中。就社会秩序而言，德国著名思想家哈贝马斯认为，考虑了观念兴趣与世界概念的合理化属性，人类形成五种基本文化系统所围绕的价值分别是：知识、财物、权力、爱和艺术。监狱文化作为一种子文化系统，其形成合理秩序所围绕的价值内容可能包括前四种。监狱理性管理活动所需求精神要素也与此息息相关。监狱人文精神不仅为监狱理性管理提供了知识底蕴基础，确立了财物合理运用秩序，奠定了权力人性化使用方式，而且也蕴含了对于管理对象和被管理者的人道之爱、同类之爱和进步之爱。

其次，监狱人文建构价值的实现过程是一个复杂的文化传输过程，它或者直接决定行为者的管理行为，或者为管理实践注入精神内容，或者融入到管理机制的权力空间。因为人文的精神建构过程是一个必须考虑个体心理、态度、内驱力以及制度价值指向、个人与群体互动等因素的过程。在这里，我们最好把监狱文化理解为"一个符号体系……符号体系既是社会互动行为的产物，也是决定因素……它在某种可能的程度上，赋予行为的连续进程以形态、方向、特性以及意义。"❷ 因此，最简单地讲，监狱人文对于理性管理的精神建构过程是一个改变行为作为方向的机制，只不过这个过程是结合了行为目的和行动理性的意义演进图式。通过意义的附着和扩散，监狱人文精神承担起了构建监狱理性管理基本属性的重任。

❶ 司马云杰著. 文化悖论——关于文化价值悖谬及其超越的理论研究. 西安：陕西人民出版, 2003：13.

❷ [美] 克利福德·格尔茨著. 文化的解释. 韩莉译. 北京：译林出版社, 1999：297-298.

第二章　精确管理——目标决定行动

精确管理是现代组织管理先进理念之一，是现代组织实现科学管理的重要途径和手段。监狱管理者应该牢固确立精确管理理念，在监狱管理活动中充分借鉴精确管理技术。监狱实施精确管理是适应时代发展、社会进步的要求和监狱管理水平提升的内在需要，是监狱工作进一步规范化、科学化、现代化，实现监狱工作目标的根本要求。精确管理就是监狱管理者要坚持科学管理的基本思想、基本思维和基本思路，牢固确立"将罪犯改造成守法公民"的法定工作目标，在监狱管理过程中以法律制度为依据，运用信息技术、数理方法和计算机技术，把监狱的管理手段信息化，并贯穿于监狱的计划、组织、控制、协调和激励的各种管理职能之中，从而建立科学的、动态的管理机制和考核评价系统，对监狱管理对象进行定量分析和量化管理。精确管理的核心在于细节控制。通过目标体系进行行为控制是现代管理的基本原理。因此，目标管理是监狱精确管理的重要路径。监狱管理者要科学分析新时期监狱的社会职能和价值取向，牢固树立精确管理理念，充分运用精确管理技术，明确监狱工作目标，进行目标分解和责任定位，有效推进目标管理，确保实现监狱工作目标。

一、监狱精确管理的内涵分析

精确管理是时代的产物。信息化时代大大缩短了管理的半径。精确管理不仅是一种纯理论的管理思想，也是一种具体的、可操作的管理模式。精确管理要求通过对资源的最大化利用，以最小的成本——经济、心理、环境、时间等成本，实现组织目标。管理者需要充分占有和使用人、财、物和环境的信息，通过量化与模型化，取得动态的组织架构和流程效果。随着时代的迅猛发展和社会的科学进步，精确管理技术在监狱管理活动中随之升级与延伸。

1. 监狱精确管理释义

监狱精确管理是监狱调整执法和监狱运行过程的技术方法。在精确管理模式下，监狱以法律制度为依据，以专业化为前提，以技术化为保证，以数据化为标准，以信息化为手段，把管理的焦点聚集到实现监狱管理效益最大化的需求上，提升监狱标准化管理水平，以实现监狱将罪犯改造成守法公民的根本目标，获得监狱行刑的更高效率、更大效益和更强社会效应。监狱精确管理，简单来说就是监狱管理活动的精确化。"精"就是要切中要害，抓住监狱管理中的关键环节；"确"就是准确，就是管理标准、考核过程、督促执行的量化、准确和严格。精确管理的核心在于以刚性的制度规范人的行为，以监狱目标引领和控制管理活动，提升监狱民警的执行力。监狱的精确管理不仅要求管理活动有严格的程序和执行标准，还要求明确监狱管理的根本目标，健全目标管理体系，明晰岗位责任，进而实现监狱管理活动的精确化。因此，监狱精确管理是监狱为适应现代法治要求而建立起来的一种科学管理模式。它将监狱执法和行政管理的各个环节按照程序进行流程规范，明确流程标准，建立目标体系和考评体系，实行精确计划、精确决策、精确控制和精确考核，使监狱执法准确，行刑效益最优，从而促进监狱根本目标的实现。

2. 监狱精确管理的本质

监狱精确管理是在社会政治文明和法治文明日益发展的背景下提出的命题，是监狱政治职能向社会公共职能转变的集中体现，以把罪犯改造成守法公民；促进和谐社会建设为目标的一种科学管理模式。监狱精确管理与其他组织管理有着本质上的差别。企业管理的目标是创造更多的经济效益，企业将紧紧围绕效益核心目标，创新和改进管理手段，推进精确管理。监狱是法定的刑罚执行机关，监狱管理是在法律制度框架下进行的管理活动，管理手段不能超越现行的法律制度。监狱社会公共职能的强化，明确了监狱的目标价值取向，就是将罪犯改造成守法公民，服务社会主义和谐社会建设。监狱管理主要包括监狱的行政管理和执法管理。监狱管理活动受到法律制度的约束，管理者和被管理者的行为受到监狱工作根本目标的引领和控制。因此，监狱精确管理的本质包括两个方面：一是监狱实现精确管理要以法律制度为依据，严格依制度按章办事，管理手段的创新、信息技术的应用、工作目标的制订等都要严格遵循法律制度。例如，现代电子信息技术在监狱管理过程中应用比较普及，监狱要按照《保密法》的要求，落实有效的防范措施，防止监狱机密的泄露；在创新罪犯矫正技术、提升罪犯改造质量的同时，监狱要紧密联系罪犯的权益保障等要求，采取合法矫正教育手段。二是监狱工作目标引领和控制监狱的管理活动。监狱通过目标来检查、考核、监督、调控监狱管理行为，其主要体现在分工明确、信息手段、过程系统、行为规范、标准考核和行刑效益最优等方面。

3. 监狱精确管理的特征

监狱精确管理和组织管理一样要求做到"精"、"准"、"严"。但是，监狱精确管理具有自身的特征，其特征概括起来就是"精"、"准"、"严"、"常态"四个方面。

(1) 精　即精确，细密。精确管理的基本要求就是精。监狱在推行精确管理模式过程中必须做到精密。监狱管理者要将日常管理内容分解，量化为具体的数字、程序、责任，使每一项工作内容都能看得见、摸得着、说得准，每一个问题都由具体的部门或民警负责。甚至一些具体的工作安排必须要精确到天、时、分，严格按照既定程序来处理各项工作。同时还要把各项事务以数字量化形式反映出来，做到责任到人、分毫不差。

(2) 准　即准确，无误，符合事实、标准或真实情况，与实际或预期完全符合。监狱精确管理的准确包含两个层次的含义：一是所有监狱民警要严格按照法律法规办事，不得违规操作或者违反相关规定，即保证工作的正确性。二是监狱民警在保证工作正确性的基础上做到精确，精确到定性或者定量。

(3) 严　即严格、周密，就是指做事严谨缜密、周全，没有疏漏。精确管理的基本要求是精密和准确，即具体工作需要达到的一种程度和精确管理所需要达到的一种基本状态。严格、周密则是更高程度的要求，不单指某一项具体工作，而是要求把全部工作在做到精密准确的基础上联系起来，形成一个严密的系统。这个系统并不是简单地把各项工作或者工作环节进行量的叠加，而是需要把各项工作或者工作环节进行质的整合，使之形成一个有机统一体，促进整体效能的提升和根本目标的实现，让监狱精确管理系统更好地运作和发挥作用。

（4）常态　即常态化管理机制，一般是指监狱管理形式已经形成的固定姿态，或者是平常的、正常的状态。监狱管理的根本目标是法定的，相当长的时间内不会改变。例如，实现监狱改造人的根本目标，监狱需要一个持续安全、稳定的改造环境，监狱设定了监管安全的辅助目标，维护监狱的持续安全、稳定，服务于监狱根本目标的实现过程。维护监狱的持续安全、稳定就是一个常态化的目标，监管安全工作只有起点，没有终点。因此，监狱管理应该处于一种恒常的状态，这也是对监狱推行精确管理模式的一种工作状态要求。监狱的精确管理并不是一朝一夕可以完成的事情，也不是随机提出的一种管理模式。它是监狱管理实践的总结和积累，是在总结经验教训的基础上不断完善和进步的管理模式再造。它要在现在以及将来很长一段时间内逐步完成，最终在监狱形成一种更加科学的管理模式。这种科学的管理模式一旦形成，即将作为一种常态化管理模式或者管理机制存在下去，并能够持续运用。但是，根据哲学中事物总是不断发展的规律，再好的精确管理模式，如果不紧跟时代的发展，也只能是一段时间的常态化模式，在某一时间段发挥着应有的作用。只有随着时代的发展、社会的进步和监狱的发展，精确管理随之升级和延伸，才会出现与时俱进的精确管理模式，永远支撑和引领监狱的科学管理。不过，从另一个角度看，监狱推行精确管理模式，不仅仅是指这种科学管理的状态，更重要的是指监狱实践精确管理的态度和责任意识。因此，监狱管理者必须将监狱推行精确管理的理念和监狱精确管理的模式内化深入到每个监狱民警心中，使他们的精神和态度始终处在一种精确管理的常态机制中。

二、监狱精确管理的原则和方向

精确管理的理念和运行机制是现代监狱进行管理创新的重要内容和重要发展方向。监狱系统必须大力建构精确管理机制和模式。在具体机制建设中，监狱实施精确管理要以中国特色社会主义监狱制度为准则，紧紧围绕监狱工作目标，紧密联系监狱工作实际，坚持精确管理理论的基本原则，积极探索适用于监狱管理活动的精确管理技术。

1. 监狱精确管理的原则

监狱精确管理的原则主要包括五个方面，即：理论与实际相结合原则、定性与定量相结合原则、协调平衡发展原则、宏观与微观相结合的原则、管理方法和模式与监狱根本目标相结合的原则。

（1）理论与实际相结合原则　任何管理理论都是在一定条件下才能真正发挥作用，脱离实际的理论只是空中楼阁，中看不中用。监狱是一个相对特殊的组织管理系统，与其他组织有着本质的区别。监狱实行精确管理，必须一切从实际出发，具体问题具体分析，不可盲目求全责备。精确管理对监狱信息化和民警的素质要求很高，这就决定了监狱精确管理是一个渐进的过程。实践中，要紧密结合监狱实际，寻找突破点，狠抓监狱的基础管理工作，管理理论、信息技术成熟的工作可以先进行精确管理试点，从而以点带面，逐步推开。

（2）定性与定量相结合原则　监狱精确管理的定性分析要求监狱管理者具有"精益求精"的意识，任何工作都要有用准确命题和理论进行概括的思维方式。监狱管理者确立的目标定位和战略方向不能含糊不清，否则再多的管理也是做无用功。监狱精确管理的定量分析则要求管理者在进行管理过程中尽量量化一些具体的管理内容，利用数理统计方法精确分析监狱管理中的问题。如监狱管理者可以探索利用排序方式解决机关服务质量问题，利用预测方法解决监狱资源配置问题，利用运筹学解决监狱企业规划问题，等等。监狱管理者在进行定量分析过程中要避免定量分析过细、过精。定量分析过细、过精容易成为教条和僵化模式，反而会走向反面。精确管理是一种管理理念的突破，监狱管理者实施精确管理就是要做到各种行为安排和事项布置都在监狱规划的范围之中。

（3）协调平衡发展原则　监狱是一个复杂的运行系统，涉及人、财、物、信息和执法管理等方方面面的内容。监狱管理者要想将监狱的所有工作环节都精确化是不现实的，也是没有必要的。监狱管理者可以借鉴运用平衡计分卡的思路，正确处理好各个管理环节之间的关系，做到动态管理与静态管理结合，该精确管理的一定要坚持。如财务上必须坚持全面预算管理，财务指标必须落实到人才能有效执行；监狱民警的工作效能要通过绩效考核工作来保证，制订绩效考核指标，能采取精确化指标就采取，不能采取精确化指标的不要强求，可以采取一些定性指标，以免其误导作用。不适宜精确管理的要实事求是，如学习型组织的建立，它是一个循序渐进的过程。

（4）宏观与微观相结合的原则　监狱是社会大系统中的子系统，监狱管理水平的高低和管理方法的实施离不开社会大环境。当前，各行各业都在深入践行"科学发展观"，监狱也不例外。对于监狱来说，科学发展观就是要坚持全面、协调和可持续发展的观念，其核心是"以人为本"，在实行精确管理过程中，要正确处理好监狱发展与监狱历史和现状、人文环境、警察文化、法律制度、社会需求之间的关系，要通过科学论证和量化指标确保监狱科学发展观的落实。

（5）管理方法与监狱根本目标相结合的原则　中国特色社会主义监狱，追求监狱的社会职能，把罪犯改造成守法公民是第一准则和法定目标，监狱的一切管理方法和模式的采取都必须符合这一最基本的要求。监狱实行精确管理，不能沉浸于"科学的理想中"，不能脱离监狱的社会公共职能。由于监狱发展非常不平衡，客观决定监狱的发展水平和管理水平以及民警素质具有很大的差距。监狱实行精确管理，绝不能全国"齐步走"和"一刀切"，基础管理工作到位的可先走一步，基础条件不好的可具体问题具体分析，实事求是地进行精确管理。

2. 监狱精确管理的方向定位

（1）监狱精确管理的发展方向分析　监狱精确管理是监狱通过改革创新管理技术和手段，积极推进监狱管理信息化，应用网络技术和数理分析方法，对监狱管理活动的定性和定量管理，实现监狱管理活动的精确化。信息化是监狱精确管理的核心和方向。科学管理是生产力发展到一定阶段的产物，其发展水平是由生产力发展水平决定的。监狱精确管理以信息技术为支撑，从管理理念到方法手段全面创新，呈现出区别于传统管理的崭新特征。监狱精确管理作为一种全新的管理理念，是信息时代的产物，是监狱科学管理的高级阶段。它以当代高新技术特别是信息技术为平台，将当代自然科学、社会科学的最新发展成果充分运用到管理实践中去，使管理实效产生了质的飞跃。例如，实现矫正技术创新，对罪犯开展职业技能教育，通过信息技术进行视频教学和网上教学活动。监狱必须提倡引进数理分析方法，实现监狱管理活动的定性定量的精确化。马克思说："一种科学只有在成功地运用数学时，才算达到真正完善的地步。"❶ 监狱精确管理将数理方法全方位运用到管理工作中，在注重定性管理的同时，更加注重定量控制。监狱应制订具体、明确的量化标准，取代笼统、模糊的管理要求，改变经验式的管理模式。同时把量化标准渗透到管理的各个环节，以量化的数据作为提出问题的依据、分析判断的基础、考察评估的尺度，使无形的管理变成有形的管理。利用量化的数据规范民警的行为，并对管理进程进行引导、调节、控制，从而便于及时发现问题，及时矫正管理行为。

监狱管理者应当明白，监狱实现精确管理必须要借助于网络技术。通过实时的数据采集和网状的信息传递，改变监狱运行过程中的数据生成方式和线性传递模式，加快信息传递和立体接受，缩短决策时间，提高反应速度。如监狱安防一体化建设，利用通信网络技术，视频监控、红外报警系统的信息可以"实时传输"，实现管理者与被管理者的信息交流"无缝链接"，使管理指挥更加快捷。网络缩短了时空距离，便于监狱管理者及时掌握各种情况，及时将管理指令下达到管理末端，使管理指挥更加直接；网络既可以传送文字材料，也可以传送声像资料，它可以将各个终端采集到的图文声像资料适时输送到管理者面前，使决策指令更具体、更形象。

（2）监狱精确管理发展的定位　目标是监狱精确管理的核心。监狱精确管理的主要思想原则，就是通过对监狱工作目标和管理流程的研究，对信息的全面掌握了解，将监狱管理任务进行有效的数量化分解，形成若干个有效的管理模块，组成一个有机的管理系统，从而实现对过程和结果的精确控制。新时期，监狱管理的目标价值取向已经明确，监狱管理工作有法定的目标体系和科学的评价控制体系。监狱工作目标引领监狱管理活动实施，对管理活动进行全方位的监控和调节。因此，监狱目标体系的建设是监狱实施精确管理的核心。在监狱管理和监狱运行中，需要按照以下要求落实目标管理的先进理念。

① 通过监狱工作目标明确监狱职能定位。中国特色社会主义监狱职能的确立，监狱的社会服务职能更加凸显，任务更加明确。监狱工作的宗旨是惩罚与改造罪犯，工作目标是把罪犯改造成守法公民。监狱工作目标进一步明确了监狱管理标准和管理效能定位。监狱管理活动不仅是简单的教育管理、把罪犯看住、组织劳动生产。原有的监狱管理手段已经不能确保现代监狱目标的实现。现代监狱目标要求监狱充分体现社会职能，把改造人放在第一位。新的目标要求监狱管理重新定位，积极探索、改革创新监狱管理手段，从监狱管理活动的各个环节来保障监狱目标的实现。监狱要按照目标要求，立足实际，积极推进安全管理精确化、狱政管理精确化、行刑管理精确化、罪犯教育改造工作精确化、罪犯心理矫治工作精确化、罪犯生活卫生工作精确化、罪犯医疗工作精确化、监狱信息化建设精确化、罪犯劳动管理精确化、监狱警察队伍建设精确化、监狱行政后勤工作精确化，全面实施监狱精确管理。

② 通过健全目标体系引领监狱管理行为。监狱法定的根本目标，是监狱坚定不移的努力方向，统领监狱管理活动。为了实现监狱法定的目标，监狱应对目标进行科学分解，把目标责任分解到各项管理活动，设定具体的辅助目标，构建健全的常态的目标责任体系。监狱工作既有长远目标，也有阶段性目标，监狱应根据目标的完成情况动态调整目标，科学制订实施计划，构建健全的动态目标责任体系。目标责任体系的建立，可以全方

---

❶［法］保尔·拉法格著，回忆马克思恩格斯. 马集译. 北京：人民出版社，1973：72-73.

位地引领监狱管理行为，包括监狱管理者和民警的管理行为。监狱明确了工作目标，才能把目标成功转化为民警的目标，也才能真正引导民警按照分解转化的目标任务，结合自己的岗位职责，制订精确可行的工作计划，付诸实践。应当通过过程监督与控制，确保分目标的实现，进而保障监狱目标的按期实现。为了实现监狱工作目标，监狱必须坚持用健全的目标体系引领监狱管理行为，通过分解目标任务，明晰岗位职责，强化过程控制，有效地实施精确管理。

③ 通过科学的目标责任评价体系控制监狱管理行为。一般管理理论将管理分为计划、组织、指挥、协调和控制等职能。监狱实施精确管理仅仅有目标的引领还不够，还需要对目标进行分解，制订计划，组织实施。在管理过程中，监狱要结合工作目标，健全考核评价体系，加强目标对管理行为的协调和控制，监狱精确管理的效能才能得到充分的发挥。监狱通过目标实现精确管理，就是通过目标体系，健全责任体系和考核评价体系，充分发挥目标对监狱管理活动的引领和协调、控制的综合作用。监狱管理考核评价体系是监狱实现精确管理的动态支撑。

三、监狱实施精确管理的必要性分析

精确管理是一门科学，是一门艺术。自古到今，世界各国的专家学者都没有放弃对精确管理的研究，他们通过不断的实践和总结，把精确管理理论不断推向成熟，并广泛应用于各个领域。监狱管理者要深入研究精确管理理论，把精确管理技术积极推广应用到监狱管理领域，加速监狱精确管理理论和监狱精确管理技术的形成，促进监狱管理活动更加科学、规范和卓有成效。因此，在监狱领域深入推进和创新精确管理是当前社会发展以及监狱建设的必要举措，对于监狱事业具有不可低估的重要性和必要性。

1. 精确管理是组织管理学理论发展的必然要求

纵观组织管理学理论的发展、进步与成熟历程，精确管理理论经过世界各国管理大师的广泛实践和科学总结，逐步形成并走向成熟，而且其在组织管理实践中得到了广泛的推广与运用。科学管理之父泰勒在铁砂和煤炭的挖掘实验中，提出了"每种铲子只使用不同的物料，设计一种有两个不同标号的卡片，来进行标识工具"的设想。通过反复地实验和不断地总结，泰勒提出：推行定额管理、标准化管理的构想，让人的工作标准化和操作标准化。一般管理理论之父亨利·法约尔通过分析经营与管理的差异，指出"管理是普遍的一种单独活动，有自己的一套知识体系，有各种职能构成，通过完成各种职能来实现一个目标的过程。"亨利·法约尔对管理职能的划分和各项职能的特性分析，都体现了他对精确管理的推崇。他提出："计划的精确性，组织对工作标准的制定和下达精确的工作指标，包括协调和控制也是对精确管理的检验。"金和软件总裁栾润峰先生，是我国精确管理理论的创立者之一，他通过企业无数次实践活动的总结和提升，提出让所有的企业都实现精确管理的管理理念。监狱是国家刑罚执行机关，但从一般角度看，监狱也是一种社会组织。组织管理理论在监狱活动中同样可以应用。为了增强监狱的组织凝聚力，更好地实现监狱目标，监狱管理者必须遵循组织管理的基本理念，学习借鉴组织管理学的先进理念和科学技术，加快推进监狱应用精确管理技术的步伐，进而促进监狱管理活动与信息化时代发展相适应和与现代组织管理发展相接轨。

2. 精确管理是借鉴现代企业管理技术的必然要求

现代企业管理正朝着科学化、法制化、规范化方向大步迈进，基本形成了一套比较完善的管理理论系统。从企业发展的纵向方向和动力来看，现代企业管理主要可分为机遇管理和基础管理、投资战略管理三类。机遇管理主要的特征是企业或组织通过利用概率性的社会资源获得发展。在20世纪80年代，企业界普遍推崇"点子经济"，大都难以成就企业界的"不老松"。其根本原因主要是基础管理不善，企业管理改革创新和紧跟时代发展不够。因此，企业的发展与进步和更加长足的发展，与其完善的基础管理是分不开的。基础管理主要体现在企业现有工作方面。企业的管理是一种渐进式的量变，需要分工与协作，需要沟通与交流，需要计划、执行与控制。基础管理直接决定了企业管理者对机遇的把握和耕耘，可以使日常管理的量变成功转化为质变，将机遇升级为事业的发展与进步。投资战略管理侧重于企业的发展战略方面。企业管理者在机遇管理和基础管理到位的前提下，通过资本的有效运作，将企业带入新一轮的更高平台的发展。企业管理的三个方面在管理实践中都在进行，是相辅相成、相互促进、辩证统一的共同体。企业在不同的发展阶段，管理的主体不一样，必将导致其管理模式的重点方向不一样。从企业管理来看，管理的失败，其短板就是基础管理技术薄弱，缺乏精确化的基础管理。精确管理的根本要求就是基础管理的科学化、精确化。精确管理是一种有效的基础管理手段。只有通过基础管理的精确化，企业管理者才能充分而精确地把握机遇和制订战略。现代企业管理需要推进精确管理，加强企业的基础管理，促进管理的科学规范。同样，现代企业精确管理技术对监狱管理活动有着深远的指导意义和借鉴价值，监狱管理者应该在坚持法律制度的前提下，充分借鉴现代企业精确管理技术，积极推进监狱精确管理，夯实监狱基础管理，推进监狱建设的科学化、规范化和标准化。

3. 精确管理是监狱法定目标历史发展的必然要求

监狱是国家的刑罚执行机关，监狱管理活动必须坚持在法律制度框架下进行，由监狱管理者用法定目标来引领和控制其执行过程。监狱管理活动的样态，取决于中国监狱制度的改革和发展，取决于监狱法定目标的探索和确立。新中国成立后，监狱制度经历了四次历史性的变革，监狱制度才逐步完善，"将罪犯改造成守法公民"的法定目标最终也得以确立。在该科学行刑目标的推动下，监狱精确管理有了广阔的适用空间。正是监狱法定目标的历史发展，催生了现代监狱对于精确管理的需求。

新中国成立后，监狱制度逐渐地变革与完善，监狱法定目标经历积极探索和反复争论。1994年，《监狱法》的颁布与实施，标志着中国监狱法定目标的确立，监狱目标价值取向实现了工具理性价值向社会理性价值转变，进一步确立了"将罪犯改造成守法公民"目标价值取向。1954年以前，中国正处在国民经济恢复时期，监狱处于向社会主义监狱转化的时期。为了巩固新生政权，维护人民群众的利益，战胜灾害，度过经济上的困难时期，稳定监狱工作，1951年5月，全国第三次公安工作会议通过了《关于组织全国犯人劳动改造的问题的决议》，毛泽东同志在批示这个文件时，提出了"三个为了"的方针，即为了改造罪犯，为了解决监狱的困难，为了不让判处徒刑的反革命分子坐吃闲饭。"三个为了"的方针，使新中国监狱度过了创建初期的最困难时期，为新中国监狱指明了方向，但是困难时期的监狱管理的难度依然存在，软件、硬件方面都存在重重困难。1954年9月，《中华人民共和国劳动改造工作条例》的颁布，标志着中国劳改制度的确立，中国社会主义监狱真正建立，开始了监狱工作目标的探索和反复争论。到 1964 年的 10 年间，中国劳改制度处于建立和巩固时期，监狱工作坚持"两个相结合"的方针，突出了监狱的基本任务，强调监狱行刑、改造和生产手段的互动关系，为进一步明确监狱中心工作，提供了重要指导。但是新中国的监狱和劳改制度建立初期，监狱的物质条件还相对薄弱，工作环境极为艰苦。从 1964 年 7 月到《监狱法》颁布实施以前，中国劳改制度处于曲折发展时期。第六次全国劳改工作会议在总结新中国成立以来劳改工作经验的基础上，为了克服"重生产、轻改造"的思想偏差，提出"中国监狱工作在坚持改造与生产相结合中，贯彻'改造第一，生产第二'的方针"。这一方针是对前述"三个为了"和"两个相结合"的科学概括和总结，也是监狱工作正、反两方面经验教训的科学概括和总结，突出了监狱工作的社会功能。1994 年 12 月，中国监狱制度快速进入法制化时期，《中华人民共和国监狱法》颁布实施。1995 年 2 月 8 日，中国政府在《国务院关于进一步加强监狱管理和劳动教养工作的通知》中指出：监狱是国家的刑罚执行机关，坚持"惩罚与改造相结合，以改造人为宗旨"的工作方针，这个方针既是对中国监狱 50 年的工作总结，更是对今后监狱工作的目标价值取向定位，着重体现了监狱管理的社会公共职能。这一方针的确立，表明监狱惩罚罪犯只是手段，把罪犯改造成守法公民才是监狱工作的根本目标。

监狱体制改革对监狱管理职能提出了新的要求。监狱实施体制改革、监企分离，标志着监狱管理步入规范、精确、标准、科学的管理时代。计划经济体制下的监狱管理体制，存在着监企不分，政治职能和经济职能交叉，财政经费保障不足等问题，严重影响了监狱社会公共职能的发挥。现代中国监狱实现"全额保障、监企分开、收支分开、规范运行"的监狱体制改革目标，建立公正、廉洁、文明、高效的新型监狱体制，是对监狱管理体制的重构。在建设社会主义和谐社会的进程中，监狱必须要准确执行刑罚，创新矫正技术，提高改造质量，把罪犯改造成守法公民，实现社会的公平正义，维护社会安全稳定。为此，监狱目标价值取向是监狱管理者需要把握的重点问题，是监狱实现精确管理的目标驱动。

4. 精确管理是改变监狱管理现状的必然要求

监狱管理以管理内容为标准，大致可分为狱政管理、刑罚执行、狱内侦查、教育改造、生活卫生、劳动管理、安全生产、纪检监察、组织工作、警务人事、宣传教育、体制改革等 12 类。监狱管理以管理岗位为标准可分领导岗位、政治工作岗位、管理教育岗位、劳动管理岗位、行政后勤岗位等 5 类。无论是从管理内容看，还是从管理岗位看，监狱管理活动都有具体的岗位职责、履职标准和工作目标。监狱管理者在管理活动中应该明确"什么事该谁做、该怎么做、应该做到什么样，达到什么目标"，为监狱精确管理奠定基础。

监狱工作根本目标的确立，明确了监狱管理内容和重点。监狱管理活动有着明确的目标，但是监狱工作目标在监狱管理活动中的引领作用发挥得还不够。监狱之间硬件条件、管理理念的差异导致其应用先进管理技术的水平参差不齐，应用成效不够明显。监狱管理者思想上还不够解放，不能大胆地借鉴先进的管理技术和手段，导致许多先进的管理理念和管理经验没有应用于管理实践中。所以监狱应当坚持与时俱进和改革创新，积极推广应用先进管理技术，促进监狱管理效能的提升。例如，在监狱管理过程中，部分监狱管理者和民警只是肤浅地认识精确管理理论，在理念上对监狱实施精确管理技术没有认同感，其至认为监狱实施精确管理后，自己工作中处处受到控制，干工作束手束脚。监狱管理者和民警对监狱精确管理的肤浅认识，表明其显然缺乏对现代管理理念的学习和掌握，思想上只是停留在传统的粗放式管理水平，意识不到推进监狱管理创新、实施精确管理技术是监狱适应时代发展的迫切需要。监狱发展的时代背景，决定了监狱应用先进管理技术的难易程度和进程快慢。例如，改革创新的力度大、基础管理建设好、基础设施完备、信息化程度高的监狱推进精确管理的阻力会小一些，步伐会快一些；相反基础条件、基础管理相对比较滞后的监狱，推进精确管理的难度比较大，进程会缓慢一些。不过，从总体上，监狱系统的管理现状仍然比较粗放，其行政色彩比较浓厚，也缺乏运用先进管理技术整合资源的尝试。因此，在当今监狱事业发展的关键时期，监狱管理的薄弱现状决定了监狱全面实施精确管理技术的紧迫性和必要性。

四、影响监狱精确管理技术应用的主要因素

通过监狱管理现状的分析，监狱管理处于基础管理向实施精确管理模式的过渡时期，监狱管理过程中存在许多与现代精确管理技术相悖的因素。监狱管理者要认真分析监狱主体的思想文化、执行意识、管理理念，正视监狱发展的时代背景和监狱文化，剖析监狱体制机制建设等方面存在的问题，查找监狱实施精确管理技术进程中不和谐因素，从而更为有效地建构监狱精确管理的制度框架和技术机制。

1. 监狱管理主体的意识形态薄弱

列宁曾指出，"最大的阻力是习惯势力"。从现实工作生活和心理学的角度分析，人是有惰性的，现在的大多数监狱已经习惯了粗放式管理，这无形中构成了推进精确管理模式的阻力。例如，有一些监狱管理者认为，监狱实施粗放式管理，发展速度也不是很慢，暂时不需要推进精确管理模式；有些监狱管理者认为等时机成熟、监狱硬件条件改善了，再推进精确管理模式也不迟。这种观念显然是不正确的，不仅与时代发展和社会进步的要求不相适应，而且与监狱承担的社会公共职能要求也不相适应。不摒除落后的管理理念，监狱必然不能圆满地完成新时期监狱管理的新目标和新任务。

2. 监狱管理者对监狱精确管理的推进力度不大

监狱推进精确管理的力度大小、速度快慢、成效是否明显，与监狱管理者的科学决策和推进力度密不可分。监狱管理者对监狱精确管理认识上不到位，思想上不重视，或者推动不力，显然，上行下效，将会极大地影响监狱的精确管理进程。著名的信息化专家、清华大学教授莫欣农曾经说过："精细化管理的阻力来自于旧的习惯势力和新的创新所带来的风险。这些都取决于高层领导的决策力。"监狱管理者应该清醒地认识到，随着形势的发展、日益激烈的市场竞争以及监狱体制改革的不断深入，向管理要效益、实现各项工作的创新发展已成为现代监狱发展的必由之路。精确管理是一种理念、一种技术、一种认真的态度，一种追求卓越的文化，需要一个漫长的形成和完善的过程。监狱的各级管理者必须大力推进精确管理的理念和具体制度措施，才能促使新的管理方针落到实处、取得实效。不过，乡间小道可以跨越到高速公路，管理的发展阶段却不可盲目跨越。监狱必须遵循社会发展规律，循序渐进，每一步可以适当快一些，但是必经步骤不可少。所以监狱管理者应当化被动管理为主动管理，要有全面推进精确管理的信心和决心，并付诸于实际

行动。

3. 缺乏监狱管理制度体系的支撑

监狱实施精确管理技术必须要有相应的制度支持，这是古今中外所有监狱实践的一条基本经验。精确管理的精髓在于监狱管理目标明确，各项管理活动的精确和标准。监狱的管理行为，都有其科学的目标任务、合理规范的表现方式、操作流程和执行标准，都要在管理制度上做出明确的规定，不能有任何疏漏。目前，监狱的精确管理还缺乏相应的制度支持和明确的操作流程。缺乏制度支持的精确管理，显然对监狱管理主体缺乏强劲的约束力。没有完善的制度保障，监狱实施精确管理很可能遇到重重困难，严重影响监狱行政管理和执法管理效能的提升。

4. 监狱管理信息技术支撑不到位

精确管理的技术支撑主要包含两个方面：一是计算机技术；二是互联网技术。精确管理必须要靠信息化工作来作为强有力的技术支撑。监狱管理者要从信息化入手，加强信息技术层面的建设，为实现精确管理提供强有力的技术支撑。监狱要提高精确管理的技术手段，通过加快监狱管理信息化建设，充分利用现代科学技术和管理方法，改革创新管理手段，提升管理水平，强化监督控制，切实提高监狱管理科学化水平和精确化程度。先进的技术支持，能够推动精确管理技术的运用，提升其运用效果。因此，就当前我国监狱管理现状而言，监狱精确管理的关键在于信息化。但是，在现实中，监狱信息化建设不平衡，仅仅停留在简单的电脑操作方面，缺乏系统的规划和建设。监狱信息化建设也没有形成统一的标准，而且有的监狱还没有形成信息技术的一体化。各个管理部门由于相互之间的差别和孤立，信息资源不能实现共享和交互，导致监狱管理者无法实现跨越时空的应用交流和综合决策，极大地制约了监狱精确管理的推进。可以说，信息技术的支撑是深化精确管理的基本"骨架"，当前信息技术支撑的不到位导致精确管理的"畸形"和"弱智"。只有有了完善、一体化的信息技术平台，监狱精确管理的各种措施和内容才能全面落实、高效推进。

五、实施精确管理的路径分析

如何改变当下监狱管理中的不合理内容，最大限度地发挥监狱管理对于监狱建设的推动力，是监狱发展必须考虑的问题。精确管理是建设现代文明监狱的重要管理手段和管理技术。实施精确管理无疑可以有效解决监狱发展中难题，实现监狱执法管理的高效率和监管质量的高品质。精确管理的实施不是一个简单的制度推行问题，而是涉及管理理念、监狱文化、措施落实以及保障机制等多方面的系统问题。具体来说，精确管理可以按照以下几个方面进行建设和实施。

1. 坚持以人为本的发展理念

监狱贯彻落实科学发展观，就是要坚持以人为本，进而推进监狱管理创新，促进监狱的全面协调可持续发展。监狱实施精确管理，要以科学发展观为统领，树立人本理念，抓住践行精确管理技术的核心，即监狱民警这一主体。监狱管理者要从人的意识和能力两个方面，提升监狱民警执行精确管理的理念，提升其执行精确管理的能力。

首先，监狱管理者要从思想上引导监狱民警，凝聚共识，形成工作合力。工作的第一步是要从做人的思想工作抓起，广泛地宣传发动，阐释监狱推进精确管理的深远意义，营造精确管理的氛围，提高民警的思想认识，真正地接受精确管理理念。精确管理是一种理念，一种认真的态度，一种追求卓越的文化。因此，监狱管理者要把精确管理与监狱文化建设结合起来，努力营造追求精确管理的文化氛围，培养监狱民警精确管理的思维习惯。监狱管理者应充分利用会议、讲座、网站以及横幅、标语、橱窗等形式，向监狱民警大力宣传实施精确管理的必要性和重要意义，让民警真正掌握精确管理的内涵、核心和灵魂。监狱管理者要积极宣传在精确管理中涌现出的先进典型，宣传在精确管理中总结出的好做法、好经验，为实施精确管理营造浓厚的舆论氛围。同时应当积极倡导民警学习精确管理理论方面的书籍，动员全体监狱民警积极行动起来，大胆探索切合本单位、本部门、本岗位实际的精确管理方式、方法，让监狱民警树立"做事就要做好，追求卓越"的管理理念，使精确管理成为监狱民警的自觉行动。目标决定行动，监狱管理者可以把工作目标分解到管理的每一个环节，把责任分解到岗位、分解到民警，通过目标来引领、控制民警的执行行为，凝聚共识，把民警的思想真正统一到实现监狱工作目标上来，形成工作合力，促进监狱发展。

其次，监狱管理者要在能力上培养监狱民警，提升素质，增强工作本领。对于监狱而言，精确管理对监狱管理工作最大的启发就是成本控制。一个实现精确管理的监狱，一般都能够把成本给控制到最优，并且能够在控制成本的基础上，实现监狱管理效益的最优，保质保量地实现监狱目标。因为实施精确管理，能够优化流程、提高品质，降低不必要的损耗。在监狱管理建设中，这需要全体监狱民警共同的努力，需要调动全体民警的积极性和创造性。监狱民警队伍的素质有高有低，参差不齐，即使监狱拥有了一套精确管理的思路、方案，也很难完美地实施精确管理。监狱精确管理首先要切合人的实际，看监狱用人是否恰当。要对监狱民警摸清底数，用其所长，避其所短，并有目的地进行培训，使其掌握精确管理的操作步骤、技术标准等，摒弃任何无用的动作，不做无用功。监狱管理者要加大对管教、生产、行政后勤等职业技能培训力度，尤其应该对精确管理理念、各岗位的岗位职责、岗位标准、岗位管理制度和工作目标等进行全方位的培训，从而有力地促进监狱民警队伍整体素质的提高，为实施精确管理奠定理论基础和提供智力支撑。最后监狱管理者要深入基层，了解掌握在实施精确管理的进程中遇到的困难和疑惑，一旦发现问题，就及时分析处理，把问题解决在萌芽状态。

2. 健全监狱精确管理的组织架构

精确管理的组织架构主要包含其法律制度、理论支撑和技术支持三个层面的内容（见图1）。通过建立健全这三方面的内容，就可以为精确管理的创新发展确立基本的支撑框架。

首先，监狱实施精确管理必须依据法律制度，在法律制度框架内，实现监狱由政治职能向社会公共职能的转变，确立监狱工作的法定目标。一是监狱通过法定目标来确定监狱管理的辅助目标，实现主辅目标的控制，进而控制组织管理行为。二是监狱管理辅助目标对监狱管理行为进行控制，通过相互作用及时地调整辅助目标，让监狱管理辅助目标与实际管理活动相适应，制订出更加科学合理的工作目标。

其次，监狱精确管理的理论支撑方面主要包括监狱精确管理思想和中国传统文化。精确管理思想是监狱管理中意识形态的内涵，就是要树立精确管理的理念，真正对精确管理

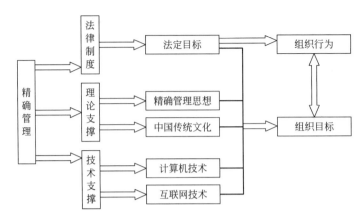

图 1　监狱精确管理的组织架构

有足够的认识，通过精确管理对监狱管理过程进行清晰的量化表达，对工作流程及组织资源可以方便灵活地配置，对组织环境进行量化的边界性把握。监狱精确管理的受众是监狱民警。监狱管理者研究监狱精确管理，就是要研究监狱管理主体人民警察的文化、思想、工作和生活；监狱管理者研究监狱民警就必须研究他们赖以生存的中国传统文化、监狱文化。所以，理论支撑的另一个重要因素就是中国传统文化。监狱精确管理模式的建立，必须体现中国传统文化的"人本思想"、"和谐思想"与"随机应变"，体现监狱民警革命化、正规化、专业化的警察文化。监狱精确管理的目标是把罪犯改造成守法公民，监狱精确管理的手段就是分析民警的心理、思想和文化，增加支出，使民警更加快乐的工作，为实现监狱工作目标而努力工作。

第三，监狱精确管理在技术支撑方面主要包括计算机技术和互联网技术。监狱将计算机技术、互联网技术与监狱管理活动结合起来，体现了监狱工作的程序化、量化、系统化和可控化的特征，体现了信息自由共享与跨越时空的特征。精确管理是理论与技术的组合，有机地将其特点加以融合，形成组织管理的流程具体化、管理参数量化和管理过程透明化。组织活动的参与者在精确的、程序的、量化的基础上做到人性化，从而使得组织的管理工作突破时空限制，实现透明的、量化的高效运作。有了技术支撑，全体组织成员就可以既精确地获得相关行为指令，又不失去以人为本的工作环境。

3. 建立以目标管理为核心内容的运行机制

监狱实施精确管理技术目的就是通过精确的基础管理来实现组织的目标。目标引领监狱管理行为，并对监狱管理行为进行协调和控制。为此，目标管理是监狱精确管理的重要路径。通过建立完善以目标管理为核心内容的运行机制，监狱精确管理的技术运用和实际效果都能够得到保证。

（1）"监狱目标管理"释义　目标管理，是指监狱通过科学地制订监狱工作目标、合理地分解目标，用健全的目标责任体系和考核评价体系，对监狱管理行为和管理过程进行实时的控制。

监狱目标体现了监狱管理活动的目的和社会职能的价值取向。在现行的社会主义法律框架下，中国社会主义监狱的管理职能由政治职能向社会职能转变，其根本目标是"把罪犯改造成守法公民"，也是监狱的法定目标。为了实现监狱的根本目标，监狱管理者需要对目标进行科学的分解，制订相应的辅助目标和阶段性目标，着力构建健全的监狱目标体系。例如，监狱确定"维护监管场所的持续安全稳定"的安全目标，为监狱根本目标的实现提供安全稳定的改造环境。

目标在管理中发挥着指导、引领、控制作用。一项科学的目标任务能够正确地引领发展，统一发展理念，凝聚发展共识，更好地强化管理，创造更大的管理效应，促进组织目标的实现。目标管理是通过目标实现管理，是管理者通过激励机制的作用，把组织或者管理者的目标转化成被管理者的目标，以实现由自我控制达到整体协调控制的一种管理技术。目标管理不能等同于计划管理，目标不能等同于计划，计划只是实现目标的步骤和流程。目标管理不是对目标的管理，而是组织通过目标实现对人和管理对象的管理，是组织目标的分解和转化。

监狱目标管理是通过监狱根本目标实现监狱管理，监狱的根本目标引领、控制监狱管理行为。监狱的根本目标分解为辅助目标和阶段性目标，不同的目标控制不同的监狱管理行为。例如，某省监狱系统坚持人才是监狱事业发展的第一资源，提出并确立"人人都是人才，人人都可以成为人才"的"人才兴业"战略，并确立"212"人才发展目标，此目标就是对监狱民警队伍管理行为的引领和控制。

（2）监狱实施目标管理的具体操作　这主要包括以下内容。

① 科学制订目标，明确监狱管理的价值取向。监狱实施目标管理，要紧密联系实际，明确工作目标，用目标来引领监狱管理活动。为此，监狱管理者要综合分析监狱管理价值取向、社会职能要求，在广泛调研和征求被管理者意见的基础上，科学决策监狱管理的总目标和阶段性目标等。制订目标，一是要明确监狱管理的价值取向，明确监狱民警需要做什么，做到什么样才能实现管理效益的最大化。二是监狱制订目标要紧密联系实际，准确定位，制订的目标不能脱离实际，无限地放大和缩小，总体目标方向定位要准，同时要制订相应的阶段性目标，服务于总体目标的实现。三是监狱要健全目标体系，一项目标的实现是通过若干子目标系统共同完成，是各个监狱管理子系统和每一个管理环节的总和。监狱不仅要有总体目标，也要有综合管理体系子系统中的分目标，不仅要有长远目标，也要有阶段性的短期目标，甚至细化到某一个管理环节、某一个人的执行行为。

② 合理分解目标，明确岗位职责和执行方向。监狱既定的根本目标是监狱管理者和监狱民警共同努力追求的价值取向，监狱管理者要善于将既定的根本目标科学合理地分解到每一个阶段、每一级组织、每一个管理环节和每一个岗位，甚至到民警的某一个执行行为，形成时时有目标、事事有目标、人人有目标的良好局面，这样更加有利于监狱根本目标的实现。目标分解不能过于绝对化，监狱管理者要正确处理好整体与局部、平行执行系统之间、上下执行环节之间的辩证关系，要充分运用联系和发展的规律来科学合理地进行分解，构建一个细致的、完整的、系统的目标体系。要将系统的目标体系修订成完善的目标计划书，进一步明确岗位职责和执行方向，指导民警在什么岗位应该做什么、怎么做，应该做到什么标准才算达到目标。

具体而言，目标管理中的目标不是简单的目标叠加，而是以根本目标为核心的监狱目标体系。监狱的根本目标是监狱发展进程中永恒不变的主题，是监狱社会价值取向所决定的，既是一个长远目标，也是监狱工作的总目标。监狱要实现根本目标，就要结合监狱管理实际和管理内容，对根本目标进行科学合理的分解。监狱管理者必须坚持以科学发展观为统揽，牢固树立协调发展的理念，在法律制度框架范围内，进行监狱目标分解。实现监狱的根本目标，监狱要大力实施全面质量建设，确保监狱的安全稳定，提高公正文明执法水平，充分发挥监狱职能，创新教育矫正技术，加快信息化建设步伐，把罪犯改造成守法公民，为构建和谐社会作出应有的贡献。监狱根本目标可以分解为辅助目标和阶段性目标，引领、控制监狱管理不同领域、不同时期的管理活动。例如，监狱管理者可以把监狱根本目标分解为：维护监所持续安全稳定的安全目标、提高监狱企业经济运行质量和效益的发展目标、民警队伍综合素质进一步提高的民警队伍建设目标，等等。

在根本目标指导下，还要重视监狱的阶段性目标建设。监狱工作的总目标总是通过阶段性工作来实现的，凝聚着阶段性工作成果。为此，监狱管理者必须围绕监狱工作的总目标，科学合理地分解成阶段性工作目标。例如：配合国家、省政府以及司法部、省司法厅的"五年规划"，监狱管理局和各监狱都会相应地制订本系统、本单位的"五年规划"，进一步明确五年期间的发展目标，制订贯彻落实措施。阶段性目标还有年度、半年度工作目标等表现形式，监狱通过召开年度和半年度工作会议，部署阶段性工作目标任务。阶段性工作目标还包括一些专项活动，例如："百日安全竞赛"、"重大活动安保"、"节日安保"等专项活动，阶段性的活动期间也有相应的工作目标。阶段性的监狱工作目标总是为实现监狱工作的总体目标服务的，是目标系统的不可缺失的组成部分。

在实际工作中，按条线分解目标也是目标管理的有效举措。监狱工作内容丰富，涵盖方方面面，粗略地分为监管改造、经济发展、队伍建设、行政后勤、执法管理等方面。各条线也有各条线的工作目标。例如，某省监狱系统在民警队伍建设方面，提出了"队伍管理严、从优待警好、履职能力强、整体素质高"的工作目标。对照这一总体目标，又从民警队伍管理、教育培训、从优待警等若干方面进一步细化分解目标，就人才队伍建设提出了"212"人才队伍建设目标，就"十二五"期间监狱警察学历教育分别提出了"7910"工程和"6950"工程目标，明确了"十二五"期间监狱警察本科学历和研究生学历的结构目标。

另外，建立岗位目标体系可以进一步完善目标管理的结构和内容。监狱民警的履职岗位是从事监狱直接管理的最基层。因此，监狱必须进一步明确岗位职责，建立岗位目标责任体系，让所有监狱民警都能熟悉岗位职责，知道干什么，明确目标责任，知道如何干到位。

③ 组织实施执行，强化过程控制和检查监督。一个明确的目标需要人的执行行为去完成，就是执行力问题。提升执行力是实现目标的重要保障，是目标管理过程的重要体现。强化执行首先要着力提高对目标的认识，进而强化执行意识的提升，跨出"想做事"的关键一步。其次要明确岗位职责，完善执行流程和执行标准，解决好"如何做"的问题。再次要加强组织管理，监狱管理者要对照目标，强化执行过程的控制，对执行情况进行跟踪检查监督，对执行情况做到了如指掌，对做得好的要予以肯定，执行不到位的现象要及时纠正整改，确保"做事做到位"。此外，监狱管理者在跟踪问效的同时，要充分运用好科学的激励机制，激发民警干事创业的热情和提升努力实现目标的责任意识。

④ 健全考评体系，客观评估目标实现的结果。目标是否实现的结果不是某个人说了算，是以执行行为的实际过程和结果为依据，对照执行标准和目标要求进行客观的评判。为此，对监狱的整体工作目标，监狱管理者要坚持变量和定量的统一，通过设定实现监狱

目标的考核参数，能定量的一定要数字量化，不能量化的要给予定性指标，建立一整套系统的考评体系。监狱管理者要利用数理分析的方法，对监狱目标进行定性和定量的分析，不仅要对阶段性目标、个体目标进行客观评价，还要对总体目标进行综合评价分析。只有通过客观的、系统的评价分析，才能证明监狱目标的实现与否。

具体而言，首先，监狱管理者应从细节入手，夯实目标责任考核基础工作。抓好细节才能少走弯路，少出纰漏，达到事半功倍的效果，监狱管理者做好目标责任考核工作亦然。一是监狱管理者要详细拟定制度。根据监狱工作目标，监狱管理者要对各项工作制度进行全面修订和完善，力求各项制度合法合理、统一规范，具有较强的可操作性，将监狱各项工作纳入制度规范体系，确保目标责任管理工作有规可依。二是监狱管理者要细致划分职责。根据监狱机构设置情况，监狱管理者按照"可量化、可操作、可分解、可考评"的要求，对监狱各部门现有岗位职责进行梳理划分，确保工作责任明确、措施具体、任务到人，确保监狱管理工作横向到边、纵向到底、不留死角，既考虑工作的整体性、全面性，又注重不同岗位职责之间的差异性，不搞一刀切。三是监狱管理者开展责任考核要仔细。根据考核原则，结合工作实际，监狱管理者对考核内容细化、量化，不能量化的要予以定性，将监狱每一名警察、每一项工作都纳入考核范畴。

其次，考核指标要科学规范。考核指标分为定性指标和定量指标。定性考核的标准比较模糊，可操作性不强，这就使得考核人员的主观因素在考核工作中占有相当大的比例，容易出现偏差。因此，监狱管理者要尽量减少难以量化、难以检验核实的指标，或者降低定性指标在考核中的权重；对于能够用数字来衡量的定量指标，适当加大其在考核中的权重。监狱管理者可以探索对超额完成任务的指标实行激励加分机制，计分办法上采取按完成比例计分，激励被考核者不断进取。

考核标准要统一明确。科学实施监狱工作目标责任考核，监狱要坚持监狱管理者牵头、统一领导部署、统一制定标准，充分发挥专家指导、群众参与的作用。例如：监狱可以建立《监狱中层领导考核办法》、《监狱民警考核实施细则》，对中层领导和一般民警实行百分制考核，由政工部门对民警的思想作风、工作纪律、任务完成情况等方面进行考核打分，每月公布，年底汇总，对考核不合格的按照规定给相应处理。监狱每月定期对各部门的目标任务完成情况进行考核，科室与监区分别排名，评定名次，张榜公示，对排名前三的部门通报表扬，对排名末位的部门领导予以诫勉谈话，以考核结果作为年终评优评先、选拔任用、岗位交流的重要依据。而且考核机制应当做到动态完善。监狱工作要遵循事物的发展规律，目标责任考核机制也要遵循"否定之否定"的唯物辩证法基本规律，以变化发展了的实际情况为依据，适时作出调整，使其始终处于一个动态调整完善的状态。在这个过程中，要切实处理好"变与不变"的关系，在维护考核机制稳定性、严肃性的同时，严格按照有关程序进行调查研究，实事求是地对确实已不符合当前实际工作的内容进行修改完善，确保考核机制的针对性、实用性和前瞻性。

最后，应当坚持严格考核纪律，保障目标责任考核公平公正。考核人员要始终坚持公平公正公开的原则，坚决杜绝主观随意性，按照规定的程序进行考核，不缺项、不漏项，坚持量化考核、层级考核、分类考核、交互考核相结合，发挥交互考核的正面督促作用。而且监狱各部门要进一步畅通考核监督渠道，采取报表收集、业务检查、民意测评等多种形式，接受警察职工的监督，广泛听取群众的意见，积极稳妥地处理存在争议的问题，以全方位的监督推动工作发展。监狱可以建立层级申辩复议机制，对考核过程、结果存在异议的部门和个人，可以逐级申请复议，有关部门必须对此作出答复。需要注意的是，监狱管理者要慎待考核结果。考核结果不仅用来衡量被考核者的工作成绩，也对监狱下一步工作开展产生影响。考核结果只有正确反映了工作成绩，才能产生积极效应，反之，则会挫伤工作积极性，造成负面影响，因此必须认真进行考核工作，保障考核结果真实有效。

4. 发展全面的精确管理保障体系

监狱推行精确管理，需要一套完善的保障体系作支撑，否则将难以推行，或者是好景不长，半途而废。监狱推行精确管理毕竟还不够成熟，只是探索和起步阶段，过程中还会遇到很多困难，势必需要包含组织保障、制度支持、考评体系和技术支持在内的一套完整的保障体系，才能让精确管理技术在监狱走得更远、更加完善和进步。

首先，监狱管理者必须加强组织保障建设。组织保障主要是指监狱主管部门和监狱管理者要牢固确立精确管理理念，坚信精确管理是解决监狱管理困惑的有效途径，从思想上要高度重视，自身要深刻理解精确管理的对监狱发展的重要意义，从行动上要积极倡导并主动推行精确管理，要带头制订监狱精确管理的实施计划和具体推进举措。监狱主管部门和监狱要成立相应的组织领导机构，专门研究监狱推行精确管理的实施意见，并对监狱推进精确管理的工作加强领导，对推进过程加强指导和监督。

其次，监狱推行精确管理，需要完整的制度体系，包括监狱工作相关的法律法规和监狱制定的规章制度。随着法治社会建设的推进，监狱相关的法律法规将会不断地修订和完善，监狱的管理必须遵守国家的法律法规，必须在法律框架内开展监狱管理。监狱管理者要在不违背法律原则的前提下，结合监狱管理工作中出现的问题和现象，不断修订完善监狱内部的管理制度，以更好地适应规范监狱执法管理活动的需求。针对制度的修订和完善，监狱管理者要不断加强对监狱民警法律法规、规章制度的学习培训，真正让法律法规和规章制度深入人心，更好地在法律制度范围内从事精确化的执法管理活动。精确管理要求监狱要跟踪监狱民警的执法活动，考核其执法活动绩效，采用协调和控制的管理手段，动态调整民警的执法管理行为。要实现实时的跟踪考核和协调控制，让民警的执法管理行为更为精确，

第三，监狱管理者必须联系工作实际和民警执法管理活动的工作实践，制定完善的考评体系和动态控制系统。监狱管理者要通过对民警的考核，根据考核结果，分析民警执行行为的效果，对其执行行为进行控制和调整，否则将会导致错误行为越走越远。考评体系应该是系统的考评体系，包含对监狱管理系统内每一个环节、每一个流程乃至每一个流程中的某一个行为的考核。这样才能获得精确的考评结果，作出精确的控制和调整。

最后，监狱管理者要着力加强监狱信息技术的建设和应用。近年来，监狱在信息化建设方面投入力度逐步加大，信息化建设的成果也很明显，特别是计算机技术、技防设施建设和网络建设等方面。但是，监狱信息化程度与精确管理的要求还有很大差距，信息资源共享等方面做得还不够。监狱主管部门应该建立信息化建设的统一标准，实现全局范围内的信息交互和资源共享，让信息技术促进监狱之间的互联应用和综合决策。通过保障信息的畅通、准确、快速和共享，深入推进监狱的精确管理。

第三章　细化管理——细节决定成败

美国惠普公司创始人戴维·帕卡德先生说："小事成就大事，细节成就完美。"世界上任何事物都是由无数个细节组成，而每一个细节又都是客观世界的真实反映。细节之间存在着固有的联系，通过这些细节，可以窥见事物的本质和内在联系，忽视这些细节，不去研究这些细节，往往就会落得功亏一篑的局面。监狱作为国家的刑罚执行机关，是惩罚改造罪犯的特殊场所，面对特殊的管理对象、场所和任务，监狱管理者和民警应该牢固树立"细节决定成败"的管理理念。细节存在于监狱管理的每一个环节，存在于每一个环节的细微之处，犹如组成人体的每一个细胞构成监狱整体的管理系统。监狱管理者把每一个细节都执行到位，形成整体合力，必将促进监狱整体管理效能的提升，推进监狱事业走向成功。监狱管理细节的有效执行，就是监狱在管理活动中构建流程管理模式，积极推行细化管理技术。监狱要立足监狱管理的内容，围绕监狱工作目标、管理分工、岗位职能、业务标准等因素，制订科学、规范、精细的业务流程，通过业务流程管理和细节的把握与执行，实现监狱管理效能的最大化。所以，细化管理的实质就是流程管理，其精髓就是重视细节和按照程序做事。监狱要以专业化为前提，以技术化为保证，以数据化为标准，以信息化为手段，把管理的焦点聚集到满足监狱执法效益最大化的需求上来，精益求精，使监狱管理行为和管理过程做到更细、更实、更好。

一、监狱细化管理概述

管理的细化需要通过特定的管理主体进行实施。现代监狱管理的主体是监狱民警。因此，监狱的发展和进步，离不开对监狱民警的科学领导。现代监狱的发展和进步，仅仅靠科学的领导是远远不够的，监狱的每一项管理活动还需要流程来指导、规范和控制。流程管理为监狱工作的细化提供了良好的制度保障。

1. 监狱流程管理释义

流程管理是一种以规范化的业务流程为中心，以持续的提高组织业务绩效为目的的系统化方法。监狱实施业务流程管理就是运用这一原理使监狱管理各项事务做到更细、更好、更实，精益求精。其本质特征就是重细节、重流程、重基础、重具体、重执行、重协调、重质量、重效果，讲究按照流程做好每一件事、按照目标要求和执行标准做好每一个流程中的每一个环节，不放过任何一个细节，力求做到精益求精。

（1）监狱流程语义　监狱流程管理的目的是帮助监狱管理和优化监狱管理的业务流程，并从优化的业务流程中促进监狱工作目标的实现。流程是监狱管理的核心，把一系列的监狱管理行为，按照一定的次序连接起来，以达到预期的效果，就是监狱管理流程。流程是包括监狱在内的任何组织的基础。监狱管理活动需要流程来驱动，就像人体的血脉流程一样，把相关的信息数据，根据一定的条件从一个管理环节输送到其他管理环节，得到相应的结果以后，再返回到相关的管理环节。监狱不同的部门、不同的管理环节要靠流程来进行协同运作，流程在流转过程中可能会带着相应的数据进行流转，如果流转不畅通，一定会导致监狱管理体系运作不畅。

监狱工作流程必须制度化。监狱工作流程的制度化主要体现在三个方面：规范化、文件化、相对固定。工作流程制度化是监狱性质所决定的，是监狱适应社会发展的必然趋势。监狱工作流程制度化为监狱建立了一种程序规范、标准严格的流程，使得整个监狱管理活动规范、有序、高效，迅速地适应监狱管理价值取向的需求，能够以最大效率、最小成本完成各项管理活动。

（2）监狱流程管理的语义　流程管理（process management），是一种以规范化构造的端到端的卓越业务流程为中心，以持续地提高组织业务绩效为目的的系统化方法。它应该是一个操作性的定位描述，指的是流程分析、流程定义与重定义、资源分配、时间安排、流程质量与效率测评、流程优化等。❶ 因为流程管理是为了实现组织管理活动目标而设计的，因而这种流程会随着内外环境的变化而变化。

监狱流程管理就是监狱的一切管理活动通过流程来实施，是监狱调整执法和监狱运行的技术方法。它以专业化为基础，以技术化为保证，以数据化为标准，以信息化为手段，把管理的焦点聚集到满足监狱执法效益最大化的需求上，以获得监狱管理的更高效率和更大的社会效益。监狱流程管理，简单来说就是监狱管理活动的流程化。流程管理的核心就是标准化、制度化的业务流程系统，即以刚性的制度和标准化的流程来规范监狱管理行为，以责任强化执行力。具体来说，监狱流程管理就是要求监狱管理活动法治化、制度化，监狱管理活动和流程标准化，最终实现监狱全部管理活动的流程化、标准化、制度化。监狱流程管理的基础是监狱工作的流程，即要求监狱管理者的工作精确细致，规范有序，严格按照流程去执行，不因为任何原因而违反既定流程或者擅自更改标准流程。例如，每一项工作应该制定具体的步骤和操作流程，明确先做什么，后做什么。监狱管理者按照一定的顺序、流程和目标、标准去完成监狱每一项工作和具体的每一个环节，对制度的执行要求严格到每一个细节。监狱流程管理的途径是监狱管理流程化，即明确工作事务和工作流程，落实管理责任，将管理流程具体化、明确化、制度化、标准化，它要求每一个管理者都要按照流程去执行，到位尽职；一次把工作做到位，每一次都要对照流程对具体工作事务的执行情况进行检查，发现问题及时纠正、及时处理。

监狱实施流程管理是在社会政治文明和法治文明日益发展的背景下提出的，是促进社会管理创新、实现监狱管理规范化建设的本质要求，是以促进监狱执法公平正义和和谐社会建设为目标的科学管理方式。由于监狱的特殊性质，在监狱实施流程管理与其他组织管理相比有一些不同之处。监狱管理具体可以分为两个层面：一是监狱管理者进行的行政管理活动；二是监狱管理者对监狱民警执法活动、执法行为的管理。因此，监狱实施流程管理的内涵也包括两个方面：一是监狱管理者对监狱民警进行的行政管理方面，要实现流程化，严格按照法律制度执行管理工作；二是监狱管理者对监狱民警执法活动、执法行为的管理不仅要严格要求，更要做到法制环境下的流程化、规范化、标准化、制度化，实现执

---

❶ 王占坡主编. 领导管人，流程管事. 北京：民主与建设出版社，2011：100-101.

法工作和监狱行刑的公平正义。监狱流程管理，不仅要求监狱管理者紧密结合工作实际和执法工作要求，制订标准化、制度化的工作流程，还要求监狱民警在执行流程时，要程序化、严格化，并深入细致地实行具体的管理流程，包括流程中的每一个细节都不能放过。因此，监狱实施流程管理不仅仅是一种先进的科学管理制度，也是对人权的一种关注，体现了社会的文明与进步，体现了我国建设社会主义和谐社会的目标要求。

综上所述，监狱流程管理是监狱为适应现代法治要求而建立起来的一种科学管理模式，它将监狱民警执法管理和行政管理的各项事务或者相互关联的各个环节，按照程序进行流程细分，建立目标细分、标准细分和任务细分体系，实行计划、控制和考核评价，力争使监狱工作有流程、有方法、有秩序、有目标，促进监狱执法准确，行刑效益最优。

2. 监狱流程管理的特征

监狱流程管理强调监狱管理活动的中心只是服务于监狱工作目标和社会价值，监狱内部所有活动目标，明确指向监狱工作目标和价值的实现。在流程设计和流程管理过程中，监狱要积极倡导监狱管理者与被管理者的平等；没有人拥有绝对的权力，每个人所服从的仅仅是业务流程，不再有庞大的中间管理层。监狱是一个有机系统，内部职责分工不能僵化，要打破框框条条，按照团队形式组织运行。监狱实施流程管理的特征是流程管理的制度化，制度化即标准化，涵盖规范化、文件化、系统化和相对固定性四个方面特性。

(1) 监狱流程管理的规范化 司法部在全国监狱系统部署开展管理规范化建设活动，是贯彻落实中央关于加强和创新社会管理决策部署的重要举措，是保持监狱持续安全稳定、不断提高教育改造质量、推动监狱工作科学发展的有效载体。监狱是国家的刑罚执行机关。监狱实施流程管理是实现监狱规范化管理的重要途径和主要方法，是在社会主义法治背景下推进管理创新，实现监狱公平正义和社会价值取向的根本要求。

监狱流程管理的规范化包括，管理流程的规范化和流程执行行为的规范化。管理流程的规范化，就是要求监狱根据法律法规对监狱管理事务的要求，设计一套系统的执法管理规范化流程和行政管理规范化流程，通过流程的规范和流程的执行，为保证执法规范化和监狱管理规范化提供制度保障。执行行为的规范化是流程管理中对行为主体的具体要求。规范化流程管理强调的是，在管理过程中要充分体现人的价值，而不是把人当做一个机器上的螺丝钉和齿轮。因此，行为规范化也不是死板地按照既有规则行事，而是在对人的本质特性准确把握的基础上，通过确立一套价值观念体系来引导基层民警的行为选择过程。监狱管理行为规范化就是要做到：行为标准化、考核定量化、责权明确化、奖惩有据化、措施具体化。

(2) 监狱流程管理的文件化 例如麦当劳公司的《麦当劳手册》给我们的启示很深刻，就是要把标准化的流程文件化、制度化，装订成册，让每一位员工认真学习并熟知每一项流程，按照流程去执行。

监狱流程管理的文件化，首先是监狱管理流程要坚持在法律法规和全国监狱系统规范性文件框架下设计和制订完成，必须做到有法可依、有章可循，任何监狱管理流程不能超越法律法规，不得违背国家法律，确保其执法和监狱管理的科学性、规范性和严肃性。其次，监狱管理流程必须经过认真设计，并根据管理事务之间的关联度，将所有单一监狱事务管理流程系统化，制订规范化管理流程手册，或者以文件形式下发到每一个岗位或者具体执行的每一个人。以文件形式或者以规范化流程手册的形式的流程，将使得监狱管理流程更加具有制度性和严肃性，便于有效促进执行效率和管理效能的提升。第三，监狱流程管理的文件化，便于监狱民警参与流程的设计，由此利于监狱民警对流程的学习和掌握。监狱将管理流程编印成工作手册或者文件，更有利于民警对规范化操作流程的学习和掌握使用，不为人知的流程或者不为人认可的流程，只是一纸空文，将会使流程的执行效率大打折扣。第四，监狱管理流程的文件化，有利于对监狱民警执行行为有效约束，有利于对监狱民警的执行行为责任进行明确和过程跟踪考核，并结合实际执行情况给予相应的奖惩，确保考核与奖惩有章可循、有据可依。

（3）监狱流程管理的系统化　监狱管理是由若干相互关联的管理内容综合组成的管理系统，监狱管理流程也是若干相对独立而又相互关联的单一管理事务流程的系统合成。为此，监狱管理流程应该是一个系统化的管理流程。

监狱流程管理的系统化，首先是监狱管理内容的系统化。监狱管理是专业性很强的工作，内容纷繁复杂，包括刑罚实务、行政管理、安全监督与控制、教育改造、心理咨询与辅导、医疗保障等，涉及法学、犯罪学、侦查学、哲学、逻辑学、伦理学、教育学、社会学、管理学等多项专业知识和技能。但是，目前监狱岗位设置尚未法定化，岗位职责也没有专业化界定，出现了一种"什么工作都能做，什么工作做得都不专"的状态，因此，人们常把监狱民警戏称为"万金油式"的民警。同时，来自于监所管理专业院校的民警数量所占比例偏低，非监狱管理专业人员的岗前培训不足，有的专业素质和水平相当欠缺。这样，分工不明确和专业水平较低的状况，与监狱流程管理的要求相差甚远，不能形成较高专业化水平下的监狱流程管理的系统化。

其次是管理过程的系统化。监狱岗位分工专业化，要求监狱民警在自己管理范围内做到专业化。然而，监狱作为一个整体、一个管理系统，任何一项工作都不是孤立的，还需要把各项工作紧密联系起来，做到管理过程的系统化。管理过程系统化要求管理、教育、劳动、后勤等各项监狱工作，尽量做到流程管理和量化管理。即使不能量化管理也要做到工作流程的具体化，并且严格地规范工作程序和具体执行标准。尤其是对与罪犯管教和罪犯劳动管理的各项工作、各个工作环节的操作步骤，必须用数据、时间、质量来衡量，做到规范流程、标准化作业，确保衔接协调，使监狱管理的各项工作、各个环节有效地衔接在一起，形成一个完整的系统，实现流程管理和管理过程的系统化。

（4）监狱管理流程的相对固定性　监狱管理流程是相对固定的，也就是说，监狱管理的系统流程设计完毕，并经过实践和修改完善，以正式文件形式出台的规范化管理流程是相对固定的，对管理岗位的职责要求是相对固定的，对具体管理事务的指导性是相对固定的，对监狱整体的管理系统来说也是相对固定的。在执行过程中，监狱管理流程不能因为个人的意志或者领导的意志而转移，监狱管理者不能随意修改管理流程。

监狱管理流程的相对固定，具体而言包括以下三个方面。

一是指在现有法律法规前提下的既定的管理流程是相对固定的。监狱是国家的执法机关，监狱管理者和监狱民警应该在国家法律法规的框架下从事相关的执法工作。因此，监狱执法管理工作流程是以现有的法律法规为依据，紧密联系监狱工作实务而制订出台的。国家的法律法规出台后，是相对固定的，监狱各个执法环节的工作流程也就是相对固定的。

二是指既定的监狱管理流程在执行过程中是相对固定的。既定的监狱管理流程出台后相对固定，监狱民警执行每一项管理流程的行为必须相对固定，监狱民警在相应的工作岗位必须按照既定的管理流程去执行，任何人的管理行为都不能超越流程的规定，其执行行为、执行过程、执行目标、执行责任都相对固定。例如在罪犯减刑假释案件的执法管理过程中，具体的执行管理人员就必须按照既定的工作流程去执行，每一个步骤都有法律法规所限制。跳过流程、篡改流程、简化流程或者超越流程的行为，都将会导致其执法行为失去公正性、严肃性，甚至会出现违法违纪案件。

三是既定的监狱管理流程与相应的岗位和管理事项是相对固定的。监狱管理的系统流程是监狱管理事务或者监狱各个管理岗位管理流程的总和，监狱管理流程相对每一个管理岗位和管理事项来说是相对独立和固定的。每个管理岗位都有相应固定的管理流程，在相应岗位的管理人员就得按照该岗位的工作流程去执行，流程与岗位一一对应，岗位之间相互关联，流程之间相互衔接。

3. 监狱实施流程管理的意义

随着科技的进步、社会的发展，推进"业务流程管理"、崇尚"细节管理理念"，是社会任何管理组织实现科学、规范、有序管理，并赖以生存和发展的基本条件。流程管理的作用，主要是提升流程本身的点效率、线效率和组织管理的系统效率。监狱实施"业务流程管理"和"管理流程再造"，可以更加有序地进行复杂的、系统的监狱管理活动，其对充分履行监狱职能、提升监狱管理质量和管理效能、实现新时期监狱社会价值具有重要的意义。

（1）流程管理有利于应对复杂、系统的监狱管理需求　监狱管理是一个复杂、具体而又系统的管理活动，管理事务繁杂琐碎，而且每项管理活动都有很高的标准和严格的法律要求。目前，仅监狱的执法管理领域就包含了230多项规范性文件，涵盖了45个大项的执法活动，对每一项执法活动都提出了具体的要求和执行标准。如果监狱没有一套完善的业务流程管理系统，监狱的执法活动将是杂乱无章，各行其是，将会失去执法活动的公平正义和威严。为此，监狱管理活动迫切需要科学化、标准化、制度化的业务流程管理，反之，业务流程管理系统也将有效推进系统的监狱管理活动科学有序运行。

（2）流程管理有利于进一步加强监狱民警的绩效考核　监狱实施流程管理，明确监狱民警的岗位任务和岗位责任，明确其岗位管理活动的具体内容和工作流程，将其工作实绩作为考核奖惩的唯一依据，使得考核结果更加客观公正。监狱通过细化工作流程、细化目标任务、细化岗位职责，做到全方位考核，就可以减少考核的模糊性，使管理者与被管理者互相信任、互相尊重，化解矛盾，消除监狱民警对工作任务、工作实绩的考核结果的怀疑。这样不仅能理顺关系，更能调动监狱民警的积极性，为构建和谐团队奠定坚实的基础。同时，监狱积极推进流程管理，更加方便监狱对民警的考核，降低考核成本和管理成本。

（3）流程管理有利于进一步规范监狱民警的责任标准　监狱实施流程管理，明确监狱民警管理的内容、流程和执行标准，明确管什么、怎么管、管到什么程度，可以进一步规范民警的责任标准和行为养成，提高监狱民警的服从意识和执行意识。同时，流程管理强调过程控制、人本管理，强化监狱民警的责任意识，强化标准化作业，可以进一步规范监狱民警的安全行为，有助于提高监狱民警岗位精细化管理意识，减少工作失误。

（4）流程管理有利于提升监狱管理水平、质量和效能　管理是做好监狱工作的基本出发点和落脚点。监狱管理工作的成效源于管理的质量。监狱实施业务流程管理，有利于进一步提高管理水平、管理质量和管理效能。

流程管理能够确保监狱安全稳定工作的高质量。保持安全稳定是监狱基本的政治任务和法律责任。在监狱运行过程中，每一项工作都必须得到安全保障，每一项工作也都必须围绕监狱安全、保障监狱安全。因此，监狱的每一项制度都必须完善、每一项管理活动都必须有序规范，每一个从事监狱管理工作的人都要尽职。监狱的制度之间、工作流程之间、民警之间，以及三者之间都必须无缝对接，达到协调运转的状态。传统粗放式管理的突出缺陷就是往往只强调自由，对明显存在的缺陷视而不见。流程管理恰恰要求从最薄弱处入手，强调缝隙间的紧密、流程间的衔接，不允许出现任何人为的疏忽、明显的漏洞，从而有效保证监狱的安全。

另外，流程管理能使监狱高效准确地履行职能。监狱执法是一项极其严肃的工作，不仅关系到国家法治的声誉和法律的威严，更涉及到执法对象的切身利益和社会法治秩序构建。流程管理要求每一项工作都要紧密周到，科学规范、执行有序，每项关于安全防范的制度都要细致入微，每项教育矫治方案要求由表及里。在制度与制度、工作与工作、部门与部门、人与人之间都要化为一体，融合无间，按照流程去执行，最大限度地保证执法工作的严肃性，避免不应有的失误和误差。从大局上看，国家政治文明和社会发展的形势要求监狱必须提高执法和改造罪犯的质量，强化监狱全面质量建设。为适应这一要求，监狱管理必须从理念到方式上，从"随意化向规范化，经验型向科学性，粗放型向精细化"转变。监狱应运用流程管理系统推进监狱管理创新，从管理的每一个细节入手，促进管理质量的全面提升。

二、监狱细化管理的路径探析

细化管理需要建设成型、科学的流程管理来推进。如何扎实有效地围绕流程管理进行制度建设，开拓监狱管理的精细化局面，是细化管理路径研究的重要内容。流程管理最初是在企业领域研究和实践较多的管理技术，是与企业管理相关的管理理念，是现代企业发展到一定阶段的必然产物。现代经济社会，社会分工进一步细密化，以提高社会公共事务管理，臻于细致、精确和高效为目的的流程管理、细节管理，逐渐拓展到公共管理领域。监狱作为社会管理的一个基础部门，同样面临着流程管理、细节管理的要求。监狱实施流程管理不仅体现了社会生产力发展的要求，更体现了国家的文明进步和对人权的关注。国外有些监狱早在20世纪50年代就将其引入监狱领域，随着我国社会生产力的发展和监狱管理的日趋复杂，监狱引入流程管理技术和推进细化管理已经成为自身发展的必然选择。从发展路径上讲，探索流程管理的组织结构建设和具体操作方式，无疑是发展监狱细化管理的可行路径。

1. 监狱流程管理的组织结构

流程管理技术自诞生之日起，虽然起到了很大的社会作用，但中外企业中也不乏失败的案例。这固然与流程技术本身的缺陷有关，但不可忽视的另一个重要原因是管理人员过分依赖这一技术，把流程管理技术当成提高管理水平和管理效能的灵丹妙药。我们必须明白，任何先进技术都只能是管理的工具和手段，而绝对不能成为管理本身，更不能代替也永远代替不了人的主观能动作用。监狱实施流程管理需要健全的组织架构作为支撑，才能实现高效的管理。

（1）监狱管理流程的基本层次架构 从广义上来说，流程的基本层次架构分为三大层次，第一个是战略层，第二个是模式层，第三个是操作层。这里的操作层就是狭义上的流程，也就是可以直接感知的操作流程。

（2）监狱组织管理结构 监狱组织管理结构如图 2 所示。

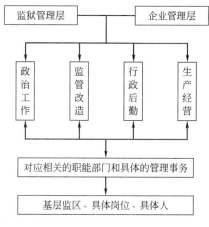

图 2 监狱组织管理结构

监狱管理流程的高效运行必须具备三个基本前提：一是决策体系健全；二是组织架构合理；三是岗位职责明确。这三个方面的健全完善也就是要求监狱流程化管理的组织结构合理。

（3）高效的监狱流程管理组织结构 监狱实现高效的流程管理必须健全决策体系。如果监狱的决策体系不健全，下属事无巨细都要请示汇报，那就无法实现流程管理。实施监狱流程管理就必须充分相信从事监狱管理的每一位民警。在监狱管理流程的每一个环节上，监狱民警只按照流程以监狱管理效益最大化的原则去做事，而不是以上级的意志为转移。监狱运行的分分秒秒，都要做决策，如果决策权只集中在监狱管理的最高领导层身上，势必大大降低流程运行的效率。

监狱管理者应该负责监狱的重大决策，更多具体事务的决策权必须分配到各个不同的职能部门、执行单位或者具体的执行岗位。其实，在任何一个运行良好的组织都是"人人都有决策权，只是大小各不同"。监狱民警在执行管理流程的过程中，应该在流程和制度的框架内，根据自己的岗位职责，对流程运行的状况进行决策。当然，监狱民警行使决策权并不是无限制的，应该控制在流程的执行之中，控制在权责范围之内，不能滥用职权乱决策，错误决策要付出沉重代价。

监狱实现高效的流程管理必须设置合理的组织架构。如果监狱管理的组织架构因人而设，而不是因事而置，那就必然导致监狱的管理事务应该有的职责无人承担，有人承担的职责落实不了，流程运行常常被人为中断。因为人为中断的原因，不是没人负责就是负责不了。组织架构不健全的监狱，就像一个四肢残疾的人，不管你的大脑有多聪明，走，没有他人稳；跑，没有他人快；严重者甚至动不了，根本没有快速反应能力。当然监狱不是人，先天不足是可以改变的。组织架构不健全，完全可以通过架构重组，去残治疾，监狱可以再健康发展起来。

监狱实现高效的流程管理必须明确岗位职责。岗位职责明确是流程运行的最直接的保障。监狱管理的事务工作多种多样，各由不同的岗位和相应的管理人员承担，不同的岗位工作又与其他岗位提供的支持和服务紧密相连，任何人都没有时间和精力，把监狱组织内的某一项工作从头做到尾独自完成，这就需要配合。配合默契的前提就是：你知道我下一步该干什么，并能恰到好处地提供支持；我知道他下一步该干什么，也能恰到好处地给予帮助。没有明确的岗位职责界定，流程就无法运行。

监狱管理的任何流程都只能是该组织做事方式的优化、完善和总结，而不是照搬照抄他人的做事方式。这就要求必须满足前面提到的三个前提：监狱决策体系健全；监狱组织架构设置合理；所有岗位职责明确。监狱要想快速满足监狱管理流程运行的三个前提，只能通过监狱规范化、制度化管理来实现，没有其他捷径可走。

（4）监狱管理流程分级法 从流程管理学术研讨的现状看，最为典型的也最被广泛使用的流程分级方法主要有两种。

① 一二级分类法。组织总部的运行流程统一称之为一级流程。把下属单位或者部门的运行流程称作二级流程。此分法简洁明了，但是带有强烈的等级色彩，与参与流程管理必须打破等级观念的原则相悖。

② 三四级分类法。此分法略去一二级流程不说，直接从组织运行的三级流程开始，进而细分组织运行的具体活动，制订出基层岗位人员规范操作的四级流程。

一级流程：组织架构；

二级流程：组织架构下的岗位设置；

三级流程：组织运行的基本事务工作；

四级流程：构成基本事务工作的具体活动。

此分法也是二分法，只不过是把上面的一级流程称之为三级流程，把上面的二级流程称之为四级流程。这种分法的优点在于留下了一级流程、二级流程的想象空间。

监狱实施流程管理技术，显然应该采取"三四级分类法"进行监狱管理流程分级。监狱的最高领导层作为重大事项的决策层，应该着重考虑监狱组织架构设置和重大事项的决策，并根据监狱管理事务的需要合理地进行健全完善组织管理架构下的岗位设置。监狱管理的第三级流程，就是要根据监狱管理职能、管理事务的具体内容和监狱管理工作的目标效能、价值取向，结合监狱岗位设置，进一步明确监狱管理的具体事务。监狱管理的第四级流程，即构成监狱管理基本事务的具体活动，各个岗位和监狱管理人员具体的执行流程和执行活动。

2. 监狱流程管理的具体操作路径

监狱实施流程管理的现实状况参差不齐。有的监狱流程管理规范，管理有序；有的监狱管理流程尚未健全，管理杂乱无章。例如，在监区管理过程中，经常会出现这样的一些现象，今天监区分管生产的领导家中有事，不能上班，监区的生产工作就出现失控状态，其他带值班民警不管事，生产没人安排，生产进度不知道，管理秩序不清楚，产品质量一路下滑。不管事的理由是，领导没有安排。起码的带值班岗位职责都没有履行，带值班工作流程对民警行为失去控制。问题的关键是监狱高层管理者和监狱基层民警都没有在如何具体操作流程管理方面达成共识。这就导致了有的监狱积极倡导的标准化流程管理形同虚设，监狱管理层工作很累，监狱民警不能在岗履职。监狱管理出现流程管理技术的匮乏和推进流程管理的力度不够。因此，监狱管理者必须加速推进标准化流程管理技术的应用，进一步明确流程管理的具体操作路径，使流程管理落到实处，真正发挥作用。

（1）监狱高层管理者和民警要树立标准化流程管理意识 标准化流程管理是新时期监狱实现规范化管理的必然要求，是监狱提升执法水平和执法效能的迫切需要，是监狱实现公平正义、切实履行监狱职能的根本路径。思想是行动的先导，思路决定出路，监狱所有管理人员都要树立标准化流程管理的意识，这是监狱有效推进标准化流程管理技术的根本思想保障。

首先，作为监狱的管理层要从思想上高度重视监狱标准化流程建设并积极倡导流程管理，要主动确立监狱标准化建设和管理规范化建设的理念，并主动加强宣传教育。监狱管理层要主动倡导监狱标准化流程建设，成立监狱管理标准化流程建设和推进工作领导小组，认真组织人员编写标准化业务流程。

其次，作为监狱基层民警，应当充实监狱的执法管理工作，要充分认清监狱事业发展形势，要认清新时期监狱工作的新目标、新任务和新要求，要认清新时期国际法制环境对人权和监狱执法的新要求，真正把思想统一到监狱管理规范化、标准化建设思路上来，主动参与流程的编写和实践，并不断完善监狱管理业务流程，让监狱管理更加趋于科学、规范和公平公正。

（2）监狱要科学制订一套系统的标准化管理流程 作为监狱管理标准化流程的设计者，首先要思考监狱管理中存在哪些不规范的管理方法和不规范的流程，监狱实施标准化流程管理需要解决的问题是什么，监狱标准化管理流程应该是什么样，如何去设计。解决好诸如此类的问题，监狱将会设计出一套系统的标准化管理流程。

监狱管理的标准化流程必须紧密联系监狱实施管理的相关法律法规，必须紧密联系监狱执法管理实务，着重解决与监狱管理规范化、法制化、科学化建设要求不相适应的一些问题。例如，监狱管理组织授权陷入两难，经常出现权力高度集中或者授权不到位的现象；监狱管理目标失控问题，尤其是管理流程执行中执行目标不明确、做事不到位等现象；监狱管理过程中系统性不够，会出现岗位之间、人员之间、流程之间衔接不协调，造成瓶颈或死角。还有工作主辅不分、工作目标模糊、工作秩序混乱等问题。这都是要通过建立标准化业务流程和实施标准化流程管理技术，逐步解决的管理问题。

监狱管理流程标准化、制度化设计，是监狱发展和管理进步的必然趋势。监狱管理者要进一步明确监狱管理流程设计的目标、方向和价值取向。监狱标准化管理流程设计目标是：简化工作手续，减少管理层级，消除重叠机构和重复业务，打破部门界限，跨部门业务合作，许多管理事项平行处理，缩短工作周期，规范工作程序。监狱管理流程的标准化、制度化为监狱建立了一种柔性的业务流程，使得整个监狱管理系统就像一套完整的而又相互关联的管理体系，迅速地适应监狱规范化管理的需求，能够以最短的时间和最小的资源消耗，赢得最大的管理效益、执法效能和社会效应。

（3）标准化管理流程要得到每一个管理人员的执行 标准化管理流程首先是流程的标准化、制度化，其次是流程的执行行为标准化和执行目标的标准化。

监狱标准化管理流程设计出来后，应该编印成《监狱管理标准化流程手册》，并以规范性文件形式下发到各部门，组织监狱民警认真学习。管理流程标准化的主要体现形式是工作流程制度化、公开化，以及工作目标的制度化和岗位职责的明晰化。监狱管理者要设法让所有参与监狱管理的人员工作执行有章可循，有目标可求，有标准可依。

监狱管理流程的标准化还应该体现在执行行为的每一个环节之中，贯穿于执行的全过程。监狱民警在执行管理事务的过程中，应该对照流程设计和流程执行标准，进一步规范其执行行为，不得超越监狱管理的法律法规和规章制度，不得超越流程的具体执行规范和要求。

（4）监狱要健全标准化流程管理的评价体系 监狱管理只有标准化的管理流程还不够。在流程的执行中，监狱民警会遇到一些与工作实践相互矛盾的因素，会遇到流程执行的效率高低和流程执行效果等一系列现实问题。为了让监狱流程管理实践更加高效，让管理流程更加完善和规范，让管理流程得到更好地执行，监狱管理者必须建立一套标准化流程管理的评价体系和奖惩体系。

首先，监狱管理者必须对既定的监狱管理流程进行客观的评价。从社会和国家对监狱管理的要求来看，好的管理流程设计必然是能够为监狱带来最高执法效能和社会效益的设计。因此，对监狱管理流程的效益分析是评价业务流程的一个重要方面。从监狱管理流程的角度分析监狱管理的成本与收益，对传统的监狱管理分析是一项重要的挑战。从本质上来说，基于业务流程管理的效益分析是一种多口径的、动态的、开放的、全面的效益分析，只能反映监狱管理某一方面的效益状况。对监狱管理流程的评价，主要体现在监狱管理流程运行效益、流程的灵活性、流程运行效率和对资源的利用情况等方面。

监狱管理的柔性分析，主要体现在监狱企业管理流程分析方面。监狱企业业务流程管理的目的是为企业打造一种灵活的、柔性的业务流程，能够快速地适应监狱企业战略决策的变化。因此，对监狱管理流程灵活性的分析也尤为重要。

对监狱管理流程运行效率的分析，主要是时间指标。时间指标是评价执行具体管理事务业务流程的基本指标。高效率管理流程的时间指标是指能够在最短的时间内完成具体的管理事务。通过分析监狱管理人员在单位时间内对某项管理事务流程的最大处理次数（可以称之为业务流程容量），即可以评析出某项流程的管理效率。

对资源占用情况的分析，主要是指一项管理流程完成某项管理事务对人的资源、物质资源等的占用情况的分析。人不同于机器，人与人之间存在着个体的差异，通过分析比较业务流程对人力资源的占用情况，在一定程度上可以反映出任务执行人的工作能力。当然也可以分析出业务流程在哪个人力资源上存在瓶颈。

其次，监狱管理者需要对民警执行管理流程进行评价和执行效果考核奖惩。监狱管理者对监狱管理流程的评价，还包括对流程的可执行性、执行效能的评价分析。监狱管理者可以根据监狱管理流程的执行标准，制订相应的考核细则，对监狱管理人员执行流程的情况进行考核分析。考核的另一个方面，更重要的是要重视考核结果的应用，监狱必须建立相应的奖惩体系，对执行流程好、成效明显的监狱民警和部门要给予奖励，对执行不力、经常出现问题的人员要及时指出，加以纠正，并落实相关责任，给予相应的处罚。健全的考核奖惩机制可以有效推进管理流程的执行效能，为此，监狱必须健全管理流程执行的评价、考核和奖惩体系。

三、监狱管理的流程架构

监狱是国家的刑罚执行机关，其本质职能是监狱及其民警依据法律，管理和教育改造罪犯。无论是监狱的执法管理还是行政管理，都有严格的法定标准、法定程序。流程设计是监狱细化管理的具体内容，可以为监狱管理水平的提升和管理质量的改善提供强有力的支持。监狱管理流程的设计应该以法律为依据，准确把握管理活动的定位，认真分析管理活动的内容和工作要求，设计管理流程图，明确管理流程执行标准，健全流程管理评价体系。

1. 监狱管理的内容和分类

监狱细化管理的流程设计建立在对监狱管理整体认识的基础上。监狱管理是一个综合的管理系统，涵盖的内容很多。这一般包括：安全管理、狱政管理、行刑管理、罪犯教育改造管理、罪犯心理矫治管理、罪犯生活卫生管理、罪犯医疗管理、监狱信息化管理、罪犯劳动管理、监狱民警队伍管理和监狱行政后勤管理等内容。每一项监狱管理子系统内还包括若干管理子项目（见表1）。监狱管理根据管理对象分类，粗略地可以分为执法管理和行政后勤管理两大系统，其中也包括若干管理子项目。虽然分类不同，但管理的内容一样，不一一列举。监狱细化管理的流程设计必须考虑监狱管理的这些内容和分类，在监狱管理的框架中进行建设和推进。

表 1　监狱管理体系

序号	监狱管理分类	具体管理内容分类
1	安全管理	监管安全；监狱信息安全；民警队伍安全；劳动安全
2	狱政管理	分类关押管理；分类管理；分级处遇管理；现场管理；会见、通信和邮汇管理；考核与奖惩管理；特殊类别罪犯管理；基层基础管理
3	行刑管理	罪犯收监管理；罪犯申诉、控告、检举处理；罪犯暂予监外执行管理；罪犯法律奖惩管理；罪犯死亡事件处理；罪犯释放管理
4	罪犯教育改造管理	罪犯入监教育管理；罪犯个别教育管理；罪犯思想、文化、技术教育管理；监区文化建设管理；教育改造社会化管理；罪犯出监教育管理；罪犯改造质量评估管理
5	罪犯心理矫治管理	罪犯心理矫治管理；罪犯心理健康教育管理；罪犯心理评估和心理档案管理；罪犯心理咨询和治疗管理；罪犯心理危机干预管理
6	罪犯生活卫生管理	内务与环境管理；日常生活秩序管理；罪犯饮食和食堂管理；罪犯生活卫生经费及个人账户管理；罪犯日用品供应站管理
7	罪犯医疗管理	罪犯体检管理；罪犯就诊管理；罪犯住院管理；罪犯慢性病管理；精神病犯管理；罪犯传染病管理
8	监狱信息化管理	监狱信息化规划；监狱信息化建设管理；监狱信息化运行和维护管理
9	罪犯劳动管理	罪犯劳动的组织与实施；罪犯劳动技能培训管理；罪犯职业技能鉴定管理
10	监狱民警队伍管理	警务管理；监狱人事管理；监狱民警队伍廉政建设；党建工作管理
11	监狱行政后勤管理	监狱政务管理；监狱事务管理；监狱法务管理

2. 监狱管理的流程架构

（1）监狱管理流程的总体架构　监狱管理的内容不同，其管理的标准化流程也不相同，不同的管理项目应当有相应的管理流程（见表2所示），从而为专业化的管理工作提供操作层面的支撑。监狱管理的标准化流程体系是监狱管理流程架构的集中体现和静态形式。

从上表分析来看，监狱管理主要包括监狱对民警执法行为的管理和行政管理两个方面，其中民警执法管理是监狱的基本职能，其通过对于罪犯的管理实现了监狱基本的社会价值。

表 2　监狱管理标准化流程体系

战略层	模式层	操作层（监狱管理标准化流程）
监狱领导层	安全管理	监管安全；监狱信息安全；民警队伍安全；劳动安全等管理流程
	狱政管理	分类关押管理；分类管理；分级处遇管理；现场管理；会见、通信和邮汇管理；考核与奖惩管理；特殊类罪犯管理；基层基础管理等管理流程
	行刑管理	罪犯收监管理；罪犯申诉、控告、检举处理；罪犯暂予监外执行管理；罪犯法律奖惩管理；罪犯死亡事件处理；罪犯释放管理等管理流程
	罪犯教育改造管理	罪犯入监教育管理；罪犯个别教育管理；罪犯思想、文化、技术教育管理；监区文化建设管理；教育改造社会化管理；罪犯出监教育管理；罪犯改造质量评估管理等管理流程
	罪犯心理矫治管理	罪犯心理矫治管理方法；罪犯心理健康教育管理；罪犯心理评估和心理档案管理；罪犯心理咨询和治疗管理；罪犯心理危机干预管理等管理流程
	罪犯生活卫生管理	内务与环境管理；日常生活秩序管理；罪犯饮食和食堂管理；罪犯生活卫生经费及个人账户管理；罪犯日用品供应站管理等管理流程
	罪犯医疗管理	罪犯体检管理；罪犯就诊管理；罪犯住院管理；罪犯慢性病管理；精神病犯管理；罪犯传染病管理等管理流程
	监狱信息化管理	监狱信息化规划；监狱信息化建设管理；监狱信息化运行和维护管理等管理流程
	罪犯劳动管理	罪犯劳动的组织与实施；罪犯劳动技能培训管理；罪犯职业技能鉴定管理等管理流程
	监狱民警队伍管理	警务管理；监狱人事管理；监狱民警队伍廉政建设；党建工作管理等管理流程
	监狱行政后勤管理	监狱政务管理；监狱事务管理；监狱法务管理等管理流程

（2）监狱执法标准化流程的架构　执法标准化流程涵盖了从罪犯入监到出监，包括狱政管理、刑罚执行、应急指挥（安全管理）、狱内侦查、教育改造、生活医疗、劳动管理七个方面，四十五个监狱执法环节，覆盖面广、实用性强。在监狱执法标准化流程的编写过程中，监狱要坚持执法管理标准有法可依、有据可查，确保执法管理标准的法定性、系统性、权威性。监狱管理者不仅要按照法律、法规、规章，全面梳理规范性文件，而且要对基层民警带班、值班、备勤等执法工作中的经验、好做法进行提炼总结，将其固化为执法标准。编制的执法流程必须对每个具体执法环节的执行主体进行严格、科学的界定，明确各自具体工作职权与责任，对执法程序、工作流程进行规范和统一，并辅以流程图、网络图等，便于广大民警更直观地理解、掌握和使用。

监狱执法管理标准化流程的建立，一方面强化监狱工作的法治理念，规范监狱执法管理行为；另一方面也是客观反映和评价监狱执法质量的依据。通过执法标准化流程的编写和使用，进一步强化监狱执法标准化管理，切实维护监狱执法的公正性、严肃性、正义性，全面提升监狱的公正文明执法水平。

（3）监狱行政管理组织架构　监狱行政管理是一个广义的概念，主要包括监狱民警队伍管理、纪检监察、企业人力资源管理、行政后勤管理以及监狱的基本规划、建设等方面。

监狱民警队伍管理是指监狱机关根据法律法规和政策制度有组织、有计划、有目的地对监狱民警队伍建设进行教育引导、督促检查、考核激励等活动的总称。监狱民警队伍管理的目标在于不断增强警务效能，高质量地完成各项工作任务，努力实现监狱民警队伍的革命化、正规化和专业化。在监狱民警队伍建设和管理活动中实施流程管理，就是要求监狱民警队伍建设和管理的所有工作都必须有组织、有计划、有目的地开展，所有工作都应该有执行方案、执行细则、执行标准、执行程序、结果评估，所有工作都力求精细、规范、准确。

行政后勤管理是监狱工作正常运行的重要保障。监狱行政后勤工作涉及面广，管理节点多，要求高，实施标准化流程管理，可以更加便捷、高效地服务于监狱整体工作。监狱行政后勤管理是指"监狱在其活动过程中所进行的各种组织、控制、协调、监督、保障等活动"，是监狱内部的管理工作，对监狱工作运行起着基本保障作用。监狱行政后勤管理通常分为：政务管理、事务管理和法务管理三大类。

3. 监狱管理的具体流程设计

一项完美的监狱管理标准化流程设计，监狱管理者要明确管理活动的内容、目标要求、法律依据、执行标准和考评体系，在具体的管理活动中建设科学、高效、合理的流程。下面以执法标准化流程设计为例进行说明。

（1）监狱执法管理标准化流程要有严格的法律依据　监狱的执法管理水平是社会文明、法制建设的一把尺子。监狱作为刑罚执行机关，其执法管理工作状况直接关系到社会的公平正义。近年来，我国监狱系统牢固树立社会主义法治理念，大力推进依法治监进程，积极构建公正、规范、有序、高效的执法管理运行机制，确保了执法管理工作统一、规范、公平、公正，推动了监狱整体工作的全面协调发展。为主动适应实现基本现代化和构建和谐社会的新形势，主动适应现代行刑趋势对监狱工作的新要求，主动适应人民群众对社会公平正义的新期待，进一步加快监狱管理创新，努力实现"打造文明监狱、服务和谐社会"的总定位和"把罪犯改造成守法公民"的根本目标，监狱管理者应该深入推进执法管理岗位标准化建设，全面提升监狱管理科学化水平，不断推动监狱的创新发展。为此，监狱管理者要主动适应新时期监狱工作的要求，积极探索监狱执法规范化流程的设计，并引导广大监狱民警按照流程去执行。

执法标准化流程设计之前，监狱管理者要广泛收集规范执法活动的法律、法规依据。以某省监狱对罪犯收监管理标准化流程设计的执法依据为例，首先就收集了《中华人民共和国刑事诉讼法》、《中华人民共和国监狱法》、《罪犯保外就医执行办法》（司发［1990］247号）、《关于贯彻中央政法委〈关于进一步加强保外就医工作的通知〉的意见》、《关于适用暂予监外执行具体问题的意见》、《关于进一步加强罪犯收监工作的通知》、《关于进一步加强罪犯收监体检工作的通知》、《省检察院监所检察处、省公安厅监管总队规范未成年犯交付执行刑罚工作联席会议纪要》等法律法规和规范性文件。标准化执法活动的执法依据不仅包括国家出台的与监狱相关的法律法规，还包括司法解释、部门规章，省级执法部门和监狱管理机关的相关规章制度和规范性文件，缺一不可。

（2）设计监狱执法管理标准化流程要明确管理事项的具体内容　设计管理流程，是对某一项管理活动的流程设计。设计前，监狱管理者首先要知晓管理活动具体是干什么，有什么工作要求和工作目标，完成流程的具体部门或者岗位的职责，这样才能让流程更科学，程序更规范，工作内容更有针对性，工作职责更加清晰。

以罪犯收监管理标准化流程设计为例。流程设计者首先要明确罪犯收监的对象、条件和程序。罪犯收监是指监狱依照法律规定和确定的收监范围及要求，对人民法院交付执行的被判处死刑缓期二年执行、无期徒刑、有期徒刑余刑一年以上的罪犯（未成年犯含一年以下的）进行审查、审核，决定是否收监执行的一项工作。其次，流程设计者要明确相关部门和人员在收监工作中的职责。监狱分管监管领导负责罪犯收监工作,依法作出收监决定;狱政科负责审核法律文书、查验罪犯身份、审查罪犯是否符合收监条件、办理交接手续、采集罪犯信息,负责与投送看守所办理交接手续;监狱医院负责罪犯入监体检,提出是否符合收监条件的医学建议;入监监区检查新收监罪犯人身及携带物品,做好入监教育工作。第三,流程设计者要明确收监工作程序。审核法律文书及相关材料,狱政科在接收看守所投送的罪犯时必须做到"五查";体检,包括:身体检查、拍照取证、制作体检表等环节;收监;办理交接手续;人身及物品检查、登记,违禁品依法处理;入监服刑指导;通知罪犯家属;采集新犯信息;报告。

(3) 对照工作程序、工作职责和工作要求制作流程图 罪犯收监管理流程图如图3所示。

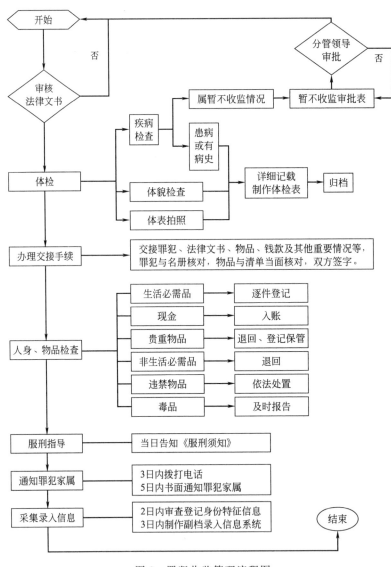

图3 罪犯收监管理流程图

(4) 设计监狱流程管理体系标准,对流程管理过程有效控制 一项管理工作都有具体的工作目标和考核指标，对流程管理的效能，监狱要通过目标责任考核体系来跟踪问效，进行过程控制。对流程的每一个环节都应该设置具体的执行标准，执行标准的综合就形成某项管理活动的流程管理体系标准。以罪犯收监管理体系标准为例，如表3所示。

表3　罪犯收监管理体系标准内容

标准	目的	内　　容
审核文书	防止错误收监	狱政科在接收看守所投送的罪犯时必须做到"五查"：(1)是否符合省监狱管理局和省公安厅监管总队规定的罪犯投送、收监范围(审查事项包括：年龄、性别、剩余刑期、原判刑期、关押看守所、是否为港澳台地区或外国籍罪犯)；(2)判决是否生效，法院执行通知书与判决书之间是否一致；(3)法律文书种类是否齐全[包括人民检察院的起诉书副本、人民法院的判决书(含死刑复核裁定书、二审裁定书)、执行通知书、结案登记表]；(4)法律文书是否有错误；(5)罪犯其他辅助材料是否齐全(包括罪犯移交清册、看守所出所鉴定意见、罪犯物资及钱款明细表、罪犯健康状况资料等)。未有上述法律文书、上述法律文书不齐或记载有误，可能导致错误收监的，不予收监。监狱决定不予收监的，应向交付执行的看守所出具《罪犯不予收监通知书》
体检	确认是否病残	(1)身体检查。体检医师按照《罪犯收监身体检查表》所列项目逐一认真检查，并在体检结论上签字。有既往病史或残疾，罪犯应在体检项目栏签字。(2)拍照取证。发现罪犯有外伤、肢体残缺等情况的，体检医师现场拍照取证，制作《罪犯入监健康检查询问笔录》。(3)制作体检表。各科医生应根据检查结果认真填写《罪犯收监身体检查表》，医院院长签署意见
收监	确定是否收监	(1)收监。法律文书齐全，体检结果符合收监条件的，狱政科作出收监决定，在看守所出具的《移送罪犯交接清册》上盖章。《移送罪犯交接清册》一式两份，一份交看守所，一份留存。被判处死刑缓期二年执行、无期徒刑及法院裁定收监的罪犯必须收监。(2)暂不收监。患有严重疾病符合保外就医条件、病情危重有死亡危险、怀孕或正在哺乳自己婴儿的女犯，由监狱分管监管领导依法作出暂不收监决定，狱政科向投送看守所出具《罪犯暂不收监通知书》，提供有关疾病伤残的鉴定。(3)特殊地域罪犯送指定监狱收监。投送时已被疾控部门检测出艾滋病毒反应呈阳性或携带艾滋病毒的罪犯，由指定监狱收监
办理交接	完成法定程序	(1)狱政科或入监监区与看守所民警交接时，应对照罪犯名册逐一核对，双方签字确认。(2)狱政科或入监监区民警应向看守所民警询问罪犯情况，是否有不服判决、言行异常、患严重疾病等需重点控制的罪犯
人身及物品检查	防止违禁品	(1)入监监区、看守所，罪犯本人必须当面清点物品，罪犯本人签字确认。贵重物品由狱政科现场封存、保管。(2)入监监区应对罪犯人身及携带物品进行检查，违禁物品依法予以没收，向罪犯出具凭据，并依法处理。(3)非生活必需品征得罪犯本人同意退回其家属，现金存入罪犯个人账户。无法退回的，由监狱依法处理
入监服刑指导	告知义务	罪犯入监当日，入监监区民警应告知罪犯《服刑须知》有关内容：(1)监狱性质、基本情况；(2)基本权利和义务；(3)罪犯行为规范
通知家属	告知义务	3日内拨打电话通知罪犯家属，5日内书面告知罪犯家属
采集信息	身份甄别	(1)入监监区分管民警在狱政科、狱内侦查支队指导下，2日内对新收监罪犯逐一审查个人简历、犯罪经历、主要社会关系及联系方式，采集罪犯指纹、头像、正面和侧面全身像及特征标记像等。(2)收监次日，狱政科应将罪犯基本信息录入管教信息系统；3日内，入监监区制作完成《罪犯入监登记表》，建立副档

四、监狱细化管理的其他问题

　　细节管理强调监狱是一个系统，每个岗位、每一位民警在执行每一个流程或者流程的每一个细小环节时，都要把自己的事情做好，不找任何借口逃避，而是要想方设法地去完成任务。作为监狱的管理者，必须注意战略制订的细节，把战略制订好；作为中间管理层，协助管理和执行战略，那就要把管理和岗位执行的每个细节做好；作为基层民警，就要把每个操作步骤都做好。监狱在实施细节管理时必须要落实到每个民警的任何行为上。为此，监狱在推进细化管理过程中，还需要注意以下问题。

1. 细化管理中的流程再造

推进细化管理，就要对于现有的流程进行一定的完善或者再造。尤其是业务流程的再造对于监狱管理的创新和发展具有十分积极的意义。业务流程再造，就是在信息技术推动下，对流程进行根本的再思考和再设计，就可以在诸如成本、质量、服务和速度这些关键绩效考核指标方面实现科学的改进和流程优化。业务流程管理、业务流程再造要注意业务流程设计、参与者的职责、流程评价等三个方面的问题。在设计业务流程时，监狱管理者要处理好主要流程和辅助流程的关系、业务流程之间的层级关系和业务流程之间的合作关系。对于参与者要明晰职责、培育良好的沟通意识和团队意识，强化角色定位，建立面向流程的组织结构，实现人员的动态组合。对业务流程的评价则要动态地分析流程的运行效益、灵活性、运行效率以及流程对资源占用情况。

流程再造的过程中要遵循发展规律，适时实施。事物都是发展变化的，这是客观规律，任何人、任何事物、任何组织都不能逾越。监狱也不例外。监狱管理者要用发展的眼光看问题，随着监狱相关法律法规的完善，监狱工作社会价值取向的提升，监狱工作的标准和目标要求将会愈来愈高，就必须设计一些与之相适应的高效管理流程，来有效促进监狱事业又好又快发展。监狱管理者要定期或不定期地对监狱管理流程和监狱实施流程管理的效益进行客观评价，动态地分析流程的运行效益、灵活性、运行效率以及流程对资源占用情况，在信息技术推动下，对监狱管理流程进行根本的再思考和再设计。因此，不能盲目地推进细化管理，而要在监管秩序现状的基础上，仔细分析可观情况，找到突破口，在合适的时机进行流程再造。

最后，应当集聚监狱民警智慧参与管理流程再造。监狱管理流程实施的主体是监狱民警，他们对流程的参与设计和对流程的理解掌握，将会直接影响到监狱管理流程的实施的效能。在实施流程管理和执行管理流程的过程中，监狱民警作为执行主体感触最深，对流程的绩效评价最有发言权。在流程再造的进程中，监狱管理者要积极鼓励所有民警参与流程设计，充分听取他们的意见，最大限度地集聚大多数监狱民警的智慧，让监狱管理流程更加科学、完善、具有可操作性，进而提升监狱流程管理的效能。

2. 流程、细节与执行力

（1）流程与细节的辩证关系　标准化流程是组织实施流程管理的核心，是具体管理事务执行的规范模式、具体步骤和工作方法。流程管事是流程管理技术在具体事务管理中的流程应用。流程的设计要充分考虑管理事务的细节，注重细节的流程才是科学、规范的流程，具体流程是管理事务的每一个细节的综合。流程的执行关键在于每一个细节的执行，流程管理的成功在于细节执行的力度，细节管理是流程执行力的重要体现。细节存在于流程之中，没有细节的流程标准化程度不高，管理的效率将会很低。可以说细节决定成败。

（2）细节与执行力的辩证关系　仅仅依靠流程，管理的效率不一定能够得到提高，还需要在流程支撑的基础上，充分注重细节，把每一个细节做好，才能充分体现流程的价值。做好每一个流程的细节，其实就是监狱的执行力问题。流程执行力的高低，取决于执行流程时细节的把握和细节的执行。具备较强执行力的监狱部门，能够及时发现流程中的细节问题，促进流程的完善。因此，细节管理与执行力是一个互相促进、互为因果的共生关系。

　　3. 关于细节的相关问题

　　（1）细节的核心　细节的核心就是认真、用心的态度和科学的精神。细节的核心第一是态度，态度认真的人可以把事情做对，用心做事的人可以把事情做好。细节的核心第二是精神，岗位或者流程都有科学的标准，需要科学的训练。对细节的追求是可以衡量的，衡量的尺度，就是制订出相应的标准和规范。监狱管理需要注重细节，监狱民警要用认真、用心的态度去做好工作中的每一件事，要用科学的精神把握细节，关注细节。

　　（2）细节的功能和效应　细节有预测的功能。"见一叶落而知天下秋"，"一滴水可以映出太阳的光辉"，这些都充分说明了在工作和生活实践中，许多细节有预测的功能。监狱管理过程中，监狱民警注意观察工作中的每一个细节，将会很好地发挥细节的预测功能。例如，监狱民警成功预防制止罪犯的脱逃事件、自杀事件，往往都是在工作过程中注意观察罪犯的一言一行，从微小的变化中发现隐藏很深的狱情信息，罪犯的一句话、一个微小的神情变化等都能反映出罪犯的思想动机，及时启动预警机制，将会成功预防重大事件的发生。监狱要在注意细节的同时，更加注重细节预测功能在监狱管理工作的应用，把细节预测纳入狱情预警机制。

　　细节的忽视具有放大效应。"1％的错误会导致100％的失败"，"千里之堤，溃于蚁穴"，在现实的工作和生活中经常会出现这样的结局。忽视细节的放大效应有两种：一种是各种因素的相互作用，而导致结构性放大效应；另一种是细节的累加而导致累积性放大效应。在监狱管理中，因为忽视细节导致放大效应的情况也比较多。例如，某民警在制作一份罪犯的行政奖励表格，因为疏忽，没有加盖监区公章就上报监狱职能部门，结果职能部门以为是废表格，审核没有通过，影响了这名罪犯呈报法律奖励的机会，罪犯思想情绪极不稳定，发生了大事件，给监狱的改造秩序产生了极大的影响，这就是因为民警对细节的疏忽导致的结构性放大效应。例如，某监狱的信息化建设水平较高，通过网络技术传递信息，提倡无纸化办公，与未推进无纸化办公之前相比，按500名民警，每人每天节约1张纸计算，一年累计节约打印纸182500张，这就是细节的放大效应。在监狱管理中，细节疏忽导致放大效应的现象不少，应该引起监狱领导者和监狱普通民警的注意，切实重视监狱管理环节中的每一个细节。

　　（3）细节意识的培养　如何把细节做好，最重要的是认识和训练。团队就是格式化，就是将细节训练成习惯。所谓的团队就是经过格式化的模式，就能够达到一定默契的队伍，否则只能叫乌合之众。所以进入团队以后需要进行格式化，需要进行很多操作规范的培训，必须非常严格地要求格式化的操作，使大家久而久之形成工作习惯。在监狱管理工作中，偶尔会遇到少数监狱民警在车间和监舍不注意自身形象，敞胸露怀，警容风纪不整，讲话时粗话连篇，出收工过程中不能站准自己的列队位置，甚至个别民警就是不按照规定执行，队前讲评时不按照规定程序和要求做，不做精心准备、不按照规定整队等。长此以往，拖拉散漫的作风，让其在罪犯中大失威信。这就要求监狱民警在管理中要从细微处入手，养成良好的细节管理的好习惯。

　　人的习惯就是一种潜意识。例如，如果今天某民警带罪犯就诊，必须考虑就诊流程中的每一个细节，必须打电话预约、审批、使用警戒具，等等，一个都不能少。每个细节每次都做了，时间长了就会顺理成章地成为习惯，从而保证每次带罪犯就诊时的行为规范。

这就充分说明了当人做一件事情达到一定熟练程度后，就会变成一种潜意识，变成一种习惯。任何一项工作，都可以分解成为无数个细节，无数个细节严格执行，使其变成一种习惯。细节就是习惯，优秀也是一种习惯。

作为一种意识和习惯，创新思维才能深化细节管理。著名管理学家德鲁克认为，现代企业管理的一项基本职能就是创新。创新是知识经济的本质特征，也是企业生存和持续发展的灵魂。监狱管理也离不开创新，用创新的思维来分析问题、解决问题，能够在标准化流程执行过程中，更加突出细节、更加做好每一个细节。例如，某监区关押一批老残犯，生活卫生工作难度大，与监狱内务管理的要求相距甚远，评比中总是落后。这种结果，一方面是客观实际情况的影响；另一方面显然是民警改变现状的方法不多。该监区通过多方努力，创新管理方式，从细微处入手，根据罪犯情况，将人员监舍合理调整，分类管理，再结合具体情况制订各监舍的统一卫生标准，通过不懈的努力，最终从一个落后单位跨入到先进行列。

做事就好比烧开水，99℃就是99℃，如果不再持续加温，是永远不能成为滚烫的开水的。所以，只有烧好每一个平凡的1℃，在细节上精益求精，才能真正达到沸腾的效果。小事不可小看，细节彰显魅力。监狱管理层要教育引导民警在学习别人做事时，要注意多观察其中的细节；当想在平凡的岗位上创造更大的价值时，就要心思细腻，从点滴做起，以认真的态度做好工作岗位上的每一件小事，以认真负责的心态对待每个细节。让民警都"烧好每一个平凡的1℃"，最终都能达到成功。

第四章 用心管理——态度决定一切

凡事要用心。所谓用心管理，是指管理者围绕团队工作目标，采取一切激励措施和手段，充分调动人的工作意愿和积极性，创造性地开展工作，圆满完成团队工作目标的一种管理行为。对于监狱来说，用心管理，就是监狱管理者如何在实际工作中，根据民警的主客观需要，采取一切激励措施，调动他们的工作意愿和积极性。事实证明，一个人主动做一项工作和被动做一项工作，其完成任务的效果迥然不同。监狱工作发展到今天，早已突破了传统的管理模式。即使是对服刑人员的管理，也已经使用了许多更人性化、更文明科学的管理手段。监狱对民警的管理，更要摒弃传统的军事化、命令式的僵化管理模式，应采用充分体现理解人、关心人、尊重人的新型管理模式。

用心管理强调的是具体管理者在管理过程中的积极投入，即在具有强烈工作意愿的前提下进行各种管理活动。工作意愿即工作态度。态度往往决定一切工作的成或败。监狱管理者要想方设法采取各种激励措施，最大限度地调动民警的工作积极性。能否激发民警的工作意愿，直接关系到监狱工作目标能否圆满实现。只有民警对所从事的监狱工作从内心生发热爱之情，严格按照国家法律、法规、规章制度办事，才能最大程度地树立监狱机关良好的执法形象。这就是用心管理的体现。当然，民警对于监狱工作的热爱不是与生俱来的，而是需要长期的职业道德教育和职业培养才能形成的思想境界。此种境界的内容就是让民警深刻理解监狱工作的意义和价值，从内心对监狱工作产生崇敬感和职业自豪感。不过，由于监狱工作具有封闭性、枯燥性、复杂性和风险性等特点，民警在实际工作中极易产生职业倦怠和各种畏难、畏惧情绪。作为监狱管理者，应当熟练运用管理学中的激励理论，满足民警多层次的需要，最大限度地调动民警的工作意愿，让民警想干事、能干事、干成事，从而为实现监狱工作的各项目标最大限度地投入自己的能力和精力。

从内容上讲，监狱用心管理涵盖两个方面的内容，即监狱管理者如何采取激励手段，调动民警的工作意愿和积极性；民警如何采取激励措施，最大限度地调动服刑人员的改造意愿和积极性。由于民警是监狱工作的主体，在监狱工作中承担着管理者的角色，服刑人员的激励最终要通过民警来实现和组织实施。因此，在这里只探讨用心管理第一个层面的内容，即如何对民警实施激励，以及如何调动民警的工作意愿和积极性。

一、用心管理的理论基础——心理学的激励理论

心理学是研究人的心理现象和心理规律的一门科学，诞生于100多年前的西方世界。经过长期的发展，心理学的理论范围和临床技术已经非常丰富，并且广泛影响了政治、经济、文化、艺术、宗教、企业管理、市场营销等各个领域。心理学的分类也十分广泛，包

括普通心理学、生理心理学、社会心理学、变态心理学、发展心理学、教育心理学、劳动心理学、文艺心理学、体育运动心理学、航空航天心理学、组织管理心理学等。心理学的应用范围体现在我们生活的方方面面。对于监狱而言，应用较多的是普通心理学、罪犯心理学、教育改造心理学、劳动心理学和组织管理心理学等。尤其是近几年，随着罪犯心理矫治工作深入推进，有的省份在监狱内部还成立了专门的罪犯心理矫治部门，也鼓励更多的民警报考国家三级、二级心理咨询师，以运用心理学的知识和技能来做好罪犯的教育改造工作。这就有力地加强了心理学理论、心理学技术与监狱工作的联系。但监狱管理方对民警的心理研究与认识还处于相对较低的水平，民警的心理健康与保健还没有引起足够的重视。这与当代监狱对民警队伍管理的高要求很不相称。用心管理，就是在当今社会管理创新的背景下，为了最终全面提高监狱民警队伍的建设水平和建设层次，通过积极应用心理学的激励理论和技术，强化民警工作意愿和工作动力的过程。

1. 个体激励原理的内容

激励是心理学中的一个术语，是指对人的内在动力的激发、引导、保持和延续作用，它含有激发动机、鼓励行为、形成动力的意思，也就是说通过某些内部或外部刺激，使人奋发起来，全力去实现特定目标。对于监狱而言，激励就是监狱管理者通过激发民警的自身动力，调动民警的积极性，使民警朝向监狱制订的目标做出持久的努力。❶ 不过，激励原理的基础和前提是若干关于人的相关属性的界定和认识。

（1）个人行为模式的可知性　人为什么能激励，人的行为又是如何被激励出来的呢？答案就在于个人基本行为模式的可知性。心理学家已经证明了人的基本行为模式，如图 4 所示。

图 4　人的基本行为模式

如图 4 所示，需要是人类所有行为的起点。所谓需要是人体内部的一种匮乏状态。而匮乏的对象既可以是人体内部维持生理活动的物质要素，也可以是社会环境中的心理要素。匮乏状态会使人感到生理失衡或心理紧张，进而在躯体内部产生驱动力。这种驱动力就是行为的动机，它会产生寻找能够满足需要的特定目标的行为。目标是解决匮乏的一种主观努力。所谓目标，就是期望达到的成就和结果。在组织环境中，目标表现为一种刺激或"诱因"，它可以是物质的，如产量、质量、利润指标，或者工资、奖金、奖品及各种物质报酬，也可以是精神的，如职务、成就、认可、赏识，等等。这些外在的诱因是产生动机的重要因素，它和内在的需要相辅相成，共同贯穿于行为的全过程。因此，动机不是无条件产生的，它既取决于内部的需要，也取决于外界的刺激。如果外界的刺激符合人的需要，就会成为人行为动机的诱因。监狱对民警的激励之所以可能发生，就在于激励的本质就是监狱根据民警的需要提供适当的刺激和目标，诱发民警的动机，调动他们的积极性。一般来说，民警在任务完成过程中处于一种紧张状态，为缓解紧张会努力工作。紧张程度越大，努力程度越高。如果这种努力成功地满足了需要，紧张感就会减轻。由于激励的目的是为提高监狱的工作绩效，所以这种减轻紧张程度的努力必须指向监狱目标。为了

❶ 牧之，张震著. 管理要读心理学. 北京：新世界出版社，2010：61.

实现有效激励，监狱目标必须包含民警的个人目标，这样民警在为监狱目标努力的过程中，也能够实现自己的个人目标。实现目标的过程也就成了产生内在的工作积极性的过程，也就是一个被激励的过程。所以，了解民警的需要，并设法在监狱目标中通过考虑个人目标来满足民警的需要，在用心管理的实践过程中至关重要。

（2）个人行为形式的共通性　　一般来说，个人行为在作用机理、生成机制等形式方面具有以下共通的特征。

① 所有的行为都是受动机驱使的行为，外部的环境和内部的需要都会影响人的行为。

② 所有的行为都具有目标导向性。人的行为不是盲目的，而是根据自我认知的目标循序完成的。有时也许看上去毫不合理的行为，却是行为者本人在当时当地环境中做出的自己认为的"理性行为"。

③ 所有的行为都具有功利性，即趋利避害性。人的行为往往追求对自身存在和发展有利的结果，而躲避可能对自己产生的伤害。满足自身利益是人们行为的动因。

④ 所有的行为都具有可变性。人们为了追求目标的达成，不但常改变其手段，而且还会因学习和训练改变行为的方式。因此人的行为具有可塑性。

⑤ 人的行为并不完全是理性的，情感的因素也参与其中。情感等非理性因素对于行为的潜在影响和制约，是现代心理学的重要研究成果。

正因为人的行为具有共同点，才使人与人之间的相互理解成为可能。作为监狱管理者，应当将心比心，即希望民警怎样对待自己，就应该怎样对待民警。所以管理过程中要真正做到换位思考，希望激发民警的潜力和发自内心的工作意愿，就必须首先尊重他们。只有管理上对民警用心的领导，才能赢得民警的真心付出。

（3）个人行为内容的差别性　　尽管前面介绍了个人行为基本模式具有共通性的一面，但现实中的个人行为十分复杂，其差别性经常大于共通性。这种差别性的根源在于每个人生活环境和自身素质的不同，主要表现在以下三个方面。

① 人的个人价值观念的差别性。价值观是人们对客观事物在满足主观需要方面的有用性、重要性的总体评价和总看法。价值观是决定人的行为的心理基础，不同的价值观念决定人们在同样的情境中会有不同的行为表现。因此，对一个人来说，价值观的不同直接决定了其个人需求和观点的不同。比如人们对权力、地位、金钱、友谊、自尊、同事关系、工作成就等的总评价和总看法就不尽相同，有人把钱看得最重，有人则嗜权如命，有人把友谊看得最有价值。这些个人认为最有意义的和最重要的事物，往往最能体现不同个体的价值观内容。

从现实来看，出生于20世纪五六十年代的监狱民警与近儿年招录的新民警在价值观念上就有很大的差异。前者基本上把吃苦奉献、干好本职工作作为个人的价值追求。新民警由于成长的时代、环境不同，价值观念就明显呈现出多元化的趋势，也比较注重个人的生活质量和人生价值的实现。因此，监狱在满足这部分新民警合理需求的同时，还要引导他们做好职业规划，树立"奉献监狱事业，才能更好地实现人生的价值"的监狱民警主流价值观。监狱要通过各种活动教育新民警，让他们知道入了监狱工作这个行，就选择了不同的人生；要通过教育引导，让新民警自觉摒弃个人主义、享乐主义、一切向钱看的价值观，从而让越来越多的新民警继承和发扬老一辈监狱民警艰苦创业、吃苦奉献的精神，进而增强职业自豪感和使命感，为开创无愧于时代要求的监狱工作新局面做出应有的贡献。

② 个人个性特征的差别性。理论上，可根据不同的标准将个体划分为不同的个性类型。比如，依据一个人的心理活动的某种倾向可将人的个性分为内向型、外向型、内外向混合型。内向的人，做事谨慎，沉默寡言，深思熟虑，不善交往，适应环境能力差，他们通常是通过读书与思考来培养自己的技能；外向的人，开朗活泼，感情外露，善于交际，不拘小节，灵活多变，轻率不稳定，他们倾向于通过进行尝试、犯错误，然后汲取经验教训来培养自己的能力；内外混合型的人则个性倾向往往表现不明显，介于外向与内向个性之间。显然，不同个性特点的人，在工作中的行为表现是不一样的。

作为监狱管理者，应针对民警的不同个性进行分类培训和岗位锻炼。当然，由于个人对于工作岗位的不熟悉以及个人潜能的内隐属性，管理者不能仅凭表面的个性倾向进行主观臆断。一个人最适合干什么，需要通过一定的工作历练来发现，所以，监狱管理者在配置民警岗位时，可采取民警自愿报名与监狱安排相结合的办法。然后，再从工作中发现个人的兴趣点和特长，进行工作分析和个性分析，最后再进行量体裁衣，为个人安排相对适合的工作岗位。这样才能有效地激发民警的工作意愿，帮助民警更好地实现自己的人生价值。

③ 个人行为能力的差别性。能力，是人们能够顺利完成某种活动的心理特征，是影响组织绩效的重要因素。能力是一个十分复杂的心理因素，在各个个体之间具有很大的不同。其差别表现在不同方面，如能力表现早晚有差别：有人在小的时候就表现出过人的才智，有人则大器晚成；能力的类型有差别：有人善于观察，有人善于思考，有人善于行动，有人善于记忆；能力的水平也有差别：有人能力强些，有人能力弱些，等等。当然，能力的不同源自个体内在动机和外部环境影响的不同。正是这众多的不同，造就了一个个独特的个体。每一个人的这种不可重复性和不可替代性，使得对人的激励成为一项最具挑战性的工作。

个人行为能力的差别性要求监狱管理民警队伍时，切忌采取"一刀切"的机械式管理方法。管理者必须精心设计个性化的激励方案，有区别地对待每一位民警。"没有不合格的员工，只有不合格的领导"，是现代许多企业家的感悟。目前，大部分的新任监狱民警都是通过公务员考试从社会上招录的，个体素质普遍较高，但他们中未必都能适应监狱不同岗位的职业要求。所以，监狱还要对他们加强职业技能的培训，用社会主义法治理念武装他们的头脑，培养他们过硬的监管业务技能，以满足监狱工作不同的岗位要求。

2. 用心管理激励对象的特殊性

监狱在实施用心管理时，要真正使每名民警有较强的工作意愿，就必须科学合理地激励民警。在监狱用心管理的层面上，激励的对象是监狱人民警察。监狱人民警察的特殊属性和特定岗位职责，使得监狱激励的对象具有一定的特殊性。因此，监狱管理者不能简单地采用社会企业员工的激励方法进行工作激励。监狱警察有监狱警察的职业特点和要求，有些激励措施，比如发奖金在企业中可以运用，但在实施了规范公务员（监狱人民警察）津补贴发放政策后的当今监狱，就有了体制上的困难。因此，监狱用心管理的过程和激励民警的过程中，必须充分考虑监狱人民警察身份和工作性质的特殊性。这种特殊性具体表现如下。

（1）功能特殊性 监狱人民警察是国家的一支重要的刑事执法力量，在功能上具有特殊性。国家的刑事诉讼活动包括立案、侦查、起诉、审判、执行五大程序。从国家刑事司法活动的目的角度来看，我国刑事司法活动的根本目的是预防和打击犯罪，惩罚和改造罪犯。前面四道程序的中心任务，是抓捕犯罪人、认定犯罪、判定刑罚，但其他程序的落脚点还是在于刑罚执行。只有通过刑罚执行，才能将国家的判决落到实处，把罪犯改造成为守法的公民，实现刑罚的根本目的。因此，刑罚执行工作是刑事司法活动中不可忽视的重要内容。监狱人民警察担负的刑罚执行工作任务不仅尤为重要，而且具有其他法定程序不可替代的特殊功能。这种特殊的行刑管理及其功能，充分体现了监狱事业的重要性和监狱人民警察职责的特殊性。

（2）对象特殊性　监狱民警是与"恶"打交道的一群人，时刻经受着污染与被污染、腐蚀与被腐蚀的考验。监狱民警工作的对象包括被法院宣判有罪的死刑缓期二年执行、无期徒刑、有期徒刑的罪犯。由于罪犯一般都是有某种不良生活习惯或者不良人格特质的人，因此必须对罪犯进行积极的教育矫正。虽然都是教育，但这种带有强制性的教育与学校教育具有很大的不同，其教育的难度大，效果有时也会有反复。所以，监狱民警除了要掌握一整套教育、管理、矫治罪犯的方式方法，完成教育改造罪犯的光荣使命，还必须具有高度的责任感、强烈的事业心。这就为监狱民警队伍的管理带来了新的问题和难题，不过，用心管理为解决该问题提供了有效的方法和手段。

（3）角色多重性　这是指监狱人民警察本身工作内容比较复杂，承担职责内容也比较繁多。民警必须在不同的活动中担当起不同角色，完成不同的任务。这更突显了激发民警工作意愿和满足民警工作需求的紧迫性和必要性。就岗位内容来看，监狱工作可分为监管改造类、生产经营类、队伍管理类、行政后勤类等几个类别。就具体工作内容来看，对于在监区工作的民警来说，既要抓罪犯的教育改造，又要抓好罪犯劳动生产的组织管理；既要组织对罪犯进行政治、文化、技术教育，又要对罪犯的心理疾病进行有效防治。工作内容的不同，决定了民警同时要扮演好不同的角色，有执法者的角色，有教育者的角色，有企业管理者的角色，还有心理咨询师的角色等。作为监狱人民警察，只有全面履行工作职责，扮演好多种角色，才能变消极因素为积极因素，把破坏社会秩序的犯罪人改造转化成为守法公民。

（4）任务艰巨性　把罪犯改造成为守法公民是一项非常复杂的社会工程。它不仅取决于监狱工作的有效性，更有赖于全社会的大力支持。罪犯在监狱内的改造表现好，不等于刑满释放后就不会再重新犯罪。如果社会接手帮教工作、刑满就业工作得不到根本解决，必然导致罪犯释放后的一系列的社会问题。把刑释罪犯的重新犯罪完全归结为监狱的改造质量不高是不全面的，也是不科学的。不过，监狱必须立足于自己的本职工作，为社会的和谐发展做出贡献。监狱只有尽力做好罪犯改造工作，把提高罪犯的改造质量作为监狱工作的中心任务来抓，才能最大限度地化解社会的不利因素。把刑释解教人员的重新违法犯罪率作为衡量监管工作的首要标准，提高罪犯的改造质量也已成为中央领导和社会各界对监狱工作的基本要求。不过，我们必须看到，虽然监狱改造事业在国家支持和所有监狱工作者的努力下取得了很大的成就，但对于少数恶习特别深、犯罪次数特别多的惯累犯，由于他们已形成较为牢固的犯罪心理动力定型，对他们必须采取非常措施，由监狱、社会共同努力，综合治理，方可取得比较好的效果，将重新犯罪率压减到最低限度。

（5）环境封闭性　目前，我国监狱内服刑的罪犯适用的都是监禁刑。这就意味着负责管理教育罪犯的监狱民警，是在一个相对封闭的环境里工作。现在推行的社区矫正是国家对监禁刑的一种突破，针对的是罪行较轻、社会危害较小的一类犯罪人员。随着国家司法改革的深入，刑罚执行有可能分为监禁刑、半监禁刑和非监禁刑类。半监禁刑和非监禁刑改造罪犯的场所会变得更加开放，罪犯的自由度也会更大。但在目前来说，高墙、电网、武装警戒依然是监狱所固有的特征，强制性和封闭性是监狱环境的一个显著特点。

监狱工作环境的封闭性，决定了激励民警的目的不仅是确保队伍的稳定性和团队的纪律，更是为了纯化民警的内心动机和增强民警执法的主观能动性。用心管理的目的即在于，让每个民警兢兢业业地做好本职工作，努力提高服刑人员的改造质量，发挥监狱惩罚和改造罪犯、预防犯罪、保护人民的功能。

二、用心管理的路径——激励技术的应用

20世纪八九十年代在监狱工作的人都有这样的一个共同体会，即监狱条件艰苦，地处偏僻，交通落后，信息闭塞。因此，在监狱工作的人大都人心思走，尤其以学校刚毕业的"学生军"居多。甚至有的人头天来监狱报到，第二天就抽档离开。这就让许多在监狱工作的老同志心生悲哀，监狱怎么就留不住人呢？这固然与监狱的闭塞落后、条件艰苦等客观因素有关，更与监狱当时的管理层理念落后、体制不活、对民警的激励手段不足有很大关系。试想，一个从学校刚毕业的大学生，到了新的组织，所看到的工作环境与自己理想中的相差甚远，必然产生严重的心理落差，想方设法要调出监狱也就属正常。

20世纪90年代前参加工作的监狱民警不安心工作，主要原因还是监狱的条件艰苦，监狱民警与公安民警的地位和待遇悬殊大，监狱警察被戏称为"三等警察"。但随着国家对监狱财政支持力度的加大，尤其是监狱体制改革后，财政保障力度加大，民警的地位和待遇发生了较好的变化，监狱民警的工资收入接近甚至还高于地方公安民警，监狱民警不再为自己的处境自卑。监狱留不住人的状况得到了根本改变。这从监狱近几年招录公务员报名的火爆场面可见一斑。监狱的一个职位最多有100多个人竞争，热门程度可想而知。当代监狱管理早已不是旧时模样，现代化文明监狱一座座拔地而起，法治化、科学化、规范化、信息化、专业化的先进管理理念深入人心，监狱民警不再是时代的落伍者，而是和谐社会的积极参与者、建设者和贡献者。如何让民警更加热爱监狱事业，如何让民警创造性地开展工作，尤其是当前监狱民警"阳光工资"到位后，如何采取多种激励手段，最大程度地调动民警的工作意愿，已成为当前监狱管理领域的重要课题。运用激励技术，强化用心管理的效果，是提高监狱管理水平的有效路径。

1. 激励的种类

（1）物质激励——给民警以物质上的满足　物质激励是指让员工得到物质上的满足，从而进一步调动其积极性、主动性和创造性。它主要用来满足员工的物质需要，是一种外在的激励形式，它的表现形式有正激励，如发放工资、奖金、津贴、福利等；也有负激励，如罚款、警告、纪律处分、经济处罚、降级、降薪、淘汰等。物质需要是人类的第一需要，是人们从事一切社会活动的基本动因。它是社会生活中人们最常见也是最基本的一种激励手段。物质获得的多少也是一个人价值、地位和成就的象征之一。

物质激励在监狱民警"阳光工资"实行前是一种较为重要的激励手段。监狱体制改革后，监狱财政实行收支两条线的运作，民警的"阳光工资"到位后，物质激励的功能进一

步弱化，监狱寻找物质激励之外的激励手段已成必然趋势。目前，各监狱正在进行有益的探索和尝试，有的还取得了比较好的效果。如实行学术激励，进一步加大监狱理论研究的成果转化力度，鼓励更多民警成为教育改造罪犯的专家，由过去的行政领导治监向未来的专家治监转变，提高了监狱民警的专业化建设水平，有利于罪犯的社会回归和改造质量的提高。

(2) 精神激励——给民警以精神上的满足　　精神激励是指精神方面的无形激励，包括向员工授权、对他们的工作绩效的认可，公平、公开的晋升制度，提供学习和发展以及进一步提升自己的机会，实行灵活多样的弹性工作时间制度，以及制订适合每个人特点的职业生涯发展道路，等等。精神激励是一项深入细致、复杂多变、应用广泛、影响深远的工作。它是管理者用思想教育的手段倡导企业精神，是调动员工积极性、主动性和创造性的有效方式。在监狱工作中，精神激励能在较高的层次上调动民警的工作积极性，其激励深度大，维持时间也较长。在"阳光工资"到位后，民警的收入待遇足以解决个人的吃、穿、住等基本生活的需要。监狱在满足民警的需要层次上，应当向高层次转变。精神激励无疑成为激励民警的重要备选手段。

从另一个角度看，单纯采取物质激励的形式，只会导致人们只讲"实惠"，"一切向钱看"，"谁给钱，给谁干"，"给多少钱，就干多少活"的不良倾向。而且，只靠物质刺激起来的积极性，由于仅仅着眼于现实利益，因此其效果不会持久。监狱只有把物质激励和精神激励结合起来，才能真正调动广大民警的积极性。

从表现上看，监狱目前实施的精神奖励形式主要是按照《国家公务员法》的规定来执行，即对工作表现突出、有显著成绩和贡献、有其他突出事迹的公务员或集体，分别给予嘉奖、记三等功、记二等功、记一等功、授予荣誉称号等奖励。当然，除此之外，各监狱还可以结合实际，创新激励的手段，用足用好政策，对民警实施各种各样的内部奖励，如评选"岗位之星"、"公正文明执法标兵"、"优秀内勤"、"优秀管教标兵"等，来激发民警的工作热情。

(3) 情感激励——给民警以心理、情感上的满足　　情感激励就是监狱管理者通过与民警良好的感情沟通，不断增强民警对监狱的认同感、归属感和集体荣誉感，使民警始终保持昂扬向上的进取精神和充沛的工作热情，高质量地完成监狱下达的各项工作目标的管理行为。我们都知道，个人在心境良好的状态下工作思路开阔、思维敏捷、解决问题迅速。因此，情绪具有一种动机激发功能。情感激励是一种较高层次上的激励，它满足的正是民警情感上的需要。良好的情感激励能让民警对监狱产生归宿感和自豪感，让民警从内心萌发与监狱"一荣俱荣，一损俱损"的以组织为家的感觉。

不过，在上面提到的三种激励中，情感激励相对不容易操作。因为它是一种氛围的营造，是一种文化的延伸，需要监狱管理者切实进行换位思考，让民警感到如果不好好干工作，就有愧于组织和领导的培养，产生强烈的自责感，从而自我加压，实现由"监狱要我干"向"我要为监狱干"的转变。可以说，情感激励和情绪管理是用心管理的最高境界。

2. 激励的原则

(1) 差别激励的原则　　为了提高民警工作的积极性，监狱要根据不同的民警类型和特点制订激励制度。在制订激励机制时一定要因人而异，充分尊重民警的个体差异。例如部分女性对报酬更为看重、讲求实惠，而比较多的男性更注重组织和自身职业规划的发展；

较高学历的人一般更注重自我价值的实现，而学历较低的人更重实惠，等等。由于不同民警的需求不同，相同的激励措施起到的激励效果就不尽相同。即便是同一位民警，在不同的时间或环境下，也会有不同的需求。所以激励要因人而异，实行差别激励。

（2）奖惩适度的原则　奖励过重会使民警产生骄傲的情绪，失去进一步前进的动力，或者互相攀比，互相封闭，恶性竞争；奖励过轻，不痛不痒，起不到激励效果，民警也容易失去兴趣，或认为领导不重视，有点轻视自己。惩罚过重会让民警感到不公平，产生消极对抗，失去应有的认同感和归属感；惩罚过轻会让民警轻视错误的严重性，放松警惕，甚至会酿成大的监管事故。奖惩适度有点类似儒家的中庸之道，重不得轻不得，需要在实践中适度把握，不断总结和探索。

（3）奖罚结合的原则　奖是对民警符合监狱目标期望的行为而进行的奖励，使这种积极向上的行为更多地出现，更好地调动民警的积极性。罚是对民警违背监狱目标非期望的行为而进行的惩处，以使这种负面行为不再出现。罚使人产生内疚感，认识到自己的错误，并改正自己的行为，使错误的倾向朝正确的方向转变，罚还能达到"杀一儆百"、教育他人的效果。一奖一罚的激励机制，树立了正反两方面的典型，从而产生无形的压力，推动正气的上升，抑制邪气的滋生和蔓延。这两种手段，虽性质不同，但殊途同归。在实际工作中，必须坚持奖惩结合。只奖不惩，就降低奖的价值，影响奖的效果；只惩不奖，会使人不知所措，人们只知道不该做什么，不知道更该做什么。所以，奖惩必须兼用。

（4）坚持公平的原则　公平性是管理的重要原则之一。不公的待遇，会使民警产生消极的情绪，影响工作效率，危害整体利益。监狱管理者在处理民警问题时，一定要大公无私，不抱任何偏见或喜好，不能有任何不公的言语和行为。对取得同等成绩的民警，一定要给予同等层次的奖励；对犯同等错误的民警，也应处以同等层次的处罚。如果做不到这一点，管理者宁可不奖励或者不处罚。不然，奖罚措施不平衡所起的作用会适得其反。

（5）坚持奖励正确行为、避免奖励错误行为的原则　管理学家米切尔·拉伯夫经过多年的研究，归结出应奖励和避免奖励的十个方面的工作行为，即：奖励善用创造力而不是愚蠢的盲从行为；奖励多动脑筋而不是奖励一味苦干；奖励忠诚者而不是见异思迁者；奖励勇于承担责任而不是推诿回避责任的行为；奖励果断的行动而不是光说不练的行为；奖励使事情简化而不是使事情不必要地复杂化的行为；奖励沉默而有效率的人，而不是喋喋不休者；奖励彻底解决问题，而不是只图眼前利益、急功近利的短期行为；奖励有质量的工作，而不是匆忙草率的工作；奖励团结合作而不是互相对抗。这些概括和总结，对监狱管理者在实施奖惩激励时具有很大的参考和借鉴价值。

（6）物质激励和精神激励相结合的原则　人类不但有物质上的需要，更有精神方面的需要。更何况实行"阳光工资"后，物质激励的手段在监狱普遍得到弱化时，任何一个监狱内部，必须把物质激励和精神激励结合起来，以精神激励为主，才能真正地调动广大民警的积极性。例如，在海尔公司的奖励制度中有一项叫"命名工具"，即用一线的普通工人的名字来命名他所改革的创新工具。工人李启明发明的焊枪被命名为"启明焊枪"，杨晓玲发明的扳手被命名为"晓玲扳手"。这一措施大大激发了普通员工在本岗位创新的激情，员工以此为豪！对员工创造价值的认可，就是对他们最好的激励。及时的激励，能让员工觉得工作起来带劲，有奔头，进而创造出更大的价值。所以，物质激励和精神激励两者要并举，不可偏废。

海尔的这一创举对监狱同样具有不可小视的借鉴作用，比如监狱民警在对罪犯的教育方法上，信息化管理或工作流程的编制上，只要是创新性成果，都可用民警的名字来命名，这种成就感远比物质激励更能让人获得成就感。

3. 激励方法举要

激励就是要让"优秀干部有成就感、平庸干部有压力感、不称职干部有危机感"。德鲁克认为激励员工"唯一有效的方法是加强员工的责任感，而非满意度"。德鲁克提出可以通过四种方式来造就负责任的员工，即：慎重安排员工职务、设定高绩效标准、提供员工自我控制所需信息、拥有管理者愿景等。激励的方法有千百种，由于人的需求、个性各不相同，因此，世上没有哪一种方法绝对通用。最管用、最能调动人积极性的方法就是最好的方法。下面介绍几种常用的方法。

（1）目标激励　一个组织要想取得不俗的业绩，必须对目标有较高的定位。作为监狱，承担的是惩罚和改造罪犯的刑罚执行职能，其目标是由法律所规定的，即把罪犯改造成为守法公民。这一根本目标的实现，依赖于监狱一系列具体目标的实现，如监管安全目标、生产经营指标、罪犯教育改造质量、队伍建设目标、监狱发展规划等。由于各个监狱的历史背景、所处位置、经济条件等方面存在的差别，各个监狱的具体发展目标也因此不大相同，比如，全国有不少监狱已建成国家级现代化文明监狱，但也还有不少监狱的硬件设施、关押条件还远远达不到现代化文明监狱的标准。这就要求监狱的管理者必须根据现有的条件，进行发展规划调研。通过制订监狱中长期发展规划，让民警明确监狱的发展定位和共同愿景。监狱还要制订年度、半年度、月度短期工作计划和目标，以目标为牵引，激励斗志，为加快监狱发展、提升民警职工的幸福指数而不懈努力。

（2）赞美式激励　在公开场合赞美民警是激励民警的最佳方式。每个民警在内心深处都渴望别人的赞美与夸奖，尤其渴望得到领导的表扬与肯定。领导的一句恰如其分的称赞，就会使民警内心产生较为强烈的自我满足感。每一个民警发现自己的名字出现在光荣榜里，都会感觉良好。"原来我也可以很有名的"，这种被大众所承认的感觉往往要比悄悄发几百元奖金更激动人心。赞美民警每一点小小的成绩，都会激发他的自信。民警也才会更努力，更有勇气去尝试各种新颖的工作方式。所以作为监狱管理者应当认识到，每一个民警都需要各种不同程度和不同形式的赞美来保持自信。其实只要认真观察总结，监狱管理者就可以发现很多赞赏下属的机会。管理者发自内心的称赞，往往会使基层民警全力以赴地把工作完成得更出色。

现实中，赞美式激励已经被各地监狱广泛运用于民警的日常工作考核中，如有的监狱每月评比"岗位之星"、"公正文明执法标兵"、"优秀内勤"、"优秀狱侦能手"、"优秀警长"等。这种通过月度考核，对不同岗位涌现出的先进典型进行的表彰奖励，由于奖励具有及时性，深受民警欢迎。其实，赞美式激励既具有实效性，又没有成本，有时不要花一分钱就能取得很好的效果。比如监区每周召开的工作例会上，监区长或教导员就可以利用这个机会对监区民警一周来的工作进行点评，对于做得好的民警，做得好的方面进行表扬，当时就可以达到激励的效果。不过，这种点评要求监区领导对民警平时的工作情况必须相当熟悉和准确把握。否则，不仅起不到应有的效果，反而很可能削弱领导的个人威信。管理者对下属只有点评恰如其分，对下属成绩和不足都点得准、点到位，才能令民警心服口服，从而激励民警为监区工作的发展出谋划策，充分发挥监区班子的集体战斗力。

（3）工作轮换式激励 工作轮换，是民警觉得一项工作已不再具有挑战性时，把民警调换到水平层次相近的另一岗位上去。工作轮换既可以使民警免受工作枯燥之苦，又能培养民警多方面的能力，提高民警的综合能力。监狱通过轮岗的方式，可以让民警得到多岗位锻炼，学到更多的工作技能，深刻理解各项工作之间的关系，对监狱的整体活动安排也会有更深刻的了解和认识。同时，监狱也可以通过对民警多岗位的锻炼，发现民警的特长和强项，把民警安排到最适合的岗位，发挥其潜能。目前实行的公务员交流制度，其实就是工作轮换式激励措施的具体运用。俗话说"树挪死，人挪活"。监狱对中层领导和一般民警都可以规定在同一岗位上的任职年限，到期轮换，以此来消除民警的职业倦怠，激发民警的工作活力。

（4）挑战式激励 在工作岗位上的时期，是一个人身体最好的时期，占去人生大部分精力。个人价值很大程度上是在工作过程和工作结果中予以实现的。运用工作激励，是现代人本主义管理常用的方法。树立各种各样的目标可以使工作更富于挑战性。挑战性过低令人厌烦，挑战性太强会使人产生挫折和失败感，因此，中等程度的挑战比较合适。工作如果具有挑战性，会激起民警对工作的兴趣。民警会以解决工作中的难题为乐，而不是以此为苦。具有挑战性的工作会让人迸发出更大的潜能。现实中挑战式激励运用最多的，往往集中在行政管理类人群，也就是人们通常所说的领导身上。监狱中层领导的培养固然需要多压担子、多分配具有挑战性的工作，但对普通民警，也要有意识地给他们压担子，让他们接受富有挑战性的工作。这对提高一般民警的工作能力很有帮助。民警一般不会主动去找麻烦，自我加压。这就要监狱的中层领导或监狱领导根据情况合理安排。绝大多数人都认为监狱工作按流程办事，按规定执法，比较单调枯燥。其实不然，每一项看起来再简单的工作，要把它做到最佳效果都很不容易，比如监狱最常见的带罪犯出工劳动（带班）这项工作，在民警都按照流程做完后，监区领导可以鼓励民警找差异，比较各人带班的不同之处，让大家分析为什么有的民警带班时，罪犯的劳动纪律就好，生产质量就高，而有的民警却有较大的差距。经常这样做，就会使民警把平常一件很司空见惯的带班工作做得更完美。

（5）内部升迁式的激励 有上进心的民警都希望能够通过努力工作来获得领导的肯定，并以此获得更多的工作权利和责任，使自己的职位或职务能得到更快的提升，从而获得更大的发展空间，使人生价值最大化。内部升迁式激励是监狱最常用的一种激励手段，但由于国家公务员领导职务设置序列一共也只有十个级别，即国家级正职、国家级副职、省部级正职、省部级副职、厅局级正职、厅局级副职、县处级正职、县处级副职、乡科级正职、乡科级副职，且呈金字塔结构，越往上职位设置就越少，这也就使得民警内部升迁式激励受到一定的制约。在现实中，监狱民警的职务晋升到了正科级领导岗位就形成一个瓶颈，很难有更大的提升空间。这样，在内部升迁式激励失灵的情况下，如何调动民警的工作积极性就是一个不得不考虑的难题。监狱管理者应当想出更多其他的激励措施来弥补该项方式的缺点。既然领导职务的晋升受到限制，监狱完全可以在法律和政策许可的范围内，通过设立非领导职务来提高民警的职级，如监区民警可高配到副调研员、调研员，甚至个别贡献大的可配到副巡视员。除了非领导职务，还可以设立专业技术职务，如矫正师、副高级矫正师、高级矫治师等，从待遇上对贡献大的民警予以倾斜，鼓励更多的民警钻业务、练技能，提高民警教育改造罪犯的水平。

（6）培训式激励　培训式激励是指给民警提供培训及学习机会的激励方式。培训意味着为自身能力和素质的提高、自身人力资本的增值以及为其将来更好地发展提供机会和条件。[❶] 由于当前已进入了信息时代，知识的更新越来越快，人们在工作岗位上受到的挑战也越来越多，对学习的需要越来越迫切。因此，培训激励受到更多人，特别是年轻人的喜爱。监狱民警由于所处环境的相对封闭，接受的信息量与社会公务员比偏少，培训显得尤为突出和必要。不培训，民警的知识老化，能力低下。所幸的是，各省监狱系统的高层管理者都能认识到民警培训工作的重要性，投入了大量的人力、物力和财力，不但在本系统内培训，还与系统外进行交叉培训；不但在本省培训，还跨省培训，扩大了对外交流与合作，使民警能"跳出监狱看监狱"，思路更宽，眼界更阔。

监狱民警的培训可从三方面着手，即技术技能、人际关系技能、解决问题的技能。适应监狱工作岗位所需要的各种应知应会能力都必须予以掌握。对于当今社会，电脑技术的操作和使用是必修课。此外，应把处理罪犯中的各种矛盾和问题以及突发性事件作为培训的重点。通过培训，使民警能很好地顺应国际行刑新趋势，公正文明准确执法，圆满完成监狱惩罚和改造罪犯、把罪犯改造成为守法公民这一光荣而艰巨的任务。

（7）分类激励　分类激励就是监狱管理者根据民警的不同年龄、性别、文化程度、个性实施不同种类的激励。分类激励由于针对的是民警个体，操作起来虽然比较烦琐，但效果很明显。如青年民警的需求与中老年民警的需求有很大的差异。青年民警有朝气、有活力，更倾向于接受有挑战、有风险、有刺激的工作任务，而有的中老年民警往往图安稳，体力、脑力已逐步退化，工作经验丰富，往往更愿意从事相对单调、枯燥、安逸的工作。同样，对于女性民警与男性民警，要根据其不同的生理、心理特点安排不同的岗位，如安排女民警从事监控、罪犯会见时电话监听、内勤、档案管理等工作更能充分发挥她们耐心细致的优点。在个性方面，可根据人的个性强弱实施不同的激励方法，如个性强的人，竞争力强，要安排富于挑战性的工作，个性平和、安静型的，安排相对简单、单调的工作可能更适合。

三、激励理论在监狱管理中的具体运用

激励理论是关于如何满足人的各种需要、调动人的积极性的原则和方法的概括总结。激励的目的在于激发人的正确行为动机，调动人的积极性和创造性，充分发挥人的智力效应，做出最大成绩。下面介绍几种在监狱管理过程中应用较多的激励理论。

1. 马斯洛的需要层次理论

亚伯拉罕·哈罗德·马斯洛（Abraham Harold Maslow）于 1943 年初次提出了"需要层次"理论，他把人类纷繁复杂的需要分为生理的需要、安全的需要、友爱和归属的需要、尊重的需要和自我实现的需要等五个层次。

① 生理的需要——维持人类生存所必需的身体需要。

② 安全的需要——保证身心免受伤害。

③ 归属和爱的需要——包括感情、归属、被接纳、友谊等需要。

---

❶ 周新. "激励的新形式——培训激励". 上海管理科学，2001（2）.

④ 尊重的需要——包括内在的尊重，如自尊心、自主权、成就感等需要和外在的尊重如地位、认同、受重视等需要。

⑤ 自我实现的需要——包括个人成长、发挥个人潜能、实现个人理想的需要。

马斯洛把五种基本需要分为高、低两级，其中，生理需要、安全需要属于低级的需要，这些需要通过外部条件使人得到满足，如借助于工资收入满足生理需要，借助于法律制度满足安全需要等。尊重需要、自我实现的需要是高级的需要，它们是从内部使人得到满足的，而且一个人对尊重和自我实现的需要，是永远不会感到完全满足的。高层次的需要比低层次需要更有价值，人的需要结构是动态的、发展变化的。因此，通过满足民警的高级需要来调动其工作积极性，具有更稳定、更持久的力量。

马斯洛的需要层次理论告诉我们，千差万别的人群中，每个人的需求层次是不同的，这就决定了我们在运用激励手段时，一定要区别对待，既要有普惠制，又要体现多样性。

我们的监狱民警队伍存在着年龄、文化程度、个性、能力等各个方面的差异，在管理中就要尽量对他们进行分类管理。比如对于一些老同志，由于其文化程度相对偏低，职级达到正科级的人，对他们的激励就要区别于年轻民警。他们最希望获得年轻同志的尊重和领导的肯定，因此，对他们的激励应以各类物质或精神奖励为主，让他们切实体会到付出的劳动获得领导的肯定和褒奖。而在职务晋升上，由于老同志没有太大的发展空间，就应多考虑以此手段激励年轻民警。

即使相同的年龄和文化程度的民警，由于他们的爱好和追求存在差别，激励也不宜采取同一种方法。比如，有的民警用晋升职级管用，有的对政治上追求不高或管理能力不强的同志，要根据他们的特长予以激励，让他们在特长领域大放其彩，他同样能感受到作为监狱民警队伍一员的尊严和价值。监狱内部管理具有十分明显的行政性质，入党、提拔、重用通常是外界衡量民警事业成功与否的重要标准，也几乎成了监狱工作者的普遍价值追求。但不是所有的人都适合做领导，这就要我们的组织人事部门，量体裁衣，适才而用，让民警在自己的专业领域做出成绩，而且要给予必要的肯定和奖励。这些民警的潜能一旦被激发出来，就可以为监狱的全面发展做出积极贡献，如有书画、摄影、写作、体育运动类爱好的民警，监狱要积极创造条件，鼓励他们强化特长，从而更好地丰富监狱的文化建设内容，树立监狱警察良好的精神风貌。

为了人尽其才，才尽其用，监狱管理者平时可以多做些民警需求问卷调查，问卷设计得越细越好，再分门别类进行分析，摸清他们的最大需求点，从而在实际工作中采取有针对性的激励措施。如实行"阳光工资"后，经济激励手段已在一定程度上弱化，同时，对民警的激励仅靠内部职务晋升的效果又有限，这就要在法律和政策允许的范围内开辟渠道，通过"创先争优"活动的开展，尽可能多地寻找活动载体，加大奖励力度，进一步增强民警队伍的凝聚力、向心力和战斗力。现在各监狱实施的民警单项激励和监管、改造、生产、队伍建设等各项工作的月度排名，都极大地丰富了民警的激励手段，调动了民警的工作积极性。

马斯洛的需要层次理论告诉我们，每个民警都有一定的生理需要和心理需要，监狱要根据个体的不同需要采取激励手段，也就是说民警个体需要决定监狱激励手段。调查了解民警的不同心理需要，是一项基础性很强的工作，必须作为民警队伍管理的一项常规工作认真细致地做好。因为只有把民警的需要把握准了，才能对症下药，采取有针对性的激励措施。如机关民警与监区民警在安全需要上就存在很大差异，机关民警很少下监区，接触罪犯少，而监区民警几乎天天与罪犯打交道，他们所承受的监管安全压力和自身安全需要比机关民警要大得多。如何综合运用人防、物防、技防、心防手段，确保监狱的安全稳定，确保监区民警的人身安全就是对监区民警人身安全需要的满足。

再如，科监区领导与普通民警的需要也有差异。普通民警可能满足于带好班，希望能多休息，而科监区领导往往在成就事业上欲望会更强。自我实现的需要是民警的一项较高层次的需要，几乎每个民警都有这一需要，只不过有的民警的理想在现实面前屡屡受挫而处于内隐状态。职务晋升在不能完全满足所有民警需要的情况下，监狱应根据民警的特长，安排他们做相应的工作，或者搞一些活动，如书法、绘画、球类比赛、卡拉 OK 比赛等丰富多彩的文体活动，让民警的才艺得到展示。一方面可以活跃监内的文化生活，另一方面也可让民警在自己擅长的领域找到自我，重拾自信，实现自我，借机释放压抑的情绪和繁重的工作压力，对民警的身心健康起到有益的调节作用。

2. 赫兹伯格的双因素论

激励、保健因素理论是美国的行为科学家弗雷德里克·赫兹伯格（Fredrick Herzberg）提出来的，又称双因素理论。

赫兹伯格把没有激励作用的外界因素称为"保健因素"，如公司的政策、行政管理、职工与上级之间的关系、工资、工作安全、工作环境等。能够使职工感到非常满意的因素，大都属于工作内容和工作本身方面的，如工作的成就感、工作成绩得到上司的认可、工作本身具有挑战性，等等。这些因素的改善，能够激发职工的热情和积极性。赫兹伯格把这一因素称为"激励因素"。

双因素理论告诉我们，管理者首先应该注意满足员工的"保健因素"，防止员工消极怠工，使员工不致产生不满情绪，同时还要注意利用"激励因素"，尽量使员工得到满足的机会。

当代中国的监狱，与时代、社会同步在前进和发展，已不再是旧时的集多种社会功能于一身的"四不像"。监狱既是学校、又是工厂、还是功能齐全的小社会的时代已一去不复返。如今的监狱，法制日益健全，职能更加明确，经费保障到位，"打造文明监狱，服务和谐社会"已成为监狱工作的新追求、总目标。随着党和政府以及社会各界对监狱工作日益关心和重视，监狱的工作环境、条件和待遇都和历史上的监狱发生了质的变化。用赫兹伯格的双因素论来分析，监狱民警的保健因素已基本满足，关键是要在激励因素上多做文章，要让民警在平凡琐碎的监狱工作中发现乐趣，获得较高的成就感，而不是机械地当一辈子看守，毫无创新和发展地在监狱这个封闭的环境里平淡老去。监狱要通过实施职业规划、职业培训、创新管理、异地交流等途径，给民警以更多的学习培训机会、更大的职务晋升的发展空间，享受到社会其他行业杰出人士所能享受到的荣誉、尊严和价值。

民警的人际关系、物质工作条件、工资、福利等都属保健因素，这些工作落实不到位，会直接导致民警的不满意，影响监狱领导在群众心目中的威信和好感，因此保健因素要予以足够的保障。同时，由于人的许多不满意都是与同类人员比较产生的，因而监狱在实施这些保健因素时，要不断创新措施，在福利待遇上要做到人无我有，至少让民警感觉不比周边单位差。

双因素理论告诉我们，保健因素只是消除了不满意，并不会导致积极的态度，因此，监狱在搞好保健因素的同时，更要研究和探索各种行之有效的激励因素。那些能满足个人自我实现需要的因素，包括：成就、赏识、挑战性的工作、增加工作责任，以及成长和发展的机会等都是激励因素。实践证明，监狱把一个人放在清闲岗位，整日无所事事，工资待遇虽一分不少，但从内心讲其反而会有所失落和不满。因为他的个人价值没有得到体现。相反，如果监狱重用他，哪怕付出再多，辛苦异常，他也不会抱怨。因为个人在繁忙的工作中找到了自己的位置，找到了自己的存在价值，高层次的需要获得了满足，虽苦犹甜。

对于刚走上工作岗位上的青年民警，监狱要通过以师带徒、上岗培训、岗位技能大练兵等形式，加强培养，多压担子，让他们多干事，在锻炼中经受困难的考验和风浪的洗礼，使他们尽快成长成才。对于想干事、能干事的人，监狱一定要委以重用，这样的人并不追求太多的物质财富。他们有很强的责任意识和成就感，监狱一定要为他们实现自我价值创造机会、搭建舞台。

不以一时一事论英雄，这涉及到管理者用人的理念问题。管理者对下属的能力要有意识加以培养，要全面看待一个人，要用发展的眼光看问题，对下属偶尔所犯的错误（非原则性）要能包容。在用人时应避免霍布森效应，以实绩论英雄，顺应自己的人要用，不顺应自己的但有思想、有思路、有点子的人更要重用。

3. 弗鲁姆的期望理论

这是心理学家维克多·弗鲁姆提出的理论。期望理论指出，人的任何行动都是有目标的，人们如果所做的事情没有目标，个人将会没有任何积极性。该理论可以从以下角度为我们提供启示。

（1）目标得当 期望理论认为，人们对一件工作动力的大小是由其达到目标的可能性，及由目标导致期望利益的可能性之大小决定的。一件工作的指标定得过高，实现的可能性很小，人就不会有什么积极性；如果定得很低，可能有吸引力，但工作可能受到损失，没有发挥人的潜能。所以目标只有定得恰当，才能达到最佳的效果。"跳一跳，够得着"，是民间对恰当目标的形象比喻。如果跳一跳都够不着，或根本不可能够得着，目标就失去了它的牵引作用。现代信息论研究表明，只有那些确定、得当的目标，才对个体有更大的吸引力。

（2）期待值的满足 目标确定得当，也不一定能激励人，同时还要看完成目标任务后能为个人带来多大的好处，即期望值的大小。每个人的期望利益是不同的，一项任务对有的人有吸引力，对另外一部分人可能就没有吸引力。例如，青年民警兴趣爱好多，消费观念超前，喜欢多挣多花，对完成任务大小与报酬紧密挂钩的工作，他们可能就更有兴趣；而年纪大、文化程度高的民警，对那些有弹性时间、有研究探讨性质的工作，报酬少些，他们可能也有较高的积极性。

（3）激励的期望模式 期望理论在管理工作中，可转化成下列期望值模式，如图5所示。

图5 期望值模式

　　具体来说，只有当民警认为努力会带来良好的绩效评价时；当良好的绩效评价会带来监狱奖励（如职务提升、待遇优厚）时；当监狱奖励会满足民警的个人目标时，他才会受到激励进而付出更大的努力。期望理论的关键，是了解个人目标以及努力与绩效、绩效与结果、奖励与个人目标满足之间的关系。许多民警在工作中不能被激励，是因为他们看不到努力与绩效的关系、绩效与报酬的关系，或他们得到的报酬不是他们实际想要的。监狱要想有效地激励民警，就应该适当地加强这三对关系。同时，作为一个权变模型，期望理论告诉我们，不存在一种普遍的原则能够解释所有人的激励机制，差别化、个别化的奖励才是有效的激励。

　　监狱管理者在实践中要能自觉运用期望理论，区别对待，分层分类的激励方法也许更能取得实效。目前，监狱工作涵盖监管改造、生产经营、队伍建设、行政后勤等方方面面的工作，在实施目标管理时，要认真调研，制订切实可行的目标，不能太过随意。因为合理的目标可以更快更好地推动监狱向前发展，尤其是对于经济工作目标，领导要树立正确的政绩观，避免不切实际的好高骛远，以及层层加码的主观主义做法。

　　4. 亚当斯的公平理论

　　生活在社会中的人，总是在比较中生存。比较让人产生幸福或不幸福的主观感受。某个民警本来对自己在监狱的收入和待遇比较满意。但当他发现一同参加工作的一位同事月底的加班费、补贴比他高，而所干的工作一样，只是所在的监区不同而已，其心理感受就完全不一样。大量的事实表明，民警经常将自己的付出与所得和他人进行比较，由此产生的不公平感将影响到此人今后的努力。这是为什么？美国心理学家 J·斯达斯·亚当斯的公平理论帮我们找到了答案。

　　公平理论认为，组织中的员工都有估价自己的工作投入和获得报酬的倾向，他们不仅关心自己报酬的绝对值，也关心自己报酬的相对值。每个人都会自觉或不自觉地把自己付出的劳动和所得的报酬同他人付出的劳动和得到的报酬进行社会比较，也会把自己现在付出的劳动和所得的报酬同自己过去付出的劳动和所得的报酬进行历史的比较。当发现自己的收支比例与他人的收支比例相等，或自己现在的收支比例与过去收支比例相等时，便会产生公平感，增强其工作动机。否则，便会感到不公平，影响工作积极性。

　　公平理论启示监狱管理者，对民警的管理应"奖其当奖，罚其当罚"，让能干事、想干事、干成事的人有位置、有票子，切实体现"多劳多得，少劳少得"的社会主义分配原则。大锅饭式的普惠制，只能涉及到双因素论中的保健因素，起不到激励作用。要调动民警的工作积极性，必须要让多干事的人多得实惠，体现分配上的差别性。一个单位的风气正不正、人心稳不稳，直接反映公平理论运用的成功与否。"公生明，廉生威"，领导的威信来源于在平时处理问题、研究人事任免等事关民警切身利益的事情时，能坚持原则，做到一碗水端平。所有民警都是监狱事业的建设者，管理者应做到不偏不倚，不带个人好恶，不凭感情和意气用事。尤其是在选人用人上，不搞内定，不搞帮派，以实绩论英雄，真正把评判权交给群众，民警就会从内心信服管理者。

　　5. 海德的归因理论

　　归因理论最初是由 F. 海德（F. Heider，1958）在《人际关系心理》中提出来的。他指出人的行为的原因可分为内部原因和外部原因。内部原因是指存在于行为者本身的因素，如需要、情绪、兴趣、态度、信念、努力程度等；外部原因是指行为者周围环境中的因素，如他人的期望、奖励、惩罚、指示、命令、天气的好坏、工作的难易程度等。后来，罗特根据"控制点"把人划分为"内控型"和"外控型"。内控型的人认为自己可以控制周围的环境，不论成功还是失败，都是由于自己的能力和努力等内部因素造成的；外控型的人感到自己无法控制周围的环境，不论成败都归因于他人的压力以及运气等外部因素。

归因方式的不同，会直接影响民警的成长和进步。这种影响，一般表现为以下四个方面，即：对工作绩效的情感体验；对今后发展的期望；对工作的态度和努力程度；对自我的认知与评价。错误的归因可能引发不良的后果，具体表现为民警消极落后的职业倦怠情绪。比如，个人在对待自己的工作时，如果成功了，只认为是自己运气好；失败了，就以为自己能力有缺陷，根本就不适合做罪犯的教育改造和管理工作，而且表现出极大的自卑与沮丧。这就很有可能为个人和监狱的工作带来不可预料的后果，造成监狱安全监管秩序的风险点。而正确的归因可以使民警积极向上地投入到工作中。事情做成功了，他觉得是自己能力高、付出多的缘故，他为自己感动、自豪。于是，对于成功便有了更多更高的期望。即便是失败，也觉得只是自己努力不够的缘故，于是就认真总结，吸取经验教训，进一步明确今后的目标和努力方向。简而言之，积极归因型的民警无论成败，都会对未来的工作充满信心；消极归因型的民警无论成败，都容易降低自己的成就动机。

因此，监狱要引导民警，尤其是刚走上工作岗位的青年民警，学会正确对待工作中的成败得失，保持良好的心态，做到"胜不骄、败不馁"。归因理论还可以广泛应用于监狱的各项工作中，尤其是年终评比、条线总结、个人述职报告等方面。只要能正确运用归因理论的原理，从内外两个方面全面分析，就可不失偏颇、恰如其分地总结经验、查找不足，从而有利于工作更上一层楼。

6. 强化理论

强化理论是美国心理学家和行为科学家斯金纳等人提出的一种理论，也可以称作操作条件反射理论、行为修正理论。该理论认为，人或动物为了达到某种目的，会采取一定的行为作用于环境。当这种行为的后果对他有利时，这种行为就会在以后重复出现；不利时，这种行为就减弱或消失。人们可以用这种正强化或负强化的办法来影响行为的后果，从而修正其行为。

根据强化的性质和目的，可把强化分为正强化和负强化。在管理上，正强化就是奖励那些组织上需要的行为，从而加强这种行为；负强化就是惩罚那些与组织不相容的行为，从而削弱这种行为。正强化的方法包括奖金、对成绩的认可、表扬、改善工作环境和人际关系、提升、安排担任具有挑战性的工作、给予学习和成长的机会等。负强化的方法包括批评、处分、降级等，有时不给予奖励或少给奖励也是一种负强化。

强化理论在监狱的监管安全和生产安全管理工作中经常被用到。如在监狱的生产安全管理中，常常会遇到下面的一些问题：如习惯性违章行为屡禁不止、难以根治，在工作中的随意性、不规范行为对作业安全构成威胁，罪犯对民警的监督和管理置若罔闻。而要解决这些问题，就应当认真研究强化理论，并在管理实践中根据具体情况采取不同的强化方式。

正强化的科学方法是：应使其强化的方式保持间断性，强化的时间、数量也不固定，即民警应根据生产的需要和罪犯的行为状况，不定期、不定量地实施强化。比如：月末或年末对在生产过程中始终遵守操作规程、及时发现安全隐患或有效避免安全生产事故的罪犯要进行加分奖励，就是属于固定时距强化。这样一来，罪犯才会确信，在劳动中遵章守纪、纠正违章、查找和消除隐患等行为是符合企业目标和民警要求的，也是可以得到承认和赞赏的，上述行为才能持久并重复发生。实践证明，采用这种方法的效果最好。在进行安全奖励的时候，要注意物质奖励和精神鼓励交替使用，同时尽量避免奖励固定程式化。

在管理上，正强化就是奖励那些组织上需要的行为，从而加强这种行为，调动民警的工作积极性，目的是为了让监狱能更好地履行惩罚和改造罪犯的职能，实现监狱各项工作目标。哪些是监狱需要的行为，必须首先要让民警知道。其实，只要是一切有利于监狱工作目标实现的行为都是正面行为，都是监狱提倡的行为，监狱的激励措施就要围绕这些正面行为来开展。

与正强化相反的是，负强化要维持其连续性，即对每一次不符合监狱目标的行为都应及时地予以处罚，从而消除人们的侥幸心理，减少甚至完全消除这种行为重复出现的可能性。对于抓安全生产工作而言，违章行为要百分之百地进行纠正，百分之百地进行处罚，还要重罚；对违章者要百分之百地进行安全教育；对事故要严格按照"三不放过"的原则进行处理，以消除操作人员的侥幸心理，从而使其养成遵章守纪的良好习惯，使其在工作中的行为规范化。2000 年《江苏省监狱人民警察辞退暂行办法》颁布实施后，对在脱逃事故中履职不到位的民警给予辞退处理，立马使居高不下的脱逃事故大幅下降，这即是负强化取得明显成效的典型案例。

再如，监狱开展的罪犯脱逃警钟日活动和警示教育，是负强化理论运用的又一典型。广大民警在活动中可以充分认识到工作不负责所带来的血的教训，同时，可以从活生生、血淋淋的血腥场面中感受到脱逃罪犯的凶残，也可以进一步了解到工作不到位所酿成严重后果，以及"一失万无"的不可修复性和无可挽回性，从而不断加强自身的能力建设和责任意识，真正做到"在岗一分钟，尽责六十秒"。

7. 挫折理论

挫折理论是由美国亚当斯提出。挫折是指人类个体在从事有目的的活动过程中，指向目标的行为受到障碍或干扰，致使其动机不能实现，需要无法满足时所产生的情绪状态。挫折理论主要揭示人的动机行为受阻而未能满足需要时的心理状态，并由此而导致的行为表现，即力求采取措施将消极性行为转化为积极性、建设性行为。动机受到阻碍或干扰的情况有以下四种。

（1）虽然受到干扰，但主观和客观条件仍可使其达到目标。

（2）受到干扰后只能部分达到目标或使达到目标的效益变差。

（3）由于两种并存的动机发生冲突，暂时放弃一种动机，而优先满足另一种动机，即修正目标。

（4）由于主观因素和客观条件影响很大，动机的结局完全受阻，个体无法达到目标。

第四种情况下人的挫折感最大，第二种和第三种情况次之。挫折是一种普遍存在的心理现象，在人类现实生活中，不但个体动机及其动机结构复杂，而且影响动机行为满足的因素也极其复杂。因此，挫折的产生不以人们的主观意志为转移。不过挫折对人的影响具有两面性：一方面，挫折可增加个体的心理承受能力，使人猛醒，汲取教训，改变目标或策略，从逆境中重新奋起；另一方面，挫折也可使人们处于不良的心理状态中，出现负向情绪反应，并采取消极的防卫方式来对付挫折情境，从而导致不安全的行为反应，如不安、焦虑、愤怒、攻击、幻想、偏执等。在监狱管理中，有的人由于安全生产中的某些失误，受到领导批评或扣发奖金，由于其挫折容忍力小，可能就会发泄不满情绪，甚至采取攻击性行动，在攻击无效时，又可能暂时将愤怒情绪压抑，对安全生产采取冷漠的态度，得过且过。

我们都知道，人受挫折后可产生一些消极影响，如丧失自尊心、自信心、自暴自弃、精神颓废、一蹶不振等。在工作中民警遇挫，会产生不良情绪状态及相伴随的消极性行为，这不仅对民警的身心健康不利，而且也会影响到监狱的执法工作，甚至导致监管安全事故的发生。因此，监狱管理者应该重视管理中民警的挫折问题，采取措施防止挫折心理给民警和监狱带来的不利影响。对此，可以采取的措施如下。

（1）帮助民警用积极的行为适应挫折，如合理调整无法实现的行动目标。

（2）改变受挫民警对挫折情境的认识和估价，以减轻挫折感。

（3）通过培训提高民警工作能力和技术水平，增加个人目标实现的可能性，减少挫折的主观因素。

（4）改变或消除易于引起民警挫折的工作环境，如可采取一帮一的"以师带徒"活动，让有工作经验的民警担任受挫民警的师傅，对其工作进行必要的指导。或改进工作中的人际关系，监区领导在业余时间利用会餐、打牌、打球等娱乐活动的机会，加强与受挫民警的感情沟通与交流，换一种环境，更能让思想工作做得入脑入心，有利于营造和谐团结的工作氛围。

（5）开展心理保健和咨询，消除或减弱挫折心理压力。

四、用心管理机制的建立与完善

提升监狱用心管理的技术水平，根本的做法在于善于运用激励机制调动广大民警的工作意愿，全力以赴为监狱目标的实现作出贡献。激励机制，是指组织系统中，激励主体通过激励因素或激励手段与激励客体之间相互作用的关系的总和，也就是指一个组织激励内在关系机构、运行方式和发展演变规律的总和。对监狱来说，调动民警积极性，除了要掌握激励过程之外，激励机制的建立与完善具有更为重要的作用。因为机制具有长期性和稳定性的特点，不随监狱决策层的更迭而改变。科学合理的激励机制，主要包括以下方面的内容。

1. 建立公平公正的评价体系

监狱要加强考核，确保考核过程的公开、公正、合理。考核不公正、结果遭质疑是考核工作的失败，还不如不考核。为确保考核的公正，须选好考核人员。考核人员必须经过民主推荐，得到群众公认的人担任，而不是领导指定。要加强对考核全过程的跟踪监督，加强对考核人员监督，尤其要加强对负有考核责任的领导干部的监督。要将考核的全过程在阳光下操作，就可有效避免人情考核的现象发生。同时要变临时性考核小组为常设性考核机构，把该项工作稳定下来，随时接受群众的举报，监督机构的人员要保持流动性。

2. 创建具有监狱特色的文化

以企业文化的创建为例。北大资产经营公司何志毅总裁在《金科玉律》刊首语中曾指出："企业盛衰转换，根本在于文化！"可以说管理在一定程度上就是用一定的文化塑造人。企业文化是人力资源管理中的一个重要机制，只有当企业文化能够真正融入每个员工个人的价值观时，他们才能把企业的目标当成自己的奋斗目标。因此，用员工认可的文化来管理，可以为企业的长远发展提供动力。在这点上，日本丰田公司做得最有特色。它认为，要激励和调动工人的积极性，就应该首先让职工知道企业的前途是和他们的命运连在一起的。所以，丰田公司一直将"企业第一"作为塑造企业文化的重要内容。每当外人向丰田公司的员工问起他的工作时，不管其职位高低，他都会骄傲地说："我在丰田公司工作"、"我是丰田人"等。正因为如此，丰田公司才能有今天这种良好的发展。事实上，激励的方式多种多样，只要能采用适合本企业背景和特色的方式，并且制订出相应的制度，创建合理的企业文化，综合运用不同种类的激励方式，就一定可以激发出员工的积极性、主动性和创造性，使企业得到进一步的发展。

正如企业文化是企业生存和发展的重要基础，监狱文化也是监狱培养民警良好的职业道德、先进的执法理念和职业自豪感的基础。监狱文化建设就是要建立一个所有民警共同信守的基本信念、价值标准、职业道德和精神风貌。监狱民警是一支个性鲜明、特点突出的队伍，是熔历史传承性与时代发展性、客观封闭性与主观开放性为一炉的复合体。新形势新情况要求我们对监狱文化建设必须要有新认识新动作，才能达到新发展新高度。首先，要提高对监狱文化建设重要性的认识，增强监狱文化建设的自觉性和主动性。同时要把监狱文化建设当作发展监狱的软实力来抓，舍得精力、财力、人力、物力的投入，把虚事实做、软事硬做；其次，要体现特色，形成自己的核心价值理念。监狱文化建设的根本目的是统一思想、增强民警的认同感和归属感。各个单位有各个单位的特点，在监狱文化建设中必须因地制宜，从自身实际出发，发掘和提炼出具有鲜明个性特质的核心价值理念。其内容不在多而在精，其方法不在死而在活。江苏省监狱系统提炼出"崇法崇德，致正致新"的新时期江苏监狱人民警察精神就是很好的监狱文化建设形式，因为这是江苏全省监狱系统根据实际情况，科学总结提炼而成的。各个监狱又都有自己光荣的发展史和宝贵的精神财富、地域文化，因此完全可根据自己监狱的特点，提炼出让本监狱民警普遍认同的警察精神。这才能对激励民警奋发向上起到积极作用。再次，要保持相对稳定，大力宣传鼓动。一个监狱正确的核心理念是在科学总结历史、分析现实、预测未来的基础上形成的，是统领民警思想的重要工具。所以应保持其相对稳定性，切不可一届班子一个理念，一任领导一个主张，使核心多样化、理念复杂化、民警无变化。同时，对确定的核心价值理念，要通过各种形式和方式大张旗鼓地宣传灌输，使之尽快变成民警的自觉言行，从而达到统一思想、规范行为、焕发斗志、激发热情、乐于奉献的目的。

3. 建立多渠道、多层次激励机制

激励机制是一个开放的系统，不能一成不变，所以要随时代、环境、市场形势的变化而不断变化。进入 21 世纪以后，新一代的人才对物质要求更为强烈，并有很强的自我意识。因此，监狱在制订激励方案时，就要从不同的角度，根据监狱民警、职工发展的特点和需要，多渠道、多层次地建立和实施激励机制，这样才能使民警真正安心在最适合他的岗位上工作。其次是要想办法了解民警需要的是什么，分清哪些是合理的，哪些是不合理的；哪些是主要，哪些是次要的；哪些是现在可以满足的，哪些是今后努力才能做到的。

把激励的手段、方法与激励的目的相结合，从而达到激励手段和效果的一致性。

联想集团管理者们认为，只有一条激励跑道，一定会拥挤不堪，不能达到好的激励效果；只有建立多渠道、多层次的激励机制，才能使员工真正安心在最适合他的岗位上工作。因此，联想集团从企业自身的特点出发，制订了新的、合理的、有效的激励方案，那就是多一点空间、多一点办法。根据高科技企业发展的特点，联想集团设置了多渠道的激励方法。例如，让有突出业绩的业务人员和销售人员的工资和奖金比他们的上司还高许多，这样就使他们能安心现有的工作，而不是煞费苦心往领导岗位上发展。他们也不再认为只有做官才能体现价值，因为做一名成功的设计员和销售员一样可以体现出自己的价值，这样他们就把所有的精力和才华都投入到最适合自己的工作中去，从而创造出最大的工作效益和业绩。正是这种多渠道、多层次的激励机制的建立和实施，使得联想集团创造了一个又一个辉煌的业绩。

同样，这样的做法对监狱激励具有巨大的启示作用。由于历史的沿袭，监狱历来是个等级严格、"官本位思想"较重的场所。这就决定了民警能否被提拔重用、领导职务大小已成为民警能否被认可、个人价值能否实现的主要评价指标，造成众人都往"官场"独木桥上挤的可悲状况。如果监狱管理者能多打造学者型的民警队伍，对取得教育改造罪犯实绩的民警予以重奖，让他们的收入甚至超过监狱领导，那么无疑会调动更多的民警投身基层一线管教工作。这对落实"首要标准"，提高罪犯改造质量是个很好的突破点。多渠道激励，是避免民警都往领导岗位上挤，挤不上牢骚满腹、积极性受挫的好办法。

4. 充分考虑民警的个体差异，实行差别激励

民警的激励体系是多维立体的，各种激励因素应相互作用、有机渗透。由于每个人的个性以及所受外部的环境的影响等都不相同，对社会需求的侧重点也不相同，因此，各种激励因素对不同时期、不同情况、不同对象所起的激励作用也不尽相同。所以，监狱要根据不同的类型和特点制订激励制度，而且在制订激励机制时一定要充分考虑到个体差异。例如，一些民警家庭经济条件相对较差，对报酬更为看重，而另一些家庭经济条件相对较好的民警则更注重监狱和自身的发展；在年龄方面也有差异，一般 20～30 岁之间的民警自主意识比较强，对工作条件等各方面要求得比较高，而 31～45 岁之间的民警则因为家庭等原因比较安于现状，相对而言比较稳定；在文化方面，有较高学历的人一般更注重自我价值的实现，虽然也包括物质利益方面的需要，但他们更看重的是精神方面的满足，例如工作环境、工作兴趣、工作条件等，这是因为他们在基本需求能够得到保障的基础上更追求精神层次的满足，而学历相对较低的人则首要注重的是基本需求的满足；在职务方面，领导与普通民警的需求也有不同，领导常常对个人的成长、政治前途关心更多，而普通民警常常对福利待遇、物质性的东西关注更多。要根据实际情况，采用灵活机动的激励手段，才能有效激活民警的创造热情和工作积极性，也才能最大限度地发挥民警的工作潜能。

第五章 用情管理——和谐决定路径

监狱是一个国家文明进步的窗口，监狱的管理水平和建设状况，直接反映一个国家的文明程度。人是感情动物，人有七情六欲，用情管理就是监狱管理者在管理民警的过程中，充分贯彻"以人为本"原则，综合运用各种情感激励的方法和手段，有效拨动被管理者的"情感之弦"，调动民警工作的积极性、主动性、创造性，最终实现监狱工作目标的管理行为。用情管理是现代管理中一种不可或缺的管理方式，同时也是一门有效的管理艺术。运用得好，会达到"以柔克刚"的效果，可以有效弥补制度管理所带来的不足和缺憾。

任何管理都是对人的管理，而人是社会关系的总和，因此用情管理要取得成效，就不能不研究由人与人结成的组织——团队。有国才有家，人是家庭的一个成员，更是社会组织的一分子，离开团队，个人的力量再大，也显得单薄和渺小。监狱民警个人的前途总是与监狱的发展紧密相连，用情管理不但要研究如何拨动个人的情感之弦，还要研究如何打造和谐、阳光的团队，让个人在优秀的团队中健康成长。打造和谐、阳光的团队，就是要在监狱内部倡导和谐相处、积极进取的文化氛围，让不同年龄、来自不同地域、不同文化的民警都能相互尊重、取长补短，瞄准一个目标共同发力。作为监狱层面，用情管理就是要根据民警的个性、特长和需求，合理地将有限的警力进行恰当配置，把合适的人用到合适的岗位。

一、用情管理的内涵分析

用情管理是监狱领导者对民警的一种激励，是领导者与民警之间的一种晓之以理、动之以情的情感交流过程。用情管理并不是简单地以感情拉关系，而是领导者和民警之间为实现目标而进行的情感互动。它研究的是监狱领导层应该如何通过情绪感染和情感交流来实施有效管理的问题。用情管理具体包括以下几方面的含义。

1. 理解民警是用情管理的前提

监狱领导要和民警进行情感交流，首先是领导者能够做到了解民警。领导要对各个民警的家庭状况、性格特点、兴趣爱好、业务技能、生活习惯等方面做到充分的了解。监狱领导要杜绝出现官僚主义作风，基层民警难得见到，高高在上，深居办公室，即使下去检查工作，也只是蜻蜓点水、走马观花，对监区工作情况了解不深不透，对基层民警的情况更是知之甚少，许多民警的名字都叫不出来。其次是领导者应能够做到体贴民警，能够经常深入到基层民警中去，善于与民警沟通思想，掌握他们的思想动态，理解他们所急、所想、所愿。再次是领导者能体谅人，对民警不求全责备，不吹毛求疵。民警偶犯小错，能善意指出，拉其一把帮其改正错误，而不是动辄训斥处罚，人为地与民警制造对立情绪。

2. 尊重民警是用情管理的本质

首先，各级领导者有一颗平常心，不居高临下，不分高低贵贱，不分亲疏远近，不欺弱惧强，平等待警，同时靠威信而不是靠权力来管理。无论哪一级别的领导，在任何时候都要有平民意识，去除官本位思想，打消优越感，平等待人。其次是领导者要宽厚待人，对民警不恶语伤人，不讽刺挖苦，不揭人隐私。再次是领导者作风要民主，善于听取民警的意见和建议，对合理化的、有益于本单位的建议及时采纳，对善意的批评意见不护短、不计较，使民警有主人翁意识，从而让民警树立积极参与单位事业的责任意识和理想信念。只有这样，才能达到上下同心、共谋发展的效果。

3. 关心民警是用情管理的核心

监狱领导要能够换位思考，想民警之所想，急民警之所急，把决策的出发点放在有利于监狱事业，也有利于广大民警的生活幸福上。同时，监狱领导要善于听取民警的心里话，让他们敢于并愿意向自己诉说忧愁、埋怨或牢骚，而不是畏惧或者躲避领导。最后，监狱领导要乐于助人，能够积极为广大民警谋福利，为他们办一些力所能及的事情，真心实意地为他们排忧解难。在民警遇到困难时及时伸出友爱之手，雪中送炭，帮助他们渡过难关，民警也才能真正从心里佩服和尊敬领导，一门心思做好领导布置的工作。

4. 吸引民警是用情管理的关键

吸引民警是情感交流的结果，监狱领导要靠品格而不是权力吸引人。要有渊博的知识、精深的专业技能，遇事冷静、充满信心、善于分析和解决问题。要有吃苦在前、享乐在后的品格。领导就是服务，要用高水平的服务意识和决策能力赢得基层民警的信任和支持。领导要有与众不同的魅力，这种吸引力仅靠权力是不行的，必须靠号召力和影响力。实践证明，高明的领导具备很强的凝聚力，周围往往自发地吸引了一批有识之士，孤家寡人不是真正的领导，也很难顺利地推进工作。

二、用情管理是监狱贯彻落实科学发展观的直接体现

1. 以人为本是监狱科学发展的核心

在传统监狱体制中，监狱实行军事化或半军事化管理。监狱领导以命令的口吻布置工作较多，民警必须无条件服从。民警只有执行命令的权利，几乎没有个人思想的自由。这种机械的服从与执行方式，可以确保队伍具备很高的执行力和战斗力。这在战争年代或新中国成立初期社会动荡时期完全有必要，但随着国家、社会的稳定，尤其是经济的发展，人权意识的增强，这种管理模式显然与社会的发展进步不相适应。改革开放后，随着国家民主法制建设的日益完善，传统管理方式显得十分落后和僵化，命令式管理必然压制民警的个性和创造力，使民警工作积极性受挫，监狱的执法效能和警务效能必将大为下降。

当代监狱倡导的用情管理，是以理解人、关心人、尊重人、发展人为基点的一种人本主义管理方法，处处体现的是一种以人为本的管理理念。科学发展观的核心是以人为本，用情管理正是以人文本在监狱领域的最好体现。与社会其他事业一样，监狱科学发展的核心也是以人为本。只有激发了民警的主动性和积极性，才能最大限度地推进监狱各项事业的发展。

2. 用情管理是以人为本的管理

以人为本的本，不是"本原"的本，是"根本"的本，它与"末"相对。以人为本，是哲学价值论概念，不是哲学本体论概念。提出以人为本，不是要回答什么是世界的本原，人、神、物之间，谁产生谁，谁是第一性、谁是第二性的问题，而是要回答在我们生活的这个世界上，什么最重要、什么最根本、什么最值得我们关注。以人为本，是指在监狱发展过程中，各种监狱问题的解决都必须以尊重人的需求和人性为前提，以人的基本权利的维护为底线，而不能以为追求经济效益和其他指标为本，人是更重要、更根本的因素，不能本末倒置、舍本逐末。

"以人为本"的管理，就是在管理过程中以人为出发点和中心，围绕着激发和调动人的主动性、积极性、创造性展开的，实现人与监狱共同发展的一系列管理活动。其具有下列几个特点。

（1）以人为本的管理主要是指在监狱管理过程中以民警为着力点和中心的管理　民警是监狱各项活动的直接参与者。不管是在监狱自身的各项活动和建设中，还是在罪犯改造中，民警都是具体的管理者。因此，以人为本在监狱管理中的落脚点必然是以民警为着力点的管理。如果忽视了基层民警，任何监狱管理都谈不上以人为本。只有确保了民警的基本需求和基本发展，监狱管理的科学性和合理性才能得到保障。因此，从优待警以及将监狱发展与民警个人发展兼顾，是实现监狱基本目的的基本保证。

（2）以人为本的管理活动需要围绕着激发和调动民警的主动性、积极性和创造性来展开　以人为本的管理并不是监狱单方面的制订一些措施和机制来改善民警的福利待遇和生活条件。虽然包括物质条件在内的各项外部条件是监狱民警发展的基础，但是人的需求不仅仅限于金钱和物质。地位、个人发展和自我满足同样可以是人的追求和目标。因此，监狱要通过设置可以实现以上目标的机制和任务来激励民警，让民警积极主动地投身到工作中。

（3）以人为本的管理致力于民警与监狱的共同发展　作为用情管理深层表现的以人为本的管理，其更为重要的特点是双赢式的发展路径。个人虽然要服从集体，民警也应当服从监狱管理，这是基本的职责要求和工作要求。但监狱发展的路径很多，在讲究社会管理创新的当今时代，监狱完全可以选择一条与民警个体共同发展的道路。在追求监狱整体目的的同时，选择那些同样可以为民警个人带来发展空间的规则、制度和理念，这是监狱科学管理的集中体现，也是用情管理和以人为本管理的特质所在。

3. 用情管理与"从严治警"并不相悖

用情管理要求领导把民警当作有着自己需求的社会人来进行管理，而不是简单地将民警作为承担具体任务的工作者。作为监狱，应当让每位民警在监狱环境中健康成长、快乐进步，取得更大业绩。只有这样，监狱发展才会有扎实的人力资源支持。也许有人会片面理解用情管理，认为一味地强调人性管理，会削弱管警的力度，造成单位纪律涣散、松松垮垮的局面。其实，用情管理的出发点不仅在于民警利益，而且也在于监狱自身建设的稳固性。用情管理代表的是监狱的"软管理"，制度管理是"硬管理"。因此，当今监狱所提出的"从严治警"，在某种意义上与用情管理并不矛盾。不管是在用情管理，还是在从严治警中，其出发点都是监狱发展和民警个人发展的结合，只不过二者的体现形式不同而已。实践证明，"严是爱，松是害"，只有严格管理，纪律才能严明，作风才能过硬，民警队伍的战斗力才强。没有从严管理奠定的团体凝聚力和执行力，用情管理的目标也难以实现。也就是说用情管理与从严治警并不矛盾，谈用情管理绝不意味着放松管理，相反，正如家长对孩子的教育一样，适度的严是其成长成人成才的保证。同样，监狱管理者对民警的严格管理，只会有利于民警更好地成长进步，有利于监狱事业的发展。

另外，用情管理必须要强调的是，这里的"情"是对于民警的理解和谅解，是体现在制度建设和监狱运行中的同理心和尊重心，而不是领导的私情。领导在管理和用人的时候，反而更要遵循公平和注重实绩的原则，不能凭个人的主观好恶或民警的个性与你是否相投来决定你对民警的奖惩和评价。用情管理绝不是对于正常监狱管理活动的冲击和改变，而是对于制度管理和纪律管理的有益弥补。

三、用情管理的方法和要领

监狱实践中的用情管理方法很多，实例无数，举不胜举，可以说没有一个统一的模式。只要能打动人、调动民警的积极性、让民警为监狱制订的目标和计划努力拼搏，你的方法就是成功的。用情管理的方法有很多，手段也比较丰富，但遵循的规律基本相同，其要领如下。

1. 以平等之心尊重人

人生来是平等的，作为监狱管理者对待监狱每个民警，不管职位高低、年龄大小、学历层次和能力如何，他们首先都是人，其具有独立的法律人格和道德身份。其次，不管怎样，每个民警的身份都是监狱人民警察，领导与民警之间也都是同一战壕的亲密战友。这就决定了监狱中高层领导者要以平等之心尊重民警，不能动辄以势压人、强迫行动。尤其是新一代监狱民警，大都出生于 20 世纪 80～90 年代，他们接受的教育具有开放性、民主性的特点，平等、自由观念早已深入其内心。他们最看不惯的就是官僚主义和长官作风，如果领导还沿用传统的"我说你听，我打你通"的方法，他们就会反弹或软抗，让领导自己下不了台。为了确保在平等基础上的尊重之心，监狱管理层必须做到以下方面。

(1) 转变观念，树立"平等、博爱"思想。观念决定人的行动，要做到平等待人，首先必须在思想上树立"人与人生来就是平等的"的理念。人与人既有许多共同点，更有许多不同之处，正是因为每个人的个性、学历、能力、兴趣和爱好存在差异，世界才丰富多彩。承认人与人的差异性，方能在工作中求同存异，尊重每个人的人格、个性和创造，和谐相处，共同发力。

(2) 扬长避短，实现优势互补。理解人、尊重人是用情管理的前提和本质。尊重人的差异性，还要善于发现所属民警身上的长处，并加以发扬光大，让一个群体内的成员相互尊重，人人得到自尊和自信。只要是一个正常人，他都是有用的人和可造之材，弱将手下无强兵，出现众多没有能力的基层人员只能说明领导层的无能。因此，作为监狱领导者，要让每个民警（老、中、青）发挥他们的特长，做到优势互补、取长补短。

(3) 换位思考，让尊重发自内心。真诚是尊重人的基础和底蕴。真诚待人，才能赢得民警的信赖。表面上的虚情假意也许可以在某些场合行得通，殊不知这种自以为是的小聪明，迟早会被人识破。这是因为监狱单位相对封闭，人员流动性小，监狱内部的人员轮岗机制也比较健全，同事之间相处的机会也很多。这种相处的长期性，决定领导和管理民警的过程必须发自内心，真正做到换位思考，要多与他人真诚沟通交流，这样才能使基层民警获得被尊重感。所以，作为监狱的管理层，必须深入分析现状，找出民警不尊重领导的原因，再想办法加以解决，当双方以心交心、达成共识时，问题就会迎刃而解。

2. 以关爱之心打动人

用情管理说到底要抓住一个"情"字，这就要求领导者做到以诚待人，在平等的前提下，以感情赢得感情，以心灵感受心灵。监狱单位的民警都是来自五湖四海的同志，近年来用警向社会统一招考，民警来源更是来自四面八方和各行各业。其实，所有民警在基本的工作目标和工作理想方面都有很大的共同性。监狱的中高层领导与基层民警在实现监狱法定职能和完成基本任务方面是完全一致的。因此，我们的监狱管理者，我们的各级领导尤其是基层监区的领导，就如同在基层带兵打仗的指战员，对同志要倾注满腔热情，真诚关爱和帮助，让监区的每位同志在监区工作有家的温暖。这样的话，无论工作中有多少困难，所有民警一定会尽全力解决问题，而不是推脱躲避。不过，关爱民警并不是简单的纸面文章，而是具有丰富内容的管理技术，其基本内容如下。

（1）关心民警的思想动态　如何做好新时期民警的思想政治工作，是时下讨论的热点。作为与民警朝夕相处的基层领导，这不是什么难题，因为与基层民警朝夕相处，对他们的思想情况最清楚。近代教育家夏丏尊曾说："没有爱就没有教育"。就做好经常性思想工作而言，以情动人的"情"，最理想的不是兄长般的情、父母式的爱，而是朋友情、同志爱。不少基层领导都有这样的体会，对民警做思想工作空谈道理无济于事，不如找个机会在茶余饭后倾心相谈，充分了解民警的压力和内心。这样既释放了紧张情绪，又能坦诚交流思想，同时对于正式的工作内容和协作关系具有很大的促进力。

（2）有效解决民警困难　监狱管理者和领导层要经常关心民警的生活，有时解决民警的一个困难胜过一百次苦口婆心的说教。对民警的关爱不是讲在嘴上，而要落到行动上。以情动人，关键是要真心实意关心民警。情不是空洞的表白，更不是一时的作秀。民警判断你对他有没有感情，主要不是看你嘴上如何说，而是看你一点一滴如何做。我们的监狱管理者尤其是基层领导，应该想民警所想，急民警所急，办民警所需，时刻把民警的安危冷暖放在心上，处处体现对民警的关爱。比如我们的民警在班上，如果接到家中小孩生病的电话，这时作为监区领导你能放他半天或一天假，让他回去陪陪孩子，主动帮他顶班，那么，该民警必然对于领导的人格和管理产生认同，领导的威信和团队的凝聚力因而可以有效增强。民警的亲人生病住院或身患重病，客观上也是领导增进与民警感情的契机，可以发动监区民警开展献爱心捐款活动，让民警度过暂时的困难，民警会充分体会到集体大家庭的温暖和同志们的关心，油然而生对所在监区的集体归宿感，进而在具体工作中会更积极、更主动、更投入。

（3）关爱民警的成长和进步　在监狱单位，对民警而言政治上的关爱是最大的关爱。作为监区领导，要把培养帮助民警成长进步作为自己义不容辞的责任。监区领导在工作中要多帮助手下的民警，当民警有失误时也要多宽容和指导，及时帮助分析原因，汲取教训。一个好的领导最大的成就感，是自己的手下能多出人才、多出领导。好的领导从不会担心手下人超过自己，如清代的曾国藩就是一个靠网罗人才、培养人才、善用人才而成就一代伟业的高明"管理者"。我们应当充分学习历史人物的领导智慧，关爱下属的进步，让每一个民警都产生积极工作的内在驱动力。

3. 以先进文化凝聚人

由于监狱工作对象的特殊性和监狱的封闭性，监狱亚文化现象较为明显，对于监狱整体文化建设的影响也不容忽视。因此，建设和谐向上的监狱主流文化是管理者的重要任务。国家、企业的核心竞争力来自文化，同样的道理，监狱科学发展的程度也与监狱文化建设的成效密不可分。

文化有广义和狭义之分。狭义的文化是指物质生活以外的精神现象和精神生活。比如人类所创造的科学、艺术、政治、道德、法律、宗教、哲学等，都属于这个范畴。而广义的文化，是指除了自然界以外人类所创造的一切财富。监狱文化，从广义上讲，是指监狱所有物质财富和精神财富的总和；中义指的是组织机构；狭义指的是具体的文化手段和方式，如开展各种形式的文体活动，传道、授业、解惑等所需的具体载体的运用。监狱文化结构亦可分为表层和深层。表层结构表现为监狱一般文化活动；深层结构表现为与法律环境、刑罚执行等相关联的行刑理念，各项社会制度、组织结构的沿革、创新和发展。狭义的监狱文化就是监狱自身所形成的特有的文化活动和与之相应的各种制度、行刑理念、管理方法、人权保障、警察精神等有形和无形的文化现象及文化意识。监狱文化是国家文明进步的标志，是监狱向更高层次发展的动力源泉，先进的监狱文化应是一种阳光文化，即积极向上、奋发有为的文化。

监狱文化是一种对人的管理文化，它属于监狱管理科学，是管理的思想、管理的理念和管理的理论。从宏观来看，监狱文化建设主要是创造文化的氛围，提高监狱建设的文化品位，利用文化的资源去推动整个监狱的各项工作。而在实践中可以做很多的探索，这是一件需要大家齐动手的事情。监狱文化建设涉及全方位的工作，各个部门都应该重视，朝着共同的奋斗目标努力。监狱文化建设的目标应该包括以下几个方面的内容。

（1）法治文明　法治文明要求在监狱严格执法、公正执法、规范执法、文明执法。法治文明要求行刑领域的各个执法环节都以法治精神为向导，遵守法制的基本规则和要求，依法治监，依法行刑。法治文明是监狱文化建设的核心，这是由监狱作为国家刑罚执行机关的性质所决定的，应该作为监狱文化建设的重点来抓。

（2）精神文明　精神文明要求以德治监，通过思想道德、社会公德、家庭美德、社会礼仪、"八荣八耻"等道德范畴的规定，约束监狱民警的行为，从而构建起监狱人所特有的社会主义核心价值体系。陶行知先生一再提倡，教育就是构建人格的长城。监狱要构建服刑人员心灵复苏的长城，作为监狱工作的主体——从事管教工作的民警更必须以健康向上的主流文化做支撑。

（3）制度文明　制度文明是制度建设的结果，又通过制度建设及其过程来体现。从某种程度上说，一个国家的文明程度集中地反映在它的制度文明状况上。监狱的制度文明建设水平则是衡量一个国家文明程度的重要标尺。制度文明不仅指监狱执法领域中的法律、规定和规章制度，还涉及到监狱组织制度、用人制度、激励人的机制等政治方面的制度建设，更关乎体现在制度文本和制度实施过程中的精神、文化和理念。

（4）行为文明　行为文明是指民警的职业道德、职业修养和日常行为规范是否符合人民警察法、国家公务员法以及党员民警的行为是否符合党章的规定。它涉及到民警日常生活的小节，如警容风纪是否严整，言谈举止是否得体，总之不能有损监狱人民警察的良好形象。再如民警道德情操的培养、日常礼仪及领导人的民主决策、群众路线等都属行为文明的范畴。

（5）物质文明　物质文明主要是指监狱建筑、设施、环保及文化阵地的建设。对于一个监狱来说，物质文明建设往往先于精神文明建设，因为这是看得见的政绩，监狱领导都乐于为之，也是改善民警工作环境、落实从优待警的一项重要举措。但它的水平高低往往又要受制于监狱经济的发展水平。当然，随着国家对于各地监狱建设的持续投入，各地监狱物质文明的水平已经逐步趋同。

在确立了以上监狱文化建设的目标后，监狱决策层应当在实践中积极示范，大力推进。首先应当在组织建设上高度重视，成立监狱文化建设工作领导小组。成立以监狱长为组长，其他监狱领导、主要科室负责人为组员的监狱文化建设工作领导小组，负责监狱文化建设的组织、策划与实施。监狱所属各单位也应成立本单位文化建设工作领导小组。同时，要求领导同志做监狱文化建设的倡导者、示范者和推动者，形成党、政、工、团、妇齐抓共管的工作格局。培育监狱人民警察精神。通过大力培育和弘扬新时期监狱人民警察精神，努力造就一支政治坚定、业务精通、作风优良、执法公正的监狱人民警察队伍，有利于做好监管改造和安全稳定工作，促进监狱工作全面发展。不可忽视的是，文化建设必须与信息化建设相结合。信息化建设是监狱工作科学发展的战略举措，对于确保监狱安全稳定、促进监狱工作发展，具有十分重要的意义。另外，文化信息建设是一项高投入的工程，监狱管理者要能转变观念，加大财政投入，广泛运用信息网络技术手段为监狱文化建设做好服务。同时开展对外交流与合作，充分发挥监狱文化建设"智囊团"的作用，积极与外部加强交流合作，吸收借鉴先进经验，推动监狱文化建设不断进步。比如，通过与高等院校、文化馆、文学艺术联合会及群众性民间艺术团体的合作与交流，提升监狱文化建设的品位和档次。

四、用情管理与和谐团队建设

用情管理除了要研究领导如何对民警实施关爱之外，更为重要的是要研究如何打造和谐阳光的团队。因为在当今社会，任何个人的发展都与团队的发展息息相关，和谐出生产力，团结出干部，团结出战斗力，用情管理必须要与和谐团队的建设齐头并进，共同推进。

1. 和谐团队的概念和特征

（1）团队的概念　团队（team）是由下属和管理层组成的一个共同体，该共同体合理利用每一个成员的知识和技能协同工作，解决问题，达到共同的目标。团队一般有以下的 5P 构成要素❶。

① 目标（purpose）。团队应该有一个既定的目标，为团队成员导航，知道要向何处去，没有目标，这个团队就没有存在的价值。团队的目标必须跟组织的目标一致，此外还可以把大目标分成小目标，具体分到各个团队成员身上，大家合力实现这个共同的目标。同时，目标还应该有效地向大众传播，让团队内外的成员都知道这些目标，有时甚至可以把目标贴在团队成员的办公桌上、会议室里，以此激励所有的人为这个目标去工作。

② 人（people）。人是构成团队最核心的力量。2 个以上（包含 2 个）的人就可以构

---

❶ 参考自"团队"。http：//baike. baidu. com/view/296931. htm."

成团队。目标是通过具体人员实现的，所以人员的选择是团队中非常重要的一个部分。在一个团队中可能需要有人出主意，有人订计划，有人实施，有人协调不同的人一起去工作，还有人去监督团队工作进展，评价团队最终的贡献。不同的人通过分工来共同完成团队的目标，在人员选择方面要考虑人员的能力如何，技能是否互补，人员的经验如何。

③ 定位（place）。团队的定位包含两层意思：团队的定位，团队在组织中处于什么位置，由谁选择和决定团队的成员，团队最终应对谁负责，团队采取什么方式激励下属；个体的定位，作为成员在团队中扮演什么角色，是订计划还是具体实施或评估。

④ 权限（power）。团队当中领导人的权力大小跟团队的发展阶段相关。一般来说，团队越成熟领导者所拥有的权力相应越小。在团队发展的初期阶段，领导权是相对比较集中的。团队权限关系的两个方面如下。

首先是整个团队在组织中拥有什么样的决定权，比方说财务决定权、人事决定权、信息决定权；其次是组织的基本特征，比如组织的规模多大，团队的数量是否足够多，组织对于团队的授权有多大，它的业务是什么类型。

⑤ 计划（plan）。计划有两个层面含义：一是目标最终的实现需要一系列具体的行动方案，可以把计划理解成目标的具体工作程序；二是提前按计划进行可以保证团队的顺利进度，只有在计划的操作下，团队才会一步一步地贴近目标，从而最终实现目标。

（2）和谐团队的概念　和谐团队是指团队成员为了共同的目标和愿景，彼此保持良好的沟通与互动，有效化解矛盾，分工明确，协作有力，最大限度地发挥个人的潜能与智慧，创造出良好工作绩效的团队。和谐团队体现的应是高效率做事、智慧性工作、紧密性合作，相互间诚信友爱，工作中各尽所能，个人潜能和创造潜力得到充分发挥。

（3）和谐团队的特征　和谐团队一般有以下六个特征。

① 共同愿景。共同愿景是指在统一组织中，全体成员共同的主流价值观、荣誉感、责任感、使命感，每位成员对组织前景及实现路径达成共识。对于监狱而言，民警的共同愿景就是监狱中长期建设规划，比如，对于尚未被命名为部级"现代化文明监狱"的监狱来说，创建部级"现代化文明监狱"就是全体民警的共同愿景。

② 团队精神。团队精神倡导的是集体的力量，注重团体合作、精诚团结，提倡将个人智力转化成组织智力，将个体融入到集体之中，发挥 $1+1>2$ 的整体功能。监狱人民警察精神就是监狱团队精神的集中体现，是全体民警一笔宝贵的精神财富，是监狱发展的强大动力。

③ 充满活力。团队成员思想开放，观念更新，有较强的接受和吸纳前沿知识的能力；团队成员在民主的氛围中能各抒己见，积极参与团队建设；允许失败，鼓励创新，重奖创新成果。活力是监狱管理创新的成果体现，一个监狱有没有活力，关键是看监狱领导的思想够不够解放，思路宽不宽，只要监狱领导积极倡导、鼓励创新，民警中就能迸发出更多的思想火花。

④ 良好环境。为团队成员打造创业做事的良好的人际环境、工作环境、生活环境。良好的人际环境、工作环境、生活环境能使每个团队成员精神愉悦、心情舒畅地工作、学习和生活，能使团队的各项工作健康有序、协调发展。监狱要靠打造学习型监狱，激发民警学习求知的热情，因为监狱大都文化生活比较落后，靠文化软实力的提升，营造健康向上的工作环境，有利于民警情绪的调节、压力的释放。

⑤ 公正公平。公平是指处理事情合情合理，不偏袒哪一方面。公正是指公道正直、秉公执法。无论是对人还是对事，都应该做到公正公平。要客观公正地评价每一名成员，给他们搭建公平竞争的舞台，充分展现成员的聪明才智。公正公平是监狱执法工作所追求的目标，这也同样适用于对民警的管理。要知道，"一次不公正的执法，可以毁掉一千次的说教"。监狱领导必须要时常牢记公正处事的原则，对民警一视同仁，不厚此薄彼。

⑥ 稳定有序。稳定有序是搞好各项工作的必然要求和发展趋势，是打造文明监狱、建设和谐社会的必要条件和基本标志。这种稳定是全面、动态、有序的稳定。监狱的稳定不仅指监管、生产安全稳定，而是全面的安全稳定，还包括思想稳定、政治稳定、人心稳定、情绪稳定，学习、工作、生活秩序稳定等。动态是指这种稳定不是在封闭、静止下的稳定，而是在信息开放和不断发展中的稳定。有序，就是各方面工作有章可循，要有流程、有规则。

2. 和谐团队的建设

和谐生团结，团结出战斗力。和谐团队的建设涉及的内容很多，在实践中也没有固定的模式。但建设一个和谐高效的团队，总离不开以下七个方面因素。

（1）坚强的领导　对于监狱这样一个司法行政单位来说，团队的健康、发展，领导所起的作用仍然是主导性的，一个单位各项工作有无起色、进展如何，关键是看领导班子。在领导班子中，主要领导的思维又在很大程度上决定了一个单位发展速度的快慢。"火车跑得快，全靠车头带"，一把手的风格和特点会深深地影响到这个监狱的行事风格和办事效率，领导班子建设质量的高低决定了一个监狱未来到底能走多远。

（2）共同的目标　目标是团队前进的动力和牵引，可分为长、中、短期目标，50年、20年、10年规划都是长远目标，是共同愿景；而5年规划就是中期目标，年度目标通常为短期目标。监狱必须要有自己的长远规划，这样可有效避免监狱的重复建设和低效率运行。5年规划的完成依靠每一个年度目标的实现，因此监狱的年度工作目标要紧密结合监狱特点，既要实事求是，又能高标杆定位，分为奋斗目标和确保目标，对完成或超额完成目标的分别给予不同的奖励，调动全员工作积极性。

（3）完备的制度　监狱经过长期的发展，各项管理制度较为完备，但随着形势的变化，有的已不适应新的发展要求，这就要做好各项管理制度的修订完善工作。制度的制订一定要体现监狱的特色，要从实际出发，有所创新和发展。制度是刚性的，而执行者具有较大的灵活性，实践又千差万别、复杂多变，因此我们的制度一定要适时而变，做到既有一定的稳定性、原则性，又有一定的灵活性。不管什么制度，关键是看执行的效果，实践是检验制度正确与否的唯一标准。

（4）明确的分工　团队的每一位成员都要清晰地知道个人在团队中所扮演的角色，并知道个人的行动对目标的达成会产生什么样的贡献，他们不会刻意逃避责任，不会推诿分内之事，知道在团队中该做什么。大家在分工合作共事之际，非常容易建立起彼此的期待和依赖。团队成员觉得唇齿相依、生死与共，对于团队的成败荣辱，"我"占着重要的分量。监狱管理者要为每一个岗位的民警制订详细的岗位职责说明书，规定工作的内容、流程和所负的责任。

（5）和谐的氛围　一个监狱和谐团结的氛围营造，需要团队成员长期的磨合和了解，还要有坚强的领导核心的组织领导。真正的和谐不是表面上的一团和气，也不是盛行的

"老好人"思想，有时成员与成员、成员与领导为了工作争得面红耳赤倒反而是和谐的特殊表现形式，这是对事业负责的表现。一个团队、一个监区是否和谐，取决于三个方面：一是团队成员的个体素质；二是团队成员个体的相互关系；三是团队领导的能力。和谐氛围的营造需要从这三个方面狠下工夫。

（6）积极的参与　鼓励下属主动参与团队的管理活动，而团队对于下属的积极性应该做相应的回报。鼓励下属提出合理化建议，充分激发他们的"主人翁精神"，增强其使命感、责任感。要让全体成员明白，每一个人的利益是与团体的利益分不开的，没有大家，就没有小家。每个人所得利益多少，取决于团体取得多大的成功。如果说共同的情感是产生团队精神的软件，那么共同的目标和利益则是产生团队精神的硬件。

（7）正当的竞争　如果领导摆一个擂台，让下属分别上台较量一番，谁赢了谁就得到奖励，下属会使出吃奶的力气，绞尽脑汁，以求击败对手，在领导面前显示自己的能力。最有效的激励在于"有本事就来拿"，因此在团队中要鼓励竞争。这样才能有利于调动团队成员的积极性和创造性，迸发出无穷的活力。但竞争要制定公平合理透明的规则，即领导要明确制订工作标准，然后公正地予以考核。业绩优良的，依照规定给予奖励，以奖强化。

3. 团队中用情管理的有效途径

现代管理理论认为，一个富有人本思想的领导者，应着力创造一个适宜人性张扬的环境，培植团队的亲和力。效益的最大化不是管理的全部和唯一目标，对人的感情投资才是最有效的投资。监狱领导如果漠视民警的情感需求，民警就会滋生消极怨恨情绪，久而久之对监狱的满意度和忠诚度就会不断降低，从而影响监狱的长远发展。

（1）重视民警的主体性，发挥用情管理的激励作用　这主要包括以下内容。

① 让民警广泛参与监狱建设工作，保证民警的知情权、参与权。民警希望从监狱获得更大的工作自主权、参与决策，担负更多的富有责任、挑战性和多样化的工作等。这一方面可以增强民警的主人翁意识，满足民警的多元需求，激发其积极动机；另一方面，可以使民警切身体会并理解监狱管理的意图和目的，提高对监狱目标的认同感、责任感和一体感。

② 强化民警自我管理，为民警的自我发展、自我激励和自我管理提供平台。监狱领导要充分信任民警自我管理的能力，相信民警能管理好自己。好的领导不是集权式的领导，而是民主与统一相结合的领导，领导只提出目标和激励措施，具体如何操作应放手让民警去干，不必干预过多。应让民警根据目标和要求，自主制订计划，自主确定实施步骤，自主进行得失评估，培养民警独当一面的能力。

③ 给民警提供宽容的管理环境，保障民警创造性人格的形成和发展。在确保安全稳定的前提下，监狱应尽量减少对民警个性活动的干预，尽量不用简单划一的方法去套用于富有个性的民警，尽量少一些监督性的管理环节，多给民警提供一些方向性和指导性的建议，多组织一些适合民警心理需要的活动，宽松有度，鼓励民警大胆创新。

（2）关注民警的内心需要，发挥用情管理的凝聚作用　这主要包括以下内容。

① 尊重关爱，亲近民警。监狱领导如果把民警都看成可以信赖的朋友，帮助他们树立起自尊和自信，民警就会变被动为主动，就会极大地发挥自己的聪明才智，竭尽全力地为监狱事业奉献青春、智慧和汗水。精明的领导者应会恰当地处理好骨干民警和一般民警

的关系，保持人际关系的和谐与平衡。领导者应经常性地深入到基层民警中，贴近他们的生活，了解他们的心声，关注他们的未来，增加领导者的人情味，让民警在这富有人情味的氛围中增强自身的主体感和归属感。

②榜样示范，淡化"权威"。"其身正，不令则行；其身不正，虽令不行"。身教重于言教，要想使民警做到知行统一，发挥长效管理的作用，领导者自身除了要具备过硬的思想素质、广博的智能结构、高尚的职业道德和人格修养外，还应淡化"权威"，放下架子，身正垂范，增强示范效应。优秀的领导者不靠发号施令和权威来压制人，而是崇尚民主化管理，实行"平等共事"的机制，以人格折服民警。

③平等沟通，增强凝聚力。有效的人际沟通是释放和缓解压力、增强自信心、营造良好人际关系、提高团队凝聚力的一条重要途径。监狱内部要营造一种自由、开放、分享、平等的人际氛围，除正式化的交流途径之外，还要启用各种非正式的沟通渠道。监狱领导要善于倾听，了解实情，把准民警的思想脉搏和心理动态，洞察民警的内心需求；领导还要投入真情，彼此相融，与各位民警达到知心、知情、知理、知行；领导者更要富有爱心，善于保护民警。当民警的利益受到侵害或被误解时，要敢于直言，维护民警的尊严。当民警遇到困难时，要尽力为民警提供真诚的帮助，让各位民警深切地感受到自己被监狱重视，并寄予心灵的归属和依托。

（3）重视民警的心理管理，发挥用情管理的心理保健作用　传统监狱管理更多的是采取任务管理模式，对民警的情感关注不够，民警在繁重的监管、生产压力下极容易出现许多心理问题。实践证明，心理疾病不仅是威胁个人健康的大敌，而且是破坏团队效率的大敌。如果民警心理存在问题，就会导致民警的工作满意度降低、工作积极性不高、工作压力大、人际关系紧张、职业倦怠等心理现象，导致多种问题的出现。特别是监区普通带值班的民警，由于他们工作性质单一、工作内容重复，心理上很容易表现出厌倦、易怒、焦虑、紧张、情绪低落等消极心境，生理上也伴随出现躯体化症状。因此，应调动全体的管理力量，多途径地开展民警的职业心理健康教育。

五、用情管理与监狱警力资源配置

作为监狱的领导层，学会用情管理，除了要加强对民警个人兴趣、爱好、心理需求的研究外，还要从监狱的层面统筹谋划各个单位和部门的警力构成与分布，解决监狱长期以来存在的警力紧缺的结构性矛盾，进一步提高监狱管理效率，这是用情管理在宏观层面的体现。因为只有民警在恰当的工作岗位承担了力所能及的任务和职能，监狱管理者的理解之情和关爱之情才能充分反映出来。否则，即使监狱管理者给予民警再多的福利待遇和感情沟通，也不能从根本上解决民警内心的情绪问题和意愿问题。

传统的警力配置也有其合理性的一面，如注重老、中、青的结合，注重班子的协调，重视民警政治业务素质的提高等，但在新形势、新任务向民警的队伍建设提出更高的目标和要求时，监狱不仅要推广传统的警力配置的好的做法，而且还要借鉴社会人力资源管理的先进理念和国外监狱警力资源配置的先进做法，在警力总量低于规定的数额与比例时，通过增加民警编制、增大面向社会增大录用公务员计划数，解决民警来源问题。但当监狱警力资源总量不缺，比例也基本符合规定要求时，这就要通过优化警力资源配置、内部挖潜的办法来解决。

警力资源有广义和狭义之分，广义上的警力包括经费、装备、训练、战术、科技、策略与社会的关系等诸因素的总和；狭义上的警力就是指现有的在册在编的警察编制人数❶。这里所谈的警力资源就是狭义上的概念，即警察的编制人数。警力资源配置是否得当，直接关系到用情管理的效果、团队的运作成效和团队战斗力的发挥问题，因此，对于监狱单位而言，研究用情管理如何有效开展，警力资源的优化配置是个绕不开的话题。

1. 当前监狱警力资源配置存在的问题

（1）监狱办社会的职能没有解除，依然占据相当警力 监狱体制改革已取得一定成效，收支两条线，监狱与企业分开运作，监狱财政保障也基本到位，这都是改革带来的成果。但监狱体制改革并没有完全解决监狱办社会的问题，这在不少农村监狱问题尤为突出，监狱办社会的职能并没有完全剥离，相当一部分警力仍然要在行政后勤岗位承担监狱办社会的职能，造成本已十分有限的警力资源更加捉襟见肘。

（2）监狱机构设置的变通性造成警力的浪费 监狱体制改革推行后，各监狱基本上能严格按编制核定的人数配备领导职数和机关职能科室警力，但有的监狱因人设岗的情况并未得到明显改变。上有政策下有对策，人为设置临时部门，安排一些照顾性人员，占用了一线警力，让原本就不太富余的警力更加雪上加霜。还有一些监狱由于机构编制的刚性意识不强，导致一些非押犯单位占用了大量的警力，造成警力资源配置的不合理。

（3）男犯监狱的女警作用发挥不足 由于历史的原因，有的男犯监狱女警比例明显偏高，由于工作安排不当，许多女同志工作负荷不足。解决的办法其实很简单，对女警要大胆任用，该提拔的提拔，该重用的要重用，将机关职能科室非改造、安全、生产的科室职能尽量交由女警来干，将行政后勤、监狱办社会等非监管改造的职能部门的男警置换出来充实基层，再加上每年从社会招录的新警补充，用不了几年，警力紧张的矛盾就会迎刃而解。

（4）年龄较大的同志作用发挥不足 部分监狱民警总数不少，在押犯数也不多，但真正到一线带班的民警还是难以达到规定的比例。究其原因，就在于对现有警力资源的开发利用不足，警力资源浪费的现象客观存在。有的监狱在配置监区、分监区民警时，50岁以上的民警以及过去担任过正科级、副科级领导职务的同志一般不予考虑，这部分人既没有到一线做具体工作，也不大可能再担任相应的领导职务，工作职责不明确，工作责任感以及积极性、主动性都打了折扣，从某种程度上讲，这部分人是作为一种闲置资源沉淀下来了。其实，随着现代生活水平的提高，许多老同志有着和年轻人一样想干事的愿望，只是单位不让他们干，人为地把他们往不可用的一群人里放，在一定程度上挫伤了老同志的积极性。如何发挥老同志的积极性，安排合适的监区工作，是值得研究的课题。

（5）警力资源的配置与押犯构成变化不相适应 监狱的编制在一定时期内是固定的，增加或减少都要按一定的程序严格审批。而罪犯的构成和数量却是与社会犯罪形势密切相关的，处于不断的变化之中，罪犯构成的动态变化是导致近几年部分监狱间警力分布不平衡的重要原因之一。随着国家刑事政策的调整，重刑犯逐步增多而短刑犯则呈逐步减少的趋势，导致了部分重刑犯监狱（主要是城市工业监狱）押犯增多，其总警力包括一线警力

---

❶ 黄新春. 论警力资源的科学配置与使用. 公安研究，2009.（2）.

相对不足的状况逐步显现。此外，从民警编制配备情况来看，部分监狱由于押犯规模过大，超过了设计的关押能力，出现了一种两难的状况：如果按照编制数控制民警总数，就会导致总体警力的不足，并进而必然导致一线警力达不到规定的比例要求；如果按照实际押犯数来确定民警总数，又必然会超编，同时现有的监管设施也难以保证监管安全的需要。

（6）警力资源流动的封闭性影响到警力资源的配置质量　现代人力资源管理理论认为，人力资源有上有下、有进有出，不断的调整，合理的流动，才能充分发挥其潜力和能动性。然而，监狱机关传统警力资源的流动结构呈现一种相对封闭的静态流动，监狱内部人才属监狱所有的局面至今仍未打破，面向社会、面向地方的开放式流动不足。这种相对封闭的流转方式对监狱警力资源的优化配置是一个致命的弱点。导致外部优秀人才难以进入，监狱人力资源流转不出去，造成人力资源缺乏外部成长条件，警力资源质量难以提高。

2. 用情管理视角下的监狱警力资源配置原则

（1）以人为本　民警是监狱各项工作的主体，要把确立民警的主体地位作为警力资源配置工作的出发点和落脚点。在警力资源配置工作中，要始终贯彻人本理念，树立正确的警力资源流动导向，制订具有可操作性的警力资源配置规划，充分培育民警的主体意识，关注和解决民警的合理需求，激发民警的积极性和创造性，使警力资源合理流动，让基层民警真正成为监狱工作的主力军。

（2）保障职能　警力配置要以监狱的各项工作任务完成和各级组织、广大民警切实履行好各自的工作职责为基本前提。在民警配置管理工作中，要充分考虑工作量大小、工作难易程度等因素，微观上达到民警个体工作轻重适当、松弛有度，宏观上达到监狱整体工作有序开展、监狱职能有效履行。

（3）加强基层　监区（分监区）是监狱改造罪犯的基本单元，是刑罚的终端执行机构，其警力配置及其素质是提高罪犯改造质量的关键。因此，要牢固树立重视监区、面向监区、服务监区的思想，在机构设置和人员配置上要优先考虑监区和分监区。要调整监区、分监区的机构配置，按照押犯的比例配足警力，使其适应直接、有效地监管和教育改造罪犯的需要；要精简机关职能科室工作人员，将年富力强、有能力、有文化的民警充实基层，切实提高基层一线民警素质。对缺乏事业心和责任感、工作不负责任、不适合直接管理罪犯的基层民警，要及时调整岗位，不能凑数。

（4）与时俱进　随着社会的进步和发展，监狱工作的思路、要求等发生了很大变化，押犯的构成也与以往有很大不同，并且仍在不断发展变化之中。监狱工作的发展也对警力配置工作提出了更高的要求，要针对警力配置不够合理、标准不够统一等突出问题，科学合理配置警力和做好警力资源开发工作，使之成为当前和今后警力配置工作的中心任务。

（5）合理流动　通过流动使用，使原有的不合理的配置趋向于合理，实质上是一个警力资源再配置的过程。其意义在于通过流动盘活警力资源，资源组合优化，使个人潜力得到充分发挥。一是监狱内部之间合理流动。监狱体制改革后，生产岗位警力向管教岗位流转；机关警力向一线警力流转；充分发挥监狱女民警的作用，男犯监狱的女民警充实基层一线，如内勤、教育、心理咨询和窗口岗位等。二是系统内相互流动。打破监狱与监狱之间警力资源流转的传统界限，如通过挂职或多岗位多层次的锻炼，实施警力资源的互动机制。三是系统内外相互流动。逐步建立监狱警力资源能进能出的用人机制。将监狱后备人才委派到政府机构、国有企事业单位挂职锻炼。同时，要用活用足政策，提高门槛，面向社会录用优秀人才，充实监狱民警队伍。

（6）实事求是　每个监狱所处的地理位置不同，押犯构成也不尽相同，监狱企业的生产项目以及组织生产的形式也有很大的差异，民警的工作习惯、思维方式甚至包括当地的风土人情也都不尽相同，解决任何问题，包括科学配置警力资源、解决一线警力不足的方式方法等，也应该是多种模式并举。应该说，通过近几年的努力，一些单位探索出了符合本单位实际的一些好的做法和模式，应该在实践中进一步坚持完善。但是，我们千万不能把工作模式简单划一。比如推行"监狱-监区"两级管理，确实能够解决部分监狱的部分监区警力不足的问题，但客观地讲，对于一些大型农村监狱以及一些生产流程多、程序清晰的从事工业劳作的监狱，就不太适合搞两级管理。总的来讲，应该多种模式并举，适合搞两级管理的，应坚定不移地继续坚持下去，在实践中进一步规范、进一步完善；不太适合的，就应该积极探索适合本单位的模式，不要跟风。一定要实事求是，以实践为检验真理的唯一标准。

3. 监狱警力资源配置的路径

（1）以制度建设为切入点，确保监狱警力资源优化配置的法治性　通过制度建设，规范和完善监狱的机构设置、警力配置等方面的工作，满足监狱工作的需求，这是加强监狱民警队伍正规化建设、推进监狱工作法制化进程的内在要求。目前监狱沿用的民警占押犯人数 18％的警力配备标准是 1981 年制订的。20 多年来监狱工作的内外环境发生了显著的变化。今天仍然按此标准确定编制、配置警察，显然已不能适应当前监狱工作的需要。况且这一标准是以中办发［1981］44 号《中共中央办公厅、国务院办公厅转发〈第八次全国劳改工作会议纪要〉》文件形式下发的，无法定权威性，而且至今还有部分监狱尚未达到这一标准。因此，应尽快从法律的高度重新确定监狱民警的编制问题和统一的配备标准，确立监狱编制的法定地位，按照总量配备、总体分解、基层优先的方式进行各层次的警力配置，增强民警配置工作的科学性、统一性和有效性。

（2）以深化改革为突破口，确保监狱警力资源优化配置的科学性　警力资源配置是一项系统工程，它牵涉到监狱工作的方方面面。按照系统论的观点，系统与系统之间，系统内部诸要素之间必须发展协调、结构优化。因此，监狱警力资源配置必须与监狱体制改革相结合，与监狱布局调整相结合，与监狱分类制度改革相结合。

首先，要适当调整机关职能机构。以深化监狱体制改革为契机，按照效率优先和保障职能的警力配置原则，重新核定各监狱的内设机构，进一步理顺和规范机构职能，对监狱科室之间、监狱科室与子公司科室之间职能相近的机构进行合并或合署办公，对职能交叉的科室进行调整。通过规范职能，撤并部分科室，调整出部分警力充实到基层工作。

其次，要适当减少机关工作人员。机关包括监狱机关、子公司机关和监区"小机关"三个组成部分。根据监狱的职能和职责，各监狱机关内设科室的设置数是基本相同的，由于各监狱人员编制、押犯人数、监狱企业规模各不相同，这就决定了机关科室民警人数不能按一个标准配备。机关科室的职能是一定的，所设职位也是与之对应的，但人员可多可少，主要根据监狱总体规模大小核定。对于总体规模小、机关人员相对少的监狱，可采取分条线合署办公、确定每一项职能有专人负责的措施，保证各职能科室业务工作的正常运行。要按照面向基层的警力配置原则，在确定监狱和子公司机关科室职能的基础上，确定监狱和子公司机关科室的人员编制和领导职数，通过公开选拔、竞争上岗等多种方式配备监狱、子公司机关科室领导和工作人员，把富余的警力安排到一线工作；合理配备监区领导职数，做到因事设岗、精干高效；要根据监区管理工作需要，合理设置监区干事，减少"小机关"民警，把精减的民警充实到分监区。

第三，要适当减少委派到子公司工作的民警。目前，监狱体制改革已取得阶段性的成果，在子公司正常运行、各项工作基本走上正轨的前提下，可以采取竞争、择优的办法，选用部分经验丰富、熟悉生产、具备一定管理水平的工人到子公司从事生产经营管理工作，或者采取公开选拔聘用的方式，面向社会聘用一批高学历、有管理经验的人员，担任子公司各个层面的管理人员，置换出部分委派民警回监狱从事监管改造工作。

（3）以扁平化管理为着力点，确保监狱警力资源优化配置的实效性　现代管理理念认为，"组织扁平化"有利于提高管理的效能。"监狱管理扁平化"是指监狱在推进监狱工作科学化的过程中，在某些方面和在一定程度上借鉴或仿效企业"扁平化"管理中一些行之有效的做法，在监狱理念、组织结构、运作机制、人事制度以及管理方法等方面创新，从而提高监狱工作的效率。

一是要按"大部化"思路设置机构。可结合罪犯关押布局调整和监狱体制改革，进一步完善监狱局机关和基层监狱的"三定方案"，规范内设机构职能，合理定编定员，提高机构效能。可借鉴司法部燕城监狱的机构设置，该监将监狱机关设置为六部一中心（综合研究部、人事督查部、刑务处遇部、教育改造部、劳动改造部、财务保障部、后勤服务中心），提高了工作效率。

二是要按"小机关、大监区"的思路设置机构。对相同、相近的职能进行合并，对交叉、重复的职能进行适当调整，压缩、减少机关编制和警力，以充实基层一线。严格控制各单位增设内设机构，凡增设机构都要按规定报批。

三是要及时调整内设机构。根据布局调整、产业结构调整、警力资源调整和监狱办社会职能调整的情况，及时整合、调整相应的内设机构。

四是要探索实施二级管理。按照"监狱法"的规定，从监狱到监区再到分监区的组织层级，是监狱管理的基本的、合法的组织形式。但是，随着形势的发展，包括监狱布局调整、罪犯构成及押犯规模的变化、监狱生产项目以及生产组织形式的改变等，根据实际工作的需要，产生了"从监狱到监区，监区以下不设分监区"、"从监狱到独立（直属）分监区，中间没有监区"等两种形式的"两级管理"。对"两级管理"我们要全面地理解和把握，核心是减少管理层次、充实一线警力。

（4）以开发现有警力潜能为关键点，确保监狱警力资源优化配置的长效性　目前，一些监狱在职民警的潜能，由于种种原因，没有得到合理配置与很好开发。为此，我们应着力提高警力资源配置管理的水平和效率，充分挖掘现有警力的潜能。具体可以通过以下措施发掘现有警力潜能。

一是发挥女民警和年龄偏大民警的作用，向挖掘潜能要警力。女民警和年龄较大的民警，虽然不宜安排从事直接管理男犯的工作和监管改造一线的工作，但可根据其自身的特点和优势，在完善硬件设施的前提下，充分发挥她们在教育改造罪犯工作中的作用。适合的工作岗位有监控室、会见室、内勤、心理矫治、门卫等。

二是鼓励符合提前退休条件的民警办理提前退休，向减员空编要警力。根据我国《公务员法》有关规定，在做好思想工作的前提下，鼓励符合提前退休条件的民警自愿提前退休，空出有限的编制数额，用于面向社会招收录用符合条件的人员，为监狱及时补充新鲜血液创造条件，从而优化民警队伍的年龄和知识结构，以增强民警队伍的活力，保证民警队伍的精干高效。

三是加大民警教育培训力度，向提高民警素质要警力。根据不同职务、不同类别民警的特点和需要，按照学用一致、按需施教的要求，创新培训工作的方法和形式，体现培训内容的针对性和培训工作的实效性。监狱要认真分析当前民警知识结构中的薄弱环节，真正做到缺什么补什么，干什么学什么，杜绝培训走过场，力求取得实效。

四是提高和落实一线民警待遇，切实为监狱基层民警解决后顾之忧。在做到用事业留人、用感情留人的同时，做到用待遇留人。提高基层民警的收入待遇，争取对工作在边远艰苦地区基层民警的优惠政策，在工资、津贴、补贴等方面向基层倾斜，增加基层民警的收入。提高基层民警的政治待遇，在干部选拔任用中优先考虑有能力、会管理的基层民警；要针对部分监狱地处偏僻，条件艰苦，工作生活条件较差，存在择偶难、就业难、就医难、子女就学难等突出问题的实际情况，通过积极争取布局调整政策，加大投入，把部分地处偏僻的监狱调整到离城市相对较近的地区，彻底解决民警的后顾之忧，使民警轻装上阵，全力投入工作。

第六章 用能管理——素质决定高度

能力（competencies），指在任务或情景中表现的一组行为，它与知识、经验、个性特质共同构成人的素质，成为胜任某项任务的条件。能力素质模型（competency model），也称为胜任力模型，是指担任某一特定的任务角色所需要具备的能力素质的总和。它是由美国著名的组织行为研究者大卫·麦克利兰（David McClelland）提出"能力素质"概念之后逐步发展起来的。麦克利兰应用冰山理论，把属于海平面上的知识和技能称为通用性素质（threshold competencies）；把真正能区分优秀者与一般人的深层次因素，如潜伏在海平面以下的自我概念、特质、动机等因素，称为鉴别性素质（differentiation competencies）。

能力素质是判断监狱民警能否胜任监狱工作的起点，是决定并区分监狱民警工作绩效好坏差异原因的个人特征总和，监狱工作质量的高低与监狱民警能力素质的高低有着重要的关系。监狱管理者应研究监狱民警的能力构成要素，并借鉴能力素质模型来指导监狱民警的能力素质建设，通过教育培训和职业化建设等两条路径来提升监狱民警的知识、技能等通用性素质，通过选贤任能、创建学习型组织和有效的沟通协调等三条路径来提升监狱民警的自我概念、特质、动机等鉴别性素质，以促进监狱民警准确高效地履行法定职能，更好地服务于社会主义和谐社会建设。

一、以教育培训工作为平台，促进适才适能

人才是培养出来的。麦当劳的管理者认为，企业首先应该是培养人的学校，其次才是快餐店。因为麦当劳是服务性行业，所以麦当劳的管理者始终坚持：只有具备优良职业素质的人，才堪称为一流的员工；用这种精神培养出来的人，即使离开了，也应该是一个对社会有用的人。麦当劳的这种价值观使其员工们努力为公司争取荣誉。

面对日益复杂的监狱工作形势和不断提高的执法工作要求，绝大多数监狱民警感到自身存在着本领危机，认为需要加强学习和培训。但也有些民警的学习主动性不够，学习的针对性不强。同时，自监狱民警实行面向社会公开招考以后，新招民警的能力与岗位要求不匹配的矛盾凸现。一方面，新招录民警认为自己凭着丰富的知识，在激烈的角逐中脱颖而出，有成就感、自豪感；另一方面，进入具体的工作岗位以后，他们的学习能力、创新能力、组织协调能力和自我心理调适能力（心理健康）等方面的素质都亟待提高。这种现状要求监狱要具备人才再造的功能，通过教育培训帮助民警尽快地将自己所学的知识与工作实际结合起来，使民警在监狱工作实践中增长才干。监狱民警教育培训工作主要包括三个重要环节，如图6所示。

1. 监狱民警培训需求分析与培训内容的确定

培训需求分析是决定整个培训是否有效的起点。监狱管理者研究分析民警的培训需

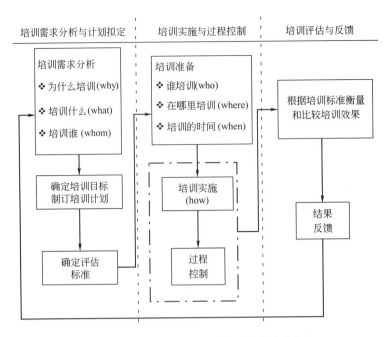

图 6　监狱民警教育培训的三个重要环节

求，主要应考虑三个方面的因素，即监狱面临的社会环境、监狱的工作任务、民警的履职效能，参见图 7 所示。

（1）对监狱工作面临环境进行分析　监狱管理者对监狱工作面临的环境进行分析，主要应聚焦在监狱的现状以及未来发展的条件如何，进而明确监狱教育培训工作要求做到什么。比如，监狱管理者应明确掌握国家及社会对监狱工作的定位是什么，监狱教育培训目标应该如何与国家及社会对监狱工作的定位相契合；监狱教育培训工作拥有哪些资源，培训体系的现状如何，课程、教材、讲师资源怎样；以及这些资源对于监狱开展培训工作以及培训有效性的影响如何，等等。通过对监狱工作面临环境进行分析，监狱管理者可以在监狱政策、体制机制发生变革时，主动对监狱民警进行宣传贯彻培训。监狱管理者可以针对监狱工作存在的问题确定监狱当前及今后工作需要改进的方向与环节，对"培训什么"进行有效指引；监狱管理者还可以准确把握监狱民警知识技能水平及培训现状，对民警的培训需求形成大致的判断，为监狱培训经费的预算以及监狱培训工作重点的确定提供依据。

（2）对监狱工作与任务进行分析　监狱管理者对监狱工作与任务进行分析，主要应聚焦在监狱民警的任职资格标准与素质模型。也就是说，监狱管理者要明确监狱民警的工作有哪些主要的内容，民警完成这项工作必需的知识、技能、态度有哪些，进而有针对性地对民警进行教育培训，促进和帮助民警高绩效地完成工作。监狱管理者应该依据职位说明书中对从事该工作或职位的民警任职资格条件的描述，来确定对监狱民警的培训目标；监狱管理者应依据监狱民警的任职资格标准，通过培训来提升民警的知识、技能水平，改变民警的行为方式与思维习惯，促进和帮助民警获得任职资格的晋升；监狱管理者要对监狱民警工作流程中存在的问题及节点进行分析，通过对民警的教育培训，修复监狱的工作流程，避免工作流程中类似问题的再次发生。

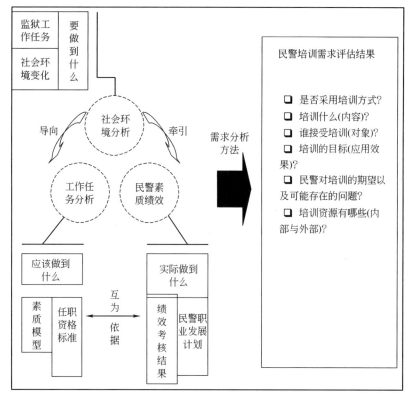

图 7　培训需求分析

（3）对监狱民警的履职绩效进行分析　监狱管理者对监狱民警的履职绩效进行分析，主要应聚焦在寻找监狱民警现实绩效及其与绩效承诺（或与任职资格等级标准要求）之间产生差距的原因，进而明确监狱民警的现实绩效如何获得，明确监狱民警现实绩效与绩效承诺之间的差距能否通过培训方式加以弥补与修正。比如，监狱管理者可以通过现场观察与实地访谈，了解民警真实、贴切的培训需求，使监狱培训计划的制订更符合实际工作的要求，也容易赢得民警的好感；监狱管理者可以通过对培训工作开展满意度问卷调查，了解民警关注的问题、动机与相关评价，为开发培训课程、选择培训方法提供依据；监狱管理者可以了解并总结民警处置突发事件的经验与教训，通过培训的方式让全体民警总结经验、吸取教训。

2. 监狱民警教育培训的实施及培训效果评估

（1）监狱民警教育培训应分层分类实施　监狱民警培训课程体系是培训系统的核心，也是评价监狱培训系统价值的标志之一。监狱管理者在对监狱民警培训需求进行分析的基础上，应基于不同的需要设置监狱民警培训课程体系。监狱管理者应基于能力主义的人力资源管理理念，将课程体系设计的立足点定为提升民警胜任愉快的职业能力。民警的职业能力主要包括对监狱业务管理能力、人员管理能力以及自我管理能力等三个方面。因此，监狱管理者应基于对各层民警管理责任的描述，合理区分执行层、管理层、决策层等三个不同层面，由此在分层的基础上再进行分类，由此开展不同的培训。

（2）监狱民警教育培训效果评估　没有评估就没有管理。因此，培训效果评估要贯穿于监狱民警教育培训过程的始终。培训评估不仅仅是收集反馈信息、衡量结果而已，其根本意义在于检验与促进监狱民警培训目标的达成。因此，从制订培训计划开始，到培训过程结束，评估一直发挥着不可或缺的作用。监狱管理者必须坚持过程评估与结果评估相结合。一般来说，监狱管理者依据监狱民警培训需求及培训目标，通常可以分四个层面进行培训效果评估，如图 8 所示。

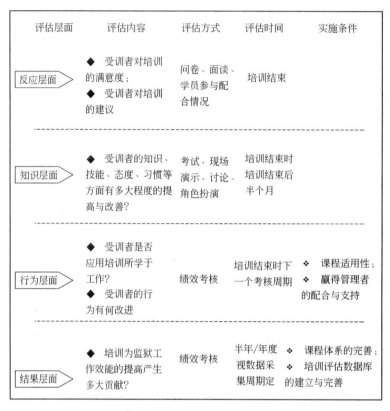

图 8　监狱民警培训效果评估的四个层面

二、以职业化建设为保障，提升核心技能

职业是伴随着社会分工不断细化和工业文明的发展而演化的劳动力的表现形式。职业化是指从业人员任职能力与本行业或企业相关职位行为要求相结合的过程，也是从业人员在职业岗位上不断提高任职能力的过程。

我国监狱的法定职能是准确执行刑罚、将罪犯改造成为守法公民。监狱工作为社会提供"公共服务"，在一定层面上说是社会工作。既然监狱工作是社会工作，国家、社会各界和监狱管理者当然就需要对监狱工作进行准确的社会分工、社会角色定位。因此，监狱管理者推进监狱民警职业化建设也就是社会发展的必然趋势。

1. 监狱民警的分类及其职业化程度，是监狱工作科学化的基础

（1）国外监狱工作者职业化建设概况　监狱民警的分类，是指监狱民警按不同的专业要求设置不同的岗位职责，履行不同的职能。早在 1930 年的布拉格"国际刑法及监狱会议"就要求"对所有执行刑罚的人员，应加以特别训练。尤其要训练高级监狱管理人员，

使其具有科学知识"。在联合国 1955 年通过的《囚犯待遇最低限度规则》中，就明确规定，监狱应当设有足够的医学、心理学、社会学专家。这是借鉴发达国家的经验而确认的一项要求。在德国，1976 年诞生的《行刑法典》中规定：分配监狱设立的"分配委员会"的成员中，包括典狱长、精神病学专家、心理学者、社会学者、教育学者、社会福利工作者等。德国各监狱都设立了犯罪学研究小组，其最早可以追溯到 1921 年巴伐利亚监狱。1947 年，在汉堡监狱出现了"犯罪心理学研究室"，从科学的角度推动行刑工作的发展。日本监狱中的罪犯分类调查，就充分依靠了医学、心理学、教育学、社会学的专门知识和技术，并形成了完整的知识体系。据资料介绍，在国外，监狱的专业人员中，通常包括 8 类人员：医务人员、文化教师、职业技术教师、心理学家、精神病学家、社会工作者、个案管理者、牧师。美国的《矫正年鉴》(1993) 公布，在美国的 50 个州的矫正机构中，有 276 名精神病学家，1446 名心理学家，2273 名个案管理者，1006 名社会工作者，793 名娱乐治疗专家，3090 名顾问；其矫正工作的未来发展，将进一步"专业化"，并主要致力于提升监狱管理水平和管理技术。总之，在发达国家，现代监狱制度的确立，至少表现为法治化、科学化、社会化、职业化的趋势。❶ 国外监狱工作者职业化建设概况，对我国的监狱管理者研究建立中国现代监狱制度、推进监狱民警的职业化建设，具有积极的借鉴意义。

（2）监狱民警职业化的含义　监狱民警职业化包括由内而外三个层次的含义。首先，它是监狱民警从事监狱工作时应该体现出的一种职业素质，而不是仅凭个人兴趣自行其是；其次，它是指监狱民警应该掌握的相当程度的监狱工作专业技能；最后，监狱民警职业化是指监狱工作存在特定的行为规范或行为标准，要求监狱民警做事符合监狱工作的行为规范或行为标准。

（3）监狱民警职业化行为能力　监狱民警职业化行为能力是指监狱民警所具备的职业素质和职业技能与监狱工作特定的行为规范或行为标准之间的吻合程度。监狱民警职业化行为能力评价是指证明监狱民警是否达到监狱工作相应等级任职资格，并按监狱工作职业行为标准要求开展工作而进行的鉴定活动。监狱民警职业化行为能力评价是评价者与被评价者充分合作，帮助监狱民警达到监狱职业行为规范要求，不断走向职业化产生高绩效的一种形式。

2. 监狱民警职业化标准

（1）监狱民警职业化标准释义　监狱民警职业化标准是判断监狱民警职业化的标尺。它是由监狱民警的能力标准和行为标准两个部分组成。

监狱民警的能力标准，又称任职资格标准。它描述的是每个不同岗位、不同级别的监狱民警应该知道什么、应该能做什么、能够做到什么程度，是监狱对民警任职资格的要求。监狱民警的能力标准包括三个部分的内容：必备知识；专业经验与工作成果；专业技能。

监狱民警的行为标准描述的是每个不同岗位、不同级别监狱民警的工作行为规范，监狱民警据此开展工作更容易取得高绩效。监狱民警的行为标准是监狱对民警从事监狱工作方式的要求，见图 9 所示。

---

❶ 参考自"法制现代化进程中的中国现代监狱制度价值解读". http://ccce.its.csu.edu.cn/html/qitalanmu/bangzhu/ziliaowendang/5979156150.html.

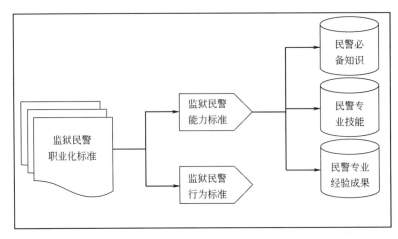

图 9 监狱民警职业化标准结构

（2）监狱民警职业化标准的建立 监狱民警职业化标准建立的程序主要包括以下五个步骤：

① 民警从事的工作分析；

② 民警任职级别角色定义；

③ 监狱民警中的标杆人物行为分析；

④ 监狱民警中的标杆人物技能分析；

⑤ 监狱民警职业化标准定稿。

监狱管理者在对监狱民警从事的工作分析过程中，须对民警工作的标准进行分类。在对民警任职级别角色定义的基础上，监狱管理者要对民警任职级别角色的工作标准进行分级。在此基础上，监狱管理者要选择监狱民警中的标杆人物，并对其行为进行分析，找出民警的行为模块、行为要项和行为标准；再确认监狱民警中的标杆人物完成行为所具备的知识、所用的技能、专业经验和取得的工作成果，并在此基础上形成监狱民警职业化标准。

（3）监狱民警职业化行为能力评价制度 监狱民警职业化行为能力评价系统的制度体系包括：监狱民警任职资格等级制度、监狱民警任职资格等级标准手册、监狱民警职位说明书汇编、监狱民警职业发展计划管理制度及相关制度实施细则等。

3. 对监狱民警职业化建设现状的反思

美国微软公司人力资源部制订的"职业阶梯"文件，详细列出员工从进入公司开始一级级向上发展的所有可选择职务，并且列出了不同职务必须具备的能力和经验——这使员工感到个人的职业发展的前景乐观，因此很少有人跳槽。

监狱工作作为社会分工中的一部分，不可避免地带有鲜明的时代印记。从我国长期以来的监狱工作实践看，由于受社会总体发展水平的影响，监狱职能在不同程度上也发生了异化和错位。在一定历史时期，监狱承担了除惩罚和改造罪犯以外的许多其他职能。这种状况的长期存在，客观上决定了监狱内部机构及监狱民警工作岗位的设置，强调的是因事设岗，注重的是选用的人与岗位的匹配性，而对监狱工作的主体——监狱民警的管理，还没有运用和涉及到职业化这一概念。从监狱管理层面来看，许多监狱对民警警力资源的配置，也多是考虑到看押罪犯、确保监管安全所需的警囚比例进行配置，客观上造成了许多民警的精力主要集中在值班、出工、带队等看守性工作。由此导致民警的专业知识和学历水平越高，就越有可能感觉到自己所学的知识无法和工作实际结合起来，甚至产生自己的知识要"荒废掉"的感慨，使民警队伍职业认同感低落。再从监狱民警个体层面来看，从一个青年学生进入监狱工作，被安排在某一岗位上，便日复一日地工作。监狱的长远发展规划是什么、民警在这个监狱里有什么发展机遇和前途，什么时候调整、会不会调整岗位和职务，监狱民警自己是不容易搞清楚的。久而久之，监狱只不过是民警上一天班拿一天工资的地方。监狱似乎有他没他一样转，他也无需关心监狱的生存和发展。这必然会带来民警对监狱缺乏感情，对工作丧失热情等问题，使民警把学习理论当成应付差事，既不联系思想实际，也不会联系工作实际；遇事不肯动脑筋、不主动想办法，工作生搬硬套，甚至有始无终。

这类问题存在的原因固然很复杂，但从监狱管理者这个角度分析，一是人力资源管理理念滞后。监狱管理者往往比较注重民警的选拔任用激励机制的建立和优化，而对民警自身个体素质的发展、岗位技能培养与监狱工作的新形势、新变化、新要求的匹配性研究不够，容易造成监狱岗位设置时民警工作职责界定不规范、考核标准不清晰、考核结果应用的广度和深度还不到位。二是监狱管理者往往只注重民警队伍的政治思想、业务建设，民警处于一种被动接受管理教育的状况居多，民警自己对如何通过自身努力实现理想和奋斗目标的途径和渠道认识不清楚。这些年来，虽然绝大多数监狱通过改革人事制度，采用公开选拔、公推公选等方法将一些素质过硬、实绩突出的民警选拔任用到一些重要岗位，调动了部分民警的积极性，但对于大多数民警来说，他们往往对监狱选拔任用不同层次干部的标准了解不够多，有的甚至对这种方法不认同，不同程度地挫伤了一些民警的积极性和创造力。

要解决这一难题，监狱管理者必须立足现有的主客观条件，从抓好监狱民警职业化建设这个根本着力点出发，科学设置各级、各类监狱民警的工作岗位，设置的岗位要体现监狱工作的性质、特点、发展方向，对任职民警个体素质要作具体明确的要求，民警岗位与岗位之间要有明晰的界线，岗位之间的转换要具备相应的条件。专业化的岗位分类制度是监狱警力资源有效配置的前提条件，是监狱民警队伍职业化建设的显著标志。监狱管理者如果通过对政工类、管教类、生产类和行政后勤类等不同种类、不同级别的民警岗位进行科学的、具体的设置，明确具体的岗位职责、素质要求和任用条件、薪酬标准，并严格按公平、公正、公开的选人、用人标准执行，就能不断激发民警的工作热情，培养民警做好工作的责任感，也有利于让全体民警确立明确的奋斗目标，看到个体职业发展的乐观前景，从根本上消除学习意识不强、学习能力不足、理论素养、思维水平和工作能力长时间停滞不前的现象，促进监狱民警将"自我设计"、"自我实现"、"自我完善"和"奋斗人生"的思想观念与具体的监狱工作实践自觉融合，自觉提高自己的专业水平、职业技能和思想道德素质，朝着既定目标努力拼搏，推动监狱整体工作迈上更高的平台。

三、以能力素质建设为引领，科学选贤任能

明代皇帝朱元璋曾说过，"才者，国之宝也。"特别是在现代社会，人才对于生产力的发展、综合国力的增强、国家的兴盛起着越来越重要的作用。同样，对于监狱工作而言，

善用人才也已作为一个新的课题，摆到了每一个监狱管理者面前。监狱管理者用人水平高不高，关键在于其用人思想对不对。监狱管理者应不断创新人才工作机制、激发民警队伍深层次的活力、多维度激发民警的心理能量并做好科学分工。

1. 放开心胸选人才，不拘一格降人才

（1）创新人才工作机制　"十二五"规划纲要提出，要建立健全政府宏观管理、市场有效配置、单位自主用人、人才自主择业的体制机制。该规划纲要针对性地对健全完善人才评价发现机制、选拔任用机制和激励保障机制作出了部署，提出创新人才管理体制和人才培养开发、评价发现、选拔任用、流动配置和激励保障机制，营造尊重人才、有利于优秀人才脱颖而出和充分发挥作用的社会环境。中国人才研究会副会长王通讯表示："人才最终是用人单位在管，必须要发挥用人单位在人才培养、吸引和使用中的主体作用。"

作为监狱管理者，充分发挥民警的潜能，也是坚持以人为本、促进人才现代化的根本要求。胡锦涛总书记从科学发展执政兴国的高度，一贯强调人的能力发展和人力资源建设，是我国人才工作的重点，也是实现人才强国的基本要求。胡锦涛同志在2010年的全国人才工作会议上还强调指出，要确立人才优先发展战略布局，坚持服务发展、人才优先、以用为本；"激发各类人才创造活力，重点围绕用好用活人才、提高人才效能"。

（2）用人之长、容人之短　很多人用各种标准来评价管理水平，比如有人用管理人员的知识结构做评价标准，有人用使用的管理工具来评价，有人用管理经验来评价，还有人用专家来评价。但是，评价管理者管理水准高低的标准其实只有一个，就是管理者能否透过管理，尽量多地让组织里每一个人的个人目标与组织发展的目标合二为一。

在监狱管理中一个最常见的争论是如何看待"忠诚"。其实，监狱管理者对民警忠诚的衡量标准主要应该是基于民警对于监狱工作目标的贡献而非其他。很多监狱管理者之所以对于下属的忠诚看得这么重、要求民警在工作中和生活上都无条件地绝对服从、听从，其根本的原因是管理者自身的管理水平不够。这些监狱管理者知道自己的有价的资源有限，不可能随意地额外给民警职级晋升、增资加薪等实惠，也知道自己的能力有限，所以只能够靠无价的情感来弥补了。管理者这样做的结果，只能是留住那些需要情感满足的下属，而对于需要能力、个性发挥得到满足的下属来说只能是离开或是混事度日。

作为监狱的管理者，绝不能用一成不变的统一模式去"规范"所有的民警，更不能用"是不是我的人"、"是否听话"来作为人才取舍的重要标准，而应看民警的本质、看主流，多做比较、多作权衡，用人之长、容人之短。

1631年，英国剑桥商人霍布森贩马时，把马匹放出来供顾客挑选，但附加一个条件即只许挑选最靠近门边的那匹马。显然，加上这个条件实际上就等于不让挑选。对这种没有选择余地的所谓"选择"，后人讥讽为"霍布森选择效应"。监狱管理者选人、用人时，民警的好与坏、优与劣，都是在对比中发现的，监狱管理者只有拟定出一定数量和质量的可能方案供对比选择，判断、决策才能做到合理。管理者只有在许多可供选择的方案中进行研究，并能够在对其了解的基础上判断，才算得上判断。在监狱管理者还没有考虑各种可供选择的方法之前，思想是闭塞的。倘若只有一个方案，监狱管理者就无法对比，也就难以辨认其优劣。因此，监狱管理者在选人用人工作中没有选择余地的选择，就等于无法判断，等于扼杀创造。有成效的监狱管理者在选人与用人时，其头脑中总是有多种"备择方案"，总是高度重视"多方案选择"，因为他们始终认为要有许多种可供采用的衡量方法，这样才可以从中选择一种适当的方法。

在现实监狱管理中，一些监狱管理者在用人问题上出现了一些不良倾向。不乏有这样的监狱管理者，对"奴才"爱任而用之，可对"八斗之才"、拔尖人才，尤其是超过自己的高才容忍不了，于是常慨叹：人才虽好不好用。人才果真不好用吗？究其原因，还在于一些监狱管理者无用人之德、容才之量、护才之魄。众所周知，作为人才，就会有不同于一般人的才能，比如，独特见解，敢于创新求异，锋芒毕露，敢于对抗领导的瞎指挥、乱吩咐等。如果监狱管理者心胸狭窄、嫉妒贤能，时时担心具有真才实学的下属超过自己，就会处心积虑、制造借口，压制有才者，甚至将其打入"冷宫"，立即将"千里马"换成"驴"，从而，闭着眼睛高呼"人才虽好不好用"。殊不知，某些管理者眼中的"不好用之才"，却作出了彪炳史册的贡献。相反，一个真正有度量干事业的监狱管理者，应用才所长、容才之过、让贤于能。对于人才合理的"针锋相对"，监狱管理者应引咎自责；对下属不合理的"反对"，监狱管理者也要能从大局、事业出发，毫不介意并给予帮助。

2. 关注鉴别性素质，激发深层次活力

长期以来，在人才发展问题上，体制机制亟待创新是社会各界反映强烈的一点。正因为体制机制不活，尤其是管理者没有注重各类优秀人才潜伏在海平面以下的自我概念、特质、动机等深层次鉴别性素质因素，导致下属不能人尽其才、才尽其用。比如，在监狱的日常管理中，晋职晋级、评先评优、选拔任用和利益分配时，管理者常会存在下列几种模糊的认识。

（1）功劳与苦劳孰轻孰重的认识　比如，监狱管理者常常可以听到这样的说法："我虽然没有功劳，但是我也有苦劳。""我没有什么惊人之举，但是我也是为监狱工作流血流汗的呀。""我流汗的时候，还没有你呢！"等等。一些民警只是关注自己对于监狱的付出，满足于起早贪黑地耗在工作中带值班、加班加点，但是不关心这样简单低效率的付出是否真的产生绩效；很多民警的衡量标准是他自己的付出，而不是付出的效果。所以，监狱管理者常常看到的管理结果是：有苦劳的人得到肯定；监狱里熬年头的人得到重用。换句话说，一些民警常常以苦为乐，认为付出就是对得起监狱。但是，监狱管理者应当清楚地认识到：只有功劳才会产生绩效，苦劳不产生绩效，苦劳只有转化为功劳才能对监狱工作产生绩效。

（2）能力与态度哪个优先的认识　比如，一个科室有一个民警叫小李、一个民警叫小张。小李是一个任劳任怨、勤勤恳恳的民警，每天都早来晚走，经常加班加点。小张是一个准时上班准时下班、从不加班的民警。结果，小李得到表扬，当选优秀；而小张从未得到表扬，更不会当选优秀。但是，监狱管理者如果好好思考一下，也许会发现这样一个问题：小李的表现恰恰是能力不够的原因，而小张的表现正说明他的能力可以胜任这个岗位、完成任务。其实，监狱管理者关心态度还是关心能力是一个非常重要的问题，如果管理者不能够正确对待能力和态度的关系，过多关注态度，结果就会导致监狱中能干的人干死、不能干的人活得很好，原因是监狱管理者关心态度而不是能力，让态度好的民警得到肯定，结果导致大多数民警只关心态度，而不愿意真正地用能力说话。可是，监狱管理者应当清楚地认识到：只有能力才会产生绩效，态度必须转化为能力才会产生绩效。

（3）才干与品德如何取舍的认识　在监狱民警德与才的取舍中，管理者希望德才兼备；如果两者不可兼得，管理者通常选择先德后才。尤其是长期以来，在社会公众和监狱民警的思想观念深处，监狱是专政工具的政治属性的理念一直占据主导地位，监狱管理者在评判和选用民警时就更加注重民警的政治素质和个人品德，认为监狱民警首先要是一个"完美的好人"才能做好监狱工作。品德和才干一直是对于人才评价的两个基本面。几乎所有的监狱管理者都会说：他们会选择德才兼备的民警。但监狱管理者所面对的事实常常是：管理者所面对的下属，不一定是德才兼备的。在这个前提下，如果再问管理者如何选择，结果 80% 左右的人选品德。但是，监狱管理者应当清楚地认识到：才干才产生绩效，品德需要转化为才干才会产生绩效。从这个意义上讲，监狱管理者应当更加注重对民警才干的评价而非仅仅注重对民警品德的评价。

组织的绩效包含着效益和效率两个方面的内容。对于监狱管理而言，管理者需要监狱工作有好的效益的同时，又需要民警用最快的时间达成这个结果。因此，在法制和道德的框架内，无论民警采用何种管理形式和管理行为，只要是能够产生绩效的，管理者就应当认为是有效的管理行为和管理形式；如果不能够产生绩效，这个管理行为或者管理形式就是无效的，可以确定后者就是管理资源的浪费。

从严格意义上来说，管理只对绩效负责，其实也就是对工作目标负责，对监狱民警来说也就是对监狱的目标负责。

3. 多维度激发民警的心理能量

（1）心理能量释义　心理能量（或心理力量）是促使人意识到自己的需求和主体性，驱使人采取适当行为的心理的力量。组织中每一个个人都存在一定的心理能量，其中有一部分表现为为组织努力工作的意愿。由这个显在的部分有机结合而成的整体，就是组织整体的能量。❶

（2）监狱整体力量的形成　在监狱管理工作中，监狱整体能量作为一种"大于部分之和"的能量，不是民警个体力量的简单相加，而是经过调节和作用综合而成的整体力量。其中，有些部分监狱整体能量可以还原为民警个人的能量，有些部分监狱整体能量则是由监狱整体而形成的，无法还原为民警个人的力量，其综合形成的过程取决于下述几个因素的相互作用，如表4。

表 4　监狱组织整体力量的形成

A	C	(1)民警个人潜在能量的表面化
B	D	(2)民警个人能量的有效化
(3)组织给予的影响	(4)个人之间的相互作用	

因素（1）民警个人潜在心理能量的表面化，与因素（2）民警个人能量围绕监狱组织目标和任务的有效化，是由民警个人能量转化为监狱组织能量的两个基本环节。即一方面是如何使民警个人的潜力成为监狱组织目标可利用的力量，另一方面是如何把民警个人的力量引导到监狱组织目标和任务的轨道上来。监狱组织中引导、调动和协调民警个人能量的因素有两个：一个是因素（3），监狱管理的体系和影响给予民警个人的影响；另一个是因素（4），监狱中民警个人相互之间的影响和作用。

上述四个因素的相互作用过程，就是监狱组织整体力量的形成过程。这种形成过程或

---

❶ 王利平，黄江明著. 现代企业管理基础. 北京：中国人民大学出版社，1994：260.

相互作用，如表 4 中的 A、B、C、D 四种情况。

在情况 A 下，监狱管理中的激励系统和管理工作作用于民警个人，使得民警个人潜在能量较高程度上成为监狱组织可利用的力量。卓有成效的领导机制是监狱工作取得成功的重要条件和强大助推。监狱管理者提高管理有效性、增强监狱警务效能的关键，在于最大限度地促成监狱管理者、民警和环境之间的相互适应和协调。监狱管理者在抓好自身建设的同时，应牢固树立"抓队伍就是抓根本"的理念，突出抓好科监区领导建设，明确科监区领导权力配置和带队伍的责任指标，既能够解决"淡化责任，疏于管理"的问题，又能带动广大基层民警主动而非被迫地理解、支持中层领导的工作，凝聚起强大的管理合力。

在情况 B 下，监狱高层通过有效的分工协调安排、计划和控制过程，以及有效的管理活动，使民警个人的努力尽可能地围绕监狱的基本目标和任务发挥作用。在监狱管理中，监狱管理者应充分授权、坚持"扁平化"的层级管理，监狱管理者自身应充分发挥好表率作用，才能营造"一级做给一级看、一级带着一级干"的良好氛围。

在情况 C 下，监狱民警由于受周围其他人的工作精神感染，或者由于相互比较、竞争的作用，导致民警个人焕发出更大的能量为监狱工作。管理学理论认为，组织内部存在的各种挑战、压力、矛盾和不平衡，在一定范围内对个人有巨大的调动和刺激力量，能促使个人焕发出前所未有的能量。监狱的管理者就是要通过考核竞争模式的转换与革新，迅速、彻底地打破"大锅饭"的格局，不断地、人为地制造不平衡，以挑起单位之间、民警个人之间的强烈竞争，营造出你追我赶的发展氛围，收到"整体能量大于部分之和"的效果。监狱管理者在对民警个人管理的层面，应努力构建民警绩效考核常态化机制，改进对民警的考核奖惩方式，把考核等次、结果作为给予绩效奖励、选拔任用干部的重要依据，既可以简政放权、激发活力，又可以避免对民警"平时考核不到位，年度考核无基础"的现象，真正使民警个人发展有了实实在在的"阶梯"。

情况 D 下，在民警个人相互之间的接触、影响、作用过程中，所形成的默契、配合、理解和沟通，客观上对民警个人行为起到调节作用。监狱管理者应始终秉持以人为本的工作追求，培育民警"人人都是管理者、人人都是创新者"的理念，努力寻求监狱整体工作目标和民警个人目标两者之间的动态平衡，积极探索多元激励的方法和手段，既保障组织目标的落实又兼顾民警个人目标的实现，切实激发起全体民警干事创业的热情，努力打造一支既步调一致又心情舒畅的民警队伍。

（3）监狱组织整体力量协调和调节的过程及机制　上述 A、B、C、D 四种情况，A、B 两种情况下的能量，可以还原为民警个人的能量。但 C 和 D 两种情况下所形成的力量，不能还原为民警个人的能量，倒不如说是监狱组织整体所产生的新的力量，是由于监狱组织这个"场"的作用所形成的能量。监狱组织作为"场"的作用，是依靠监狱管理的体系和过程形成的。这种协调和调节的过程和机制内容如下。

① 民警个人与监狱组织及组织价值观的一体化过程。民警个人与监狱组织的一体感越强，越是能够焕发出内在的力量为监狱组织作出贡献。监狱管理活动中维护和促进组织一体化的过程、形成和宣扬组织价值观的过程，是监狱管理者提高监狱组织一体化程度、调动民警个人力量的主要手段。

② 民警相互影响的机制。民警个人相互之间的感染、影响过程和比较、刺激作用，

具有促进和激发民警个人心理能量的作用。这种作用在时间维度和空间维度都存在。监狱管理者有意识地创造的组织气氛和管理者自身的感染作用，尤为重要。

③ 监狱组织整体的活力。充满创造力、存在适度矛盾和不平衡的监狱组织，对民警个人行为有重要的刺激和影响作用。监狱组织整体中存在的各种挑战、压力、矛盾和不平衡，在一定范围内对民警个人有巨大的调动和刺激力量，能促使民警个人焕发出前所未有的能量。监狱管理者如何有效地利用各种矛盾和不平衡的力量，利用挑战和压力的效应，调动民警的工作积极性，是一种难度较高的管理艺术。监狱发展过程中，管理者应坚持以绩效考核为牵引，引入竞争机制，在监狱管理、教育改造、队伍建设和生产经营等方面全方位建立排序考核模式，既可以简化管理程序、有效地打破"大锅饭"的格局，又可以在民警中形成创先争优、勇争一流的浓厚氛围。

监狱管理者这种刺激、挑战的作用有两个方向：一个是民警在未来成功的喜悦和成就感鼓舞下产生的能量；另一个是民警面临困难、危机时焕发出的能量。在前一种情况下，民警心理能量的持续性较强，但爆发力不大。后者刚好相反，民警心理能量的爆发力强而持续性差。当危机状态消除时，民警相应的心理能量也随之降低。因为民警个人日常所能调动的力量不会是一个无限的量，而是有限的。当危机成为常态，民警个人会形成必要的心理机制适应这种情况，以危机状态为正常状态，而不会保持超乎正常水平的能量发挥。

同理，其他因素的作用效果也表现为一个逐步衰减的过程。从监狱管理的角度讲，问题归结为管理者如何处理好民警个人对行为的维持和心理能量的激发之间的关系。即一方面监狱管理者要创造维持和调动民警个人能量的监狱组织整体环境，实施各种有效的激励手段；另一方面，在必要的阶段，当原有的因素、体系和方法逐步失去效果时，监狱管理者要创造新的因素、体系和方法，激发民警个人的心理能量。监狱管理者只有有效地把握好这两个方面的平衡，才能保证监狱发展所需要的心理能量源源不断。

4. 致力科学分工，促进适才适能

管理实际上是人、物、事三者的辩证关系，管理者提高管理效能的最好手段是科学分工。管理的本质问题就是：如何在有限的时间里获取最大限度的产出，也就是如何使效能最大化。对于提高效能来说，最好的手段就是分工。监狱管理也是一样，管理者如果想提升管理绩效，就需要对监狱的人、物、事三者之间进行科学的配置，培训和发掘组织中每个民警的技能，以便每个民警都能尽其天赋之所能，以最快的速度、用最高的效能从事适合他的等级最高的工作。科学地划分工作元素作为管理者主要职责的第一条，是告诉监狱管理者工作分工需要基于科学的角度，而不是凭借经验。

（1）分工就是让民警明白什么是最重要的　监狱的管理者在与下属的沟通协调中，常会出现这样的尴尬局面：一方面，管理者觉得下属悟性不高，不能准确领会自己的意图；另一方面，下属又觉得管理者有时喜欢把事情变得复杂、不易理解，以显示自己卓尔不群且富有深度，管理者和下属根本无法对话。但是，监狱管理者必须认识到，自己从事监狱管理工作不仅是要做决定，而且更重要的是要能让所有民警都准确地执行这个决定。

在实践中，一般来说，监狱管理者对于下属的评价要尽量避免使用以下词语。

第一个是"悟性"。很多管理者喜欢悟性高的下属，他们会很自豪地告诉别人，小张悟性高，所以工作做得好。不可否认，下属成熟度高，管理的效果会好，但是下属的悟性是一个非常不确定的特征，如果工作内容调整、工作技能要求改变，下属的悟性就很难总能保证足够。

第二个是"领会"。一些监狱管理者常常要求下属要学会"领会领导意图"。但是，如果没有足够的时间磨合，下属想弄清楚管理者的意图是非常困难的。一些监狱管理者常常并不对某个时期或某件具体的监狱工作任务进行明确的部署，而是任由基层按照各自的理解去自我加压，当监管改造、队伍建设等工作出现问题或工作局面打不开时，管理者就一味地归咎于基层民警领会上级精神不够，这样简单的工作都做不好，而管理者自己也就成了"事后诸葛亮"，永远正确。

第三个是"揣摩"。很多下属喜欢揣摩管理者的想法，更多的下属会根据揣摩出来的意思去做工作行为的选择，可是揣摩的行为会导致更大的风险，所以常常可以听到管理者大声地训斥，问为什么做错事情！其实，管理就是每一层管理者都要确定下一层级管理者所要明确做的事情。

监狱要想成为一个运转高效的组织，就要像一部严谨、精密的机器，如果监狱管理者能让每一个民警都能明白什么是最重要的、自己最应当做什么事、要做到什么程度，进而准确地按照岗位分工履职到位、形成同向的合力，那么，监狱的各项工作就会稳健、有序地推进；而如果民警都各行其是，各敲各的鼓、各打各的锣，就会出现南腔北调、甚至南辕北辙，涣散监狱组织的凝聚力、消减行动的执行力和整体功效。监狱的各级管理者都应当明确，自己所要求的合格决策，就是让下属明白什么是最重要的。常常有一些监狱管理者每日忙于决定他们认为重要的问题，但是对于下属应该做什么，对于每一个岗位民警应该做什么却从来不作分析、不作安排，结果每一个下属都是凭着自己对于这份工作的理解、凭着自己对于监狱的热情和责任在工作，出现的工作结果就很难符合标准。

（2）分工就是让尽可能多的民警得到并可以使用应有的资源 监狱管理需要资源，而且对于监狱管理的资源而言，最重要的是人力资源和财力资源。常有一些管理者说：他不明白为什么下属做不好，因为他已经非常授权，除了人事和财务的权力，其他的权力他都给了下属。但是，这恰恰说明：其实管理者什么权都没给下属，因为除了人事和财务的权力，其他的权力对于管理来说都是次要的，管理的资源首先是人事和财务这两个权力。

巧妇难为无米之炊，监狱管理者在给下属分配工作目标的同时，一定要做到同时给下属配以与工作目标相应的各种工作元素，即资源。目标与资源两者匹配的关系是计划管理的结果，也可以说两者的匹配关系是衡量计划管理好坏的标准：当下属所拥有的资源能够支撑目标的时候，计划管理得以实现；当下属所拥有的资源无法支撑目标或者大过目标的时候，要么浪费资源，要么"做白日梦"。监狱管理者工作的关键，就是要让一线民警得到资源并有权力运用这些资源。在监狱管理的架构中，管理者因为处在结构的上层，因此拥有了资源以及资源的分配权，但是越是处于上层的管理人员，就离监狱的工作对象和工作目标越远；而与工作对象和工作目标接触的一线民警反而没有资源以及资源运用的权力。

（3）监狱民警分工应遵循的原则 监狱是一个组织，其组织结构的核心是分责、分权。因此，在监狱分工时应遵循以下原则。

① 指挥统一。一个下属只能有一个直接管理者。

② 控制幅度。每个管理者能够管理的跨度，其实是有限的，从理论上来讲，一般的管理跨度比较合适的是五六个人，越到基层，管理的跨度就越大，越到高层，管理的跨度

越要变小。

③ 权责相当。监狱组织结构设计的关键是分工，目前我国监狱大多数采用传统的直线职能制组织结构，监狱到监区、分监区实行垂直领导，机关职能科室进行业务管理和服务，监狱工作的分工有横向和纵向两个方向。纵向分工是监狱的工作分工，在这条线上决定监狱、监区、分监区之间的绩效的分配、权力的分配，所以常常又称之为职权线。在纵向的分工安排上可以看到监狱承担绩效的层级、管理的层级以及考核的对象。因此在这条线上，必须保证承担绩效的基层监区、分监区权力最大，而不是职位高的人权力最大。纵向分工就是确保承担绩效的人权力最大，与监狱最高领导的距离最近。横向的分工是监狱的资源线，也就是说监狱所有的资源都在这条线上进行专业分配，保障业务部门能够获得支持，所以横向分工是职能线。横向分工最重要的是专业化分工以及专业化水平，同时为了能够确保监狱各项资源的有效使用，监狱管理者在横向分工时一定要尽可能简单，尽可能精简，能够减少就不增加，能够合并就合并。许多监狱管理者常有个误区，以为职能部门要细分，其实职能部门是要专业而不是细分。

④ 部门化。监狱管理者必须把做同一件事的人放在一个部门里交由一个管理者来协调，这就是部门化的原则。如果监狱管理者没有把做同一件事的人放在一个部门里协调，资源就会被分解掉，也就会浪费掉。部门化就是监狱管理者把分工所产生的专业人员集中在一个部门，由一个管理者来领导，以减少浪费。监狱管理者还需要确定一件事情，就是纵向分工所形成的职位，最好大过横向分工所形成的职位，这样，让职能部门为一线部门服务才不会成为口号。

（4）监狱管理者应不断深化监狱管理体制改革，为民警的科学分工创造良好的环境　2003年1月国务院批转司法部《关于监狱体制改革试点工作的指导意见》，要求积极稳妥地推进监狱体制改革试点工作以来，监狱工作进入快速、大幅度改革发展的时期。监狱体制改革，其主要目的就是纯化监狱职能，努力提高罪犯改造质量，同时，也可以进一步促进警力资源和民警职责的合理配置，减轻民警工作压力。

监狱管理者应充分把握监狱管理体制改革的有利契机，不断推进民警分工的科学化。监狱管理者应合理设置机构，优化警力配置，在监狱警力资源总量没有大幅增加的情况下，以"大部门制"为抓手，按块重组科室，企业为劳动改造罪犯提供服务，狱政考核综合部门与基层押犯单位对罪犯劳动改造考核，狱政部门负责罪犯分类分押和监狱劳动力的调配等问题；监狱管理者要将基层监区改造和经济职责有效分开，实现监狱管理重心和警力的下移，缩减管理环节，避免监狱职能科室和基层监区"争权夺利"或"推诿扯皮"。监狱管理者应适度配置民警工作职责，减轻民警工作压力，尽量因事设置岗位，尽可能具体地确定每一位基层监区民警工作中应享有的权利、应履行的义务和应承担的责任，使监狱的决策层、过渡层和一线民警之间都有相对明晰的分工；监狱管理者可以探索实行民警工作时间的"代币化管理"，民警加班、超时工作所付出的休息时间，在空闲时予以补休或经济补偿；监狱管理者应实施民警轮岗制度常态化，对民警在同一监区的工作年限做出适当的限制性规定，将民警职务晋升与单位、岗位变换有机结合，使尽可能多的民警不断增加工作的新鲜感，不断挖掘自身的工作潜能；同时，对在基层监区连续工作一定年限的民警，监狱管理者在民警职级晋升、休假和物质利益分配等方面要给予一些政策性的倾斜，促进这些民警实现工作质量和家庭生活质量的同步提高。监狱管理者应优化民警工作模式，提升民警履职效率，科学设置民警带值班模式，尽量减少民警的无效劳动；管理者还要深入开展好岗位练兵活动，提高民警履职水平和单兵作战能力；管理者要尽量利用监狱管理体制改革契机，剥离监狱民警非执法工作的负担，对后勤、服务、工勤等岗位，实行文职制、辅警制；男押犯监狱可以充分发挥女民警作用，行政上归监区领导，业务上归专业科室（如女民警内勤办公室）管理，承担会见、材料制作、信息化管理等职责，缓解一线男民警压力；管理者要妥善处理好民警新老交替问题，在坚持共性条件的前提下，选拔任用领导职务应重民警的"功劳"、学历和能力，选拔非领导职务应重资历，让年轻有能力的民警担任领导职务，让相对年老能力弱的民警担任非领导职务，适当拓展老民警的工作时间、延伸工作舞台，充分运用选拔任用杠杆，把中青年民警吸引到一线、吸引到关键岗位。

四、以学习型组织建设为助推，激发创新潜能

壳牌石油公司企划总监德格认为："唯一持久的竞争优势，或许是具备比你的竞争对手学习得更快的能力。"❶什么样的人才可以胜任新时期监狱工作呢？在科学谋划"十二五"期间监狱的创新发展、服务社会主义和谐社会建设的大背景下，监狱管理者致力于创建学习型监狱组织不失为一个有效的手段。

1. 学习型组织概念界定

学习型组织，是法国前总理、教育思想家埃德加·富尔，于1972年在联合国教科文组织发表《学会生存——教育世界的今天和明天》报告中最早提出来的。他在报告中预测，随着整个社会教育、经济和多方面发展的需要，在走向学习化社会的过程中，一种"新型的学习型组织将会产生"。❷随后，一大批关于学习型组织理论的论著相继问世，学习型社会的观念逐渐深入人心。其中被应用和研究最多的当属美国麻省理工史隆管理学院博士彼得·圣吉于1990年出版的《第五项修炼——学习型组织的艺术与实务》一书。他的学习型组织理论在西方发达国家企业管理中首先得到广泛应用，后被采用到公共管理与事业单位。现在，学习型组织理论已是当今世界最前沿的两大管理理论之一（学习型组织理论与企业改造），演变为一种极富竞争力的现代企业与公共事业管理模式。❸

美国的戴维.A.加尔文在《学习型组织行动纲领》一书中给学习型组织下了一个定义：学习型组织是指能熟练地创造、获取、解释、转移和保留知识，并根据这些新的知识和观点，自觉地调整自身行为的组织。❹

学习型组织成为当今中国社会评价一个组织是否有生命力的重要指标之一，"学习型社会"、"学习型城市"、"学习型机关"、"学习型企业"、"学习型政府"、"学习型法院"、"学习型班组"等名词充斥各种媒体，中国共产党也把"学习型"作为党的建设的特色之

---

❶ 参考自"如何创建学习型组织"。http://tieba.baidu.com/f? kz=61191.

❷ ［法］埃德加·富尔著. 学会生存——教育世界的今天和明天. 华东师范大学比较教育研究所译. 北京：教育科学出版社，1996：199.

❸ ［美］彼得·圣吉. 第五项修炼——学习型组织的艺术与实务. 北京：三联书店，1997：14.

❹ ［美］戴维. A. 加尔文（David A. Garvin）著. 学习型组织行动纲领. 邱昭良译. 北京：机械工业出版社，2004.

一。党的十六大提出了"形成全民学习、终身学习的学习型社会，促进人的全面发展"的奋斗目标，十七大报告继续提出"建设全民学习、终身学习的学习型社会"的要求。中共中央政治局常委李长春在"学习型党组织建设工作座谈会"上强调："推进学习型党组织建设，是正确把握国际国内形势、抓住用好重要战略机遇期的迫切要求，是推动科学发展、促进社会和谐的迫切要求，是坚定理想信念、巩固全党全国人民团结奋斗共同思想基础的迫切要求，是凝聚发展力量、顺利实现"十二五"宏伟目标的迫切要求。"❶

2. 监狱管理者创建学习型监狱需要具备的特质

很显然，彼得·圣吉的"五项修炼"是每一个学习型监狱民警都不可少的特质。作为学习型监狱的管理者，首先，要求通过自己的管理行为使每个民警都有"自我超越"的学习动力，通过个人的学习规划和追求，提高整个民警队伍的整体素质；其次，创建学习型监狱，管理者要使每个民警都在"心智模式"方面加强修炼，提高民警对现实的体察力及对未来的预测力；再次，管理者要使监狱各层级都要确立"共享的愿景"，把所有的班子成员，以至集体中的每一个民警的愿望都汇集起来，形成一种牢不可破的力量；第四，管理者要加强"团体学习"的修炼，把监狱的整个团体都作为交互合作的小组，促使每个团体成员相互学习、互相督促，共同推动民警队伍建设。最后，也是很关键的一点，就是管理者要使监狱民警队伍具有"系统思考"的能力，形成一股结构性学习氛围和学习机制，面对各种复杂的情况能够进行系统性的思考。

除此以外，下列几点也是监狱管理者在构建学习型监狱和学习型民警队伍过程中不可忽略的特质。

（1）监狱管理者要尊重监狱文化的多元性　目前，监狱受传统经验的影响，文化单一性似乎成为监狱文化的基本特点。但是，受到社会文化多元性趋势的影响，监狱文化也发生了许多变化。例如，从各高校或者社会各行业招录的公务员，他们已经不同于以往的军队转业干部或者警校毕业生，他们往往具有不同的文化背景和知识结构，但没有极为深厚的监狱情结和军事化的训练，因此他们是一股分化故有监狱文化的力量。面对这种情况，有的监狱管理者持抱怨的观点，认为这些新招录的民警，没有军队转业干部那样的严格纪律性和警校学生的专业能力，且在许多方面存在着异端的想法。而另一种观念认为，恰是因为这种新的文化融入，才使监狱有了新的活力。作为监狱管理者要有容人之心，要充分尊重不同的文化，要力求使不同的文化得到有效地整合。监狱管理者只有做到这一点，才能使监狱整个团队的所有成员都能以一种积极的态度对待工作。

（2）监狱管理者要树立整体观　作为学习型的监狱管理者，还得树立整体观。从本组织团体内部来讲，整体观需要的是对本团体内部的工作有整体性的把握，而不是从片面的角度去处理问题。例如，有的监狱的刑务劳动作业办公室或监区为了片面追求经济利益，而置司法部不准"三超"劳动的规定于不顾，侵害服刑人员的合法权益。这种做法，就是监狱管理者缺乏整体观的具体表现。另外，从整个监狱的角度看，每一个管理者都在集体中工作，不能画地为牢，仅仅考虑自身的情况，置监狱全局性工作于不顾。倘若如此，则会对监狱整体工作造成相当被动的局面。

（3）监狱管理者要形成开放性的思维　监狱物态形式的封闭性，极易造成监狱管理思

维的封闭性。长期以来，许多监狱管理者缺少对外交往的机会，或者可以说"见世面"的机会不多，因而总是想当然地认为，监狱所实施的一套是亘古不变的。实际上，监狱也是社会，它应随着社会的发展而有所发展，尽管这种发展的影响总是来得缓慢些。因而，这就需要监狱管理者要虚心地向社会各行各业学习，通过比较来发现监狱现行各项制度的长短与优劣，将社会各行各业中能够促进监狱发展的好的经验学过来，应用到实际工作中去。

（4）监狱管理者要坚持科学发展观　科学发展观，是当前中国做好一切事业的指针。监狱的发展同样也离不开科学发展观。作为监狱管理层，监狱管理者也应将科学发展观的培养和坚持作为创建学习型领导班子的必然内容来落实。对于监狱管理者来说，坚持科学发展观就是要求将监狱的发展与社会的和谐统一起来，将对服刑人员的惩罚与教育有效地结合起来，将民警队伍建设与监狱其他条线工作很好地整合起来。

3. 构建学习型监狱和学习型监狱民警队伍的主要路径

如果说建构学习型监狱和学习型民警队伍是一个系统性的工程，那么监狱管理者在实施的过程中至少要依赖以下五个子系统来支撑。

① 学习子系统。它包括学习的层次、类型和技能。

② 组织子系统。它包括团体愿景、文化、战略和组织结构。

③ 人员子系统。需要整合所有与本团体有关的人员，也就是常说的"全员参与"。

④ 知识子系统。它是指对团体获取和产生的知识进行管理，它包括知识的获取、创造、存储、分析、转移、应用和确认六个要素，这些要素具有持续的、相互关联的特点。

⑤ 技术子系统。是指通过相关技术，提高学习和知识管理的速度与效果，由支持学习和信息访问与交换的支持性技术网络及信息工具所组成，包括知识技能、电子工具和先进的手段如网络会议等。❶

在以上五个子系统中，学习子系统是核心子系统，它涵盖个人、团队和组织三个层面，包括系统思考、心智模式、自我超越以及自主学习对话技巧。其他四个子系统也是强化与增加组织学习的质量和效率所必需的。这些子系统共同构建起了一个保证组织学习与成功的坚实架构。

（1）善于不断学习　这是创建学习型组织的基本途径。创建学习型监狱和学习型民警队伍是一项系统性工程，监狱管理者首先应突出强化以下三点。

一是强调"终身学习"，即管理者要使监狱组织中的成员均应养成终身学习的习惯，这样才能形成组织良好的学习气氛，促使其成员在工作中不断学习。

二是管理者要强调"全员学习"，即管理者要使监狱组织的决策层、管理层、执行层都要全心地投入学习，尤其是监狱管理决策层，他们是决定监狱发展方向和命运的重要阶层，因而更需要学习。

三是管理者要强调"全过程学习"，即管理者必须要使学习贯彻于监狱组织系统运行的整个过程之中。约翰·瑞定提出了一种被称为"第四种模型"的学习型组织理论。他认为，"任何企业的运行都包括准备、计划、推行三个阶段，而学习型企业不应该是先学习然后进行准备、计划、推行，不要把学习和工作分割开，应强调边学习边准备、边学习边

❶ ［美］迈克尔·马奎特著. 创建学习型组织5要素. 邱昭良译. 北京：机械工业出版社，2003.

计划、边学习边推行"。❶

管理者只有使学习型监狱和学习型民警队伍通过保持善于学习的能力，才能及时铲除发展道路上的障碍，不断突破组织成长的极限，从而保持监狱工作持续发展的态势。

（2）改善科层制结构　学习型组织结构是扁平的，即从最上面的决策层到最下面的操作层，中间相隔层次极少。它尽最大可能将决策权向组织结构的下层移动，让最下层单位拥有充分的自主权，并对产生的结果负责。例如：美国通用电器公司目前的管理层次已由9层减少为4层，只有这样的体制，才能保证上下级的不断沟通，下层才能直接体会到上层的决策思想和智慧光辉，上层也能亲自了解到下层的动态，汲取第一线的营养。只有这样，企业内部才能形成互相理解、互相学习、整体互动思考、协调合作的群体，才能产生巨大的、持久的创造力。

监狱传统的垂直组织结构，上下级之间是决策输送和信息反馈的逆转传递，上情下达或下情上达都同样要经过中间的层层结构传递，这导致了诸如信息损耗大、传递成本高、传递速度慢等不良后果，而且在监狱组织内部的不同职能部门之间造成沟通与合作的障碍。信息化和全球化根本改变了监狱组织生存的内外环境，要求监狱组织从内部到外部建立合作、协调、高效的机制，变分工和等级为合作，协调内外部环境，调动民警的积极性。这就要求监狱管理者尽量减少科层制，实行扁平化管理。监狱扁平化组织结构也有利于建立共同愿景，这样，精干的学习型监狱和学习型民警队伍就可以更好地凝聚监狱上下的意志力，促进全监狱上下达成共识，使广大监狱民警努力的方向一致，使民警个人也乐于奉献、自觉自发地为监狱目标的实现努力奋斗。

（3）共同学习　组织学习普遍存在"学习智障"，个体自我保护心理必然造成团体成员间相互猜忌，这种所谓的"办公室政治"导致高智商个体，组织群体反而效率低下。从这个意义上说，管理者之间的团结，组织上下协调以及群体环境的民主、和谐是建构学习型组织的基础。

首先管理者要构建完善的学习体系。监狱管理者要强调"团队学习"，不但要重视民警个人学习和个人智力的开发，更要强调组织成员的合作学习和群体智力（组织智力）的开发。在学习型组织中，团队是最基本的学习单位，团队本身应理解为彼此需要他人配合的一群人。组织的所有目标都是直接或间接地通过团队的努力来达到的。建设学习型监狱和学习型民警队伍，监狱管理者是关键，要带头学，发挥模范引领作用。监狱的决策层要主动把建设学习型监狱和学习型民警队伍纳入监狱党建工作的重要内容，融入加强监狱基层党的组织建设的各项工作中，充分发挥党员活动室、电化教育等阵地作用，努力把科监区党支部建设成为党员、民警学习教育的课堂、锤炼思想的熔炉和团结奋进的堡垒。目前，江苏监狱系统较为普遍地推行"4＋1"工作、培训模式，民警每周工作4天，学习、训练1天，休息2天，各单位能结合工作实际，结合民警带值班模式合理安排参训民警名单，保证每名民警每月参加理论业务培训一次、文体活动一次，就可以确保民警轮训工作与其他各项工作两不误、两促进、两提高。

其次管理者要强调带着问题学习。监狱管理者要使民警明确，学习不是泛泛而学，而是要带着问题学，要在工作中发现问题，在学习中找寻解决问题的方法。监狱管理者应创

---

❶ 参考自"瑞定的学习模型"。http://baike.baidu.com/view/1091957.htm.

造条件、提供便利、加强考核，让各级领导和广大民警坚持尽可能多地学习马克思主义的著作和论述，可以帮助民警解决监狱工作为什么要坚持马克思主义在意识形态领域的指导地位问题；管理者要带领民警学习科学发展观，可以帮助民警解决监狱工作在新的历史条件下怎样发展、为谁发展的问题；管理者要带领民警学习各种科学和经济知识，可以帮助民警更准确地把握和了解当今世界科学和经济知识，可以更准确地把握和了解当今世界科学发展态势、经济发展脉络，更好地推进监狱事业的改革和发展。

最后管理者要用较高的工作目标不断牵引民警学习的动力。刘少奇同志在《学习态度和学习方法》一文中生动地阐述了理论联系实际的马克思主义学习方法，同时也鼓励大家"能力今年不够，明年就够了，明年还不够，再搞几年就够了。没有说能力够了再去担负工作的。"❶ 应当承认，人都是有惰性的，管理者要求各级领导和广大民警在日益紧张的工作、生活之中自觉学习确实不易。作为监狱的上层管理者，必须努力使监狱的愿景与现状之间始终保持一定的差距，才能激发各级领导和全体民警不断创造与超越、随时保持创造性张力，解决建立"学习型组织"最基本的动力问题；作为各级管理者个体，更应当不断地为监狱各项工作设定较高的、超前的目标，使广大民警清楚地认识到能力素质与实现较高的工作目标之间的差距，不断激励自己进行真正的"终身"学习。

（4）知识管理　知识管理是一个非常复杂的过程，它包括组织中与知识相关的各种活动，如知识的生产、加工、传播和运用等，以及与各种相关活动有关的工具和方法。

学习型组织的本质特征是以学习创新为推进组织发展的主要动力，也就是说，管理者创建学习型监狱和学习型民警队伍的根本目的、主要着力点和最终的落脚点都应该是新能力、新知识在监狱工作中的应用和推广。在实践中，监狱管理者应努力使中层领导班子明确监狱各项工作及自身存在的问题、深入细致地研究分析问题，使监狱中层和一线执行层民警能有针对性、有计划地设计知识获取方案，通过书籍、电子书、多媒体信息等知识储存，通过访谈、问卷调查、进行案例分析、举办研讨会、参加学习与合作、查阅文献资源和数据挖掘技术等方法，从已有的知识源中得到有用知识；从收集的文献资料中，挖掘那些有效的、新颖的、具有潜在价值的部分，发现能够有助于科学解决问题的必要知识。监狱决策层还应努力构建民警合作和交流平台，让知识在监狱和监狱领导、科监区领导、普通民警个人之间便捷地流动和传播，以利于监狱中层领导班子更好地发挥好承上启下的桥梁和纽带作用、促进监狱全体民警的流动和知识的共享相一致。作为监狱这一级组织的管理者，要致力于营造良好的知识共享环境，完善知识激励机制，依托扁平化组织结构，为中层领导班子团结和带领全体民警进行知识创造、共享和传播创造有利条件，培育和鼓励学习和相互学习的警察文化，使知识在监狱改革、创新、发展的实践中得到及时、高效的运用；在知识收集、移转的过程中，实现知识的有效整合，将广大监狱民警的那些想法、直觉、经验和灵感等具体化，转化为能够不断提升监狱事业发展质量的新知识。

（5）便捷高效的学习手段　首先管理者要构建开放性的学习网络。作为监狱的决策层领导，应具有开放的眼界和广阔的胸襟，将学习型监狱和学习型民警队伍建设这项工程放在全球化这个大背景下进行谋篇布局，勇敢地跳出监狱系统现有条件有限的桎梏，敢于积极主动地充分利用社会各项资源、系统、技术，与时俱进地培养高素质的监狱学习型领导

---

❶ 刘少奇选集下卷. 北京：人民出版社，1985：52.

班子和民警队伍。管理者应突出强调以全面提高领导班子和民警队伍的综合素质为重点，构建多形式、多层次、全方位、立体化的终身教育、终身学习的教育体系和学习网络，逐步形成学历教育、岗位短训、自学考试、函授教育等多层次学习形式，提供相应的学习机会，以适应各级领导班子和广大民警的学习需求。

其次，管理者要创新学习载体。建设学习型监狱和学习型民警队伍不能局限于传统的学习教育培训模式，管理者必须从监狱的工作特点、科监区的工作定位和民警的现实需要出发，大胆进行观念、机制和活动形式的创新，不断丰富和完善民警教育培训工作的形式和载体。一方面管理者要充分利用原有的、行之有效的学习载体，如例会日、岗位技能培训、以师带徒、专家讲座、辅导报告等；另一方面管理者要坚持与时俱进，根据监狱培训目标任务与科监区领导多样化需求的不对等性，不断创新学习载体，如菜单化培训、读书会、研讨会、演讲会以及现场交流、实地考察、挂职锻炼、课题调研等丰富多彩的学习形式，拓宽民警教育渠道。此外，监狱的上级管理者还可借鉴中组部从2005年起扩大农村现代远程教育试点的做法，由各省（市）监狱管理局构建省级资料库和在线学习网站，满足科监区领导和广大民警对知识全方位、开放式的需求。

最后，管理者要提升监狱整体文化内涵。学习型监狱和学习型民警队伍不是空中楼阁。监狱的上级管理机关和监狱的决策层领导要结合实际，坚持"以文育人、以文化人、文化励志、文化聚力"的工作思路，积极探索群众文化建设新载体、新机制，创建"大文化"格局，形成上下联动、分工协作、整体推进的群众文化建设机制，努力谋求全体监狱民警思想境界的高层化、道德水准的文明化和社会心理的现代化，只有这样，才能从根本上为监狱学习型领导班子和学习型民警队伍的产生提供必要的土壤，为新型队伍脱颖而出营造良好的氛围，为学习型组织充分发挥应有的作用培育较高的认同度和号召力，避免出现耗费巨大心血打造出的监狱学习型领导班子曲高和寡、孤军奋进，最终依然是竹篮打水、纸上谈兵，沦为海市蜃楼的幻景。

4. 要营造理论创新引领监狱发展、实践创新推动监狱进步的浓厚氛围

"十二五"时期是监狱工作抢抓发展机遇、全面争先进位的关键时期，监狱的管理者应当高度重视并深入推动对改革和发展中有关基础理论和重点、热点、难点问题的针对性、应用性、前瞻性研究，不断在监狱营造理论研究的浓厚氛围，更好地指导和推动监狱工作。

（1）高度重视，充分认识做好理论研究工作的重要意义　这主要包括以下三点。

① 做好理论研究工作，是创建学习型监狱和学习型民警队伍的现实需要。"十二五"规划建议，将创新驱动战略确立为经济社会发展的核心战略。管理者做好理论研究工作，引领广大民警职工深入细致地研究问题、分析问题、解决问题，既能够强力助推"十二五"期间监狱的创新发展，又能够创建学习型监狱和学习型民警队伍、促进优秀人才脱颖而出。

② 做好理论研究工作，是破解监狱发展难题、引领创新发展的现实需要。管理者积极倡导并努力推动做好理论研究工作，有针对性、有计划地提升广大民警职工"系统思考"的能力，有利于监狱形成结构性学习氛围和学习机制，使民警在实践中不断发现新问题、提出新举措、解决新矛盾，为各级领导的科学决策发挥重要的参谋作用。

③ 做好理论研究工作，是提升整体发展水平的现实需要。管理者做好理论研究工作，

大力营造理论创新引领监狱发展、实践创新推动监狱进步的科研氛围，才能全面实现监狱的各项工作任务和具体指标。

（2）突出重点，努力提高理论研究工作的针对性和实效性　管理者应使监狱各层级都紧扣监狱工作实际，明确当前监狱理论研究工作的方向和重点，围绕中心、服务大局，立足当前、善谋长远，突出重点、注重实效，积极组织人员对新课题、新任务开展调研，服务于监狱各项工作的科学发展。

（3）狠抓成果转化，进一步提高监狱理论研究工作服务各级领导决策的水平　抓好调研成果转化是理论研究工作的最终落脚点。监狱管理者应实行理论研究成果定期交流、发布机制，适时召开理论研究项目课题协调会、论文研讨会、成果鉴定会；每季度举办专题论坛活动，给基层民警提供交流工作经验的平台；结合不同阶段的工作重点，有选择地以"调研专刊"的形式对重点调研成果进行交流；对重大调研成果要搞好试点，以点带面、积累经验，促进调研成果推广应用。监狱高层要善于把调研成果转化成决策思想、工作理念、工作思路，用以改进和推动工作；在实际工作中，对重大问题，管理者要做到没有深入调研不决策，调研方案不论证不决策，没有比较方案不决策。此外，监狱管理者还应组织优秀调研论文编辑出版调研论文集，择优向上级和各类学术报刊、学术活动推介，进一步推进调研成果的交流与转化。

第七章 用诚管理——责任决定动力

组织有正式组织与非正式组织之分。正式组织就是指运用责任、目标和权力来联结人群的集合；非正式组织是指用情感、兴趣和爱好来联结人群的集合。监狱作为国家的刑罚执行机关之一，其法定目标和职责是准确执行刑罚、将罪犯改造成为守法公民。因此，监狱具有典型的正式组织的属性，监狱管理更注重的是对责任、目标和权力的管理；当监狱的法定目标和职责无法实现的时候，监狱也就没有了存在的意义，监狱民警也就失去了存在的意义。

责任是监狱管理过程各个环节得以有效运行的根本保证，无论是在监狱管理的理论层面，还是在监狱管理的实践层面，责任都是最具能动性、最具潜力、最难以被复制和模仿的核心要素，具有丰富的管理学内涵。监狱管理者要善于同下属坦诚相处，开诚布公地分配责任、权力和利益，只有这样，才能既把责任分配下去，让每一个民警承担起责任，又给予民警和责任相适应的资源和分享，强化激励民警干好监狱工作和对监狱事业成就的心理追求，使民警始终保持旺盛、积极的心理状态，最大限度地激发和挖掘潜能，不断培养和提升民警对监狱工作的忠诚度。忠诚的最高境界是责任，忠诚本身是一种责任，忠诚是对责任的坚守；而责任能够造就忠诚，责任是对忠诚的注释，责任决定动力。正所谓"责任是忠诚的最高层次"、"履行职责是最大的忠诚"。❶

一、抱诚守真，注重责任与责任管理

1. 责任在监狱对民警的管理工作中具有重要意义

（1）责任释义 从字面上理解，责任有两层含义。

① 应尽的义务、分内应做的事，如履行职责、尽到责任、完成任务等。例如：监狱长的责任。

② 如果没有做好自己工作，而应承担的不利后果或强制性义务，如担负责任、承担后果等。例如：推卸责任。

从实践层面看，责任是一个系统。根据责任文化研究专家唐渊在《责任决定一切》中的阐述，责任是一个完整的体系，包含以下五个方面的基本内涵：

① 责任意识，是"想干事"；

② 责任能力，是"能干事"；

③ 责任行为，是"真干事"；

④ 责任制度，是"可干事"；

❶ 蓝雨编著. 责任比能力更重要. 北京：中国商业出版社，2010.

⑤ 责任成果，是"干成事"。

（2）责任在对监狱民警管理中的意义　从新中国建立以来的长期监狱工作实践看，监狱除承担着惩罚和改造罪犯、将罪犯改造成为守法公民的法定职能外，还承担着诸如发展经济、办社会等多重职能。与之相对应，监狱民警也不可避免地承担着繁重的多重责任。

① 监狱民警要教育转化挽救罪犯，使罪犯"脱胎换骨"顺利回归社会，承担着特殊的"人类灵魂工程师"的责任。

② 监狱民警要公平公正地执行刑罚，承担着"社会公平正义使者"的责任。

③ 监狱民警要和罪犯斗智斗勇，承担着平安法治和谐社会"守望者"的责任。

④ 监狱民警要充分利用社会资源帮教转化罪犯，要协助做好与社区矫正和安置帮教机构沟通、衔接工作，防止社区矫正人员和刑释人员脱管漏管，做到无缝对接，最大限度地减少重新犯罪，承担着转化社区矫正人员和刑释人员工程社会协助者的责任。

⑤ 监狱民警要组织好监狱企业生产，为罪犯劳动改造提供场所，实现改造人的社会效益和经济效益双赢，承担着"企业家"的责任。

⑥ 监狱民警要和罪犯亲属及社会媒体打交道，承担着监狱工作代言人的责任。

⑦ 监狱民警要以超前的思维和敏锐的观察，科学预见监狱工作的发展趋势，提出重大选题，引领和打造监狱主流文化，承担着监狱主流文化建设者和研究者的责任。[1]

监狱民警所承担责任的复杂性、嵌套性，决定了监狱民警不可避免地承受着巨大的职业角色压力。但是另一方面，由于监狱民警的劳动成果不是以独立的物质形态表现出来的，而是融汇在改造罪犯的过程之中，就好比是水泥柱里的钢筋，只出力不露面，监狱民警劳动的这种潜隐性决定了监狱民警的甘苦与贡献不易被社会公众所认识，导致社会给予监狱民警的赞誉和首肯与监狱民警为社会所做的付出与贡献并不完全对等，客观上造成监狱民警工作辛苦、付出多却成就感低落，许多民警产生职业倦怠。为此，监狱管理者在积极创造条件改善民警工作条件、生活条件，努力建设民警责权利相统一的工作机制的同时，也要特别注重加强对民警的责任意识教育和引导，帮助民警既依法享受自己的权利、又全面地履行自己的责任和义务，实现民警自身发展和监狱事业发展的双赢。

监狱管理者要努力让民警认识到：责任体现一个人的心态、态度、原则、作风、风格、习惯、思想；责任体现一个人的心智、格局和胸怀，体现着一个人的使命、生活空间和追求；责任是一个人人生观、价值观和世界观的体现，是一个人对待人生和生命环境的态度；责任就是担当，就是付出。如图 10 所示，监狱民警对待人生和生命环境的态度决定了民警的人生观、价值观和世界观；人生观、价值观和世界观决定了心智、格局和胸怀；心智、格局和胸怀决定了使命、空间和追求；使命、空间和追求决定了日常生活中的心态、态度、原则、作风、风格、习惯、思想。同时，日常生活中的心态、态度、原则、作风、风格、习惯、思想又不断积累、反馈、沉淀和形成人生观、价值观和世界观。

2. 责任在监狱管理中的内涵

责任是义务，也是权力。责任是权力与义务的统一。责任以管理者和被管理者为主体，以义务和权力为静态内容，以决策和执行为动态过程，以组织内的人和组织的可持续发展为最终结果。与责任对应的是人，是人力资源与人力资本的管理。

---

❶ 程颂红. 监狱民警职业高原现象探析. 中国监狱学刊. 2011：(1).

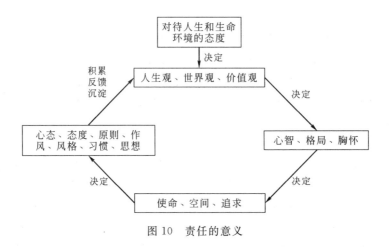

图 10 责任的意义

（1）明确界定各级民警的责任是监狱管理的重要抓手　监狱管理者应当认识到，经过多年的改革发展，监狱管理工作正在从粗放、经验走向科学，监狱管理的精细化程度也已经发展到了一定的水平；但是，监狱管理者更应当认识到，监狱本质职能还没有完全归位，民警的职业化程度还远远不够高，监狱对民警的管理还是更多地依靠行政指令，客观上容易消解监狱民警的责任意识和工作的积极性、主动性，把民警培养成"算盘珠"，拨一下动一下，不拨不动。其实，从人性的角度来看，每一个民警都希望得到尊重而不是管理，每一个民警都本能地认为自己有自我约束的能力，尤其是具有自我实现能力的民警，更加觉得提供平台给他发挥比任何事情都重要。在这样的认知条件下，如果监狱管理者不理解管理应该是面对事情而坚持管人的话，一定得不到管理的良好效果。所以，对于很多从事监狱管理工作的人而言，问题就出在管理者只关心民警的态度和表现，并没有清晰地界定民警的责任，也就是说没有为民警明确界定出必须要做的事情，以及做事的标准。对于大多数民警来说，他们并没有清晰的责任作为指引，不能清楚地知道自己应该做什么事情、做到什么程度，所以只有凭着兴趣和情绪或者感情来做，这样的做事方式，一定是无法评定以及无法控制结果的。明确界定各级人员应该负的责任、应该做的事情，这就是监狱管理者的重要职责和抓手。

（2）监狱管理是用目标、责任和权力来联结的　在现实的监狱管理工作当中，一些管理者常常存在一个认识上的误区，认为监狱这个组织就像一个家。一直以来，一些管理者也常常只习惯地用"以单位为家"、"以厂为家"等观念来要求、引导民警、职工，但是这些观点其实是非常不妥的。监狱的各级组织到底应该是什么样的状态？监狱管理者还是需要回归到监狱组织本身的属性上来。当民警与监狱的组织联结的时候，对于这个民警个体来说，监狱的这级组织和民警个人的关系如何理解就变得非常重要。当监狱管理者与民警都认为"监狱各级组织不是一个家"的时候，就表明监狱各级组织不会额外照顾哪一个民警个人，也就意味着在监狱的各级组织中，更主要的是用目标、责任、权力来联结，而不是仅仅用情感来联结的。从这个意义上来说，监狱管理就是要探讨责任与权力是否匹配，监狱组织结构分责、分权的设计是否合理、科学。

（3）监狱管理者需要面对责任、目标和权力，而不能仅仅依靠培养情感　监狱存在的理由就是要实现惩罚和改造罪犯，将罪犯改造成为守法公民的法定目标。要实现这一目标，监狱管理者就需要为民警配置一定的责任和权力，而培养感情不是首要的。所以，如果监狱管理者非常讲究分工、责任和目标，就能使监狱具有很好的组织管理特性；如果监狱管理者除了讲究分工、责任和目标之外，还能够照顾到全体民警的情绪和爱好，还能够给予民警情感方面的关注，就能使监狱成为一个优秀的组织，就能使民警非常热爱监狱和监狱工作。如果监狱管理者只考虑照顾到民警的情绪，监狱工作却没有效率，这样的监狱管理者就是失败的，就一定不能够团结和带领民警去实现监狱的法定目标。

3. 监狱管理者要让民警勇于承担责任、乐于承担责任

（1）绩效考评是监狱管理者促进民警落实责任的推动机 "责任与个人利益、组织利益直接相关，责任需要一定的推动机。"❶ 目前，各监狱都在探索和全面推行绩效考核，就是推动责任落实的重要路径，绩效管理的精髓也在于落实责任。监狱管理者通过绩效评价的结果在监狱的职能科室之间、监区之间相互比较，既可以发现组织和民警中存在的问题，也可以促进组织和民警产生努力工作的动力；更重要的是，绩效评估与绩效奖惩是直接联系的，绩效评估为监狱管理者奖优罚劣、奖勤罚懒提供直接依据。同时，绩效评价也是监狱管理者调适新的目标导向的工具。通过评价，监狱管理者发现监狱管理制度以及执行中的缺漏、差距，就可以及时采取措施补充完善；检验监狱工作目标的落实情况，为重新配置资源、调整目标提供依据；将正确的用人导向融入工作目标以及绩效考核、评价之中，正确评价民警的是非功过，最大限度地把民警的精力和心思凝聚到监狱事业发展上来。

比如，许多监狱在对民警评先评优、晋职晋级的评价激励工作中，没有充分考量机关职能科室民警和基层监区、分监区一线民警之间的工作内容差异、辛苦程度不同和承担的压力风险大小，而是笼统地按照民警人数确定评先评优、晋职晋级的比例，没有使基层监区、分监区一线民警得到与自身所承担责任相匹配的激励，在一定程度上影响了基层监区、分监区民警工作的积极性。监狱管理者在开展监狱民警评先评优、晋职晋级工作中，应充分体现向基层一线倾斜、向累积贡献大的民警倾斜的原则，尤其是对民警晋升职务（包括领导职务和非领导职务），要规定出民警在监管改造工作一线工作的基本年限，对于在监狱职能科室工作的民警其职务晋升的基本年限要高于在基层监区、分监区工作民警职务晋升的基本年限，以此调动民警主动留在基层监区、分监区工作，安心在基层监区、分监区工作的积极性。

（2）监狱管理者要让民警在承担责任中获得自身的成长 监狱管理者要让民警认识到：只有勇于承担责任，才能证明自己比别人出色。工作困难时，任务紧急时，事物纷繁时，管理者最需要的，就是那些勇于主动帮他分担的民警。机会常常是"伪装"成责任出现的，谁勇敢地担起了责任，谁就牢牢地把握住了机会。美国著名管理学家玛丽·费洛特说过："责任是人类能力的伟大开发者。"因为责任感强，民警发现问题、分析问题、解决问题的能力就强，信心就足。民警勇于负责任，才有负更大责任的机会，才会有实现自我价值的机会。民警多接受一次任务，就是多一次检验自己责任心的机会，预示他将更加成熟。

不可否认的是，在实际工作中，一些民警的依赖心理在一定范围内还不同程度地存在

---

❶ 卓越著. 政府绩效管理导论. 北京：清华大学出版社，2006：308.

着。他们有的是主人翁意识不强（或者说是主人翁意识没有得到有效激发），认为这个监区（科室）又不是我一个人的，干好了又不是我一个人的光荣；干不好也无所谓，又不会失去什么。有的则认为"出事多的，都是管事多的人"，在处理值班、带班过程中遇到的各类问题，不是积极地学习和钻研，主动出击、寻求解决问题的途径和方法，而总习惯于等待领导拿主意、定主张，这样，自己不需要动脑筋——而且，按照管理者的要求办事，出了问题还可以不负责任。

其实，责任和权力是密不可分的。很多人对权力梦寐以求，却不知道，权力的孪生兄弟——责任也时刻在找人承担。作为监狱管理者，一定要通过常态化的检查督促和严明的奖罚，让民警知道：放弃了责任，也就是放弃了实现自己价值的机会。很多民警不愿意承担责任，是因为不自信，对有可能造成的后果没有把握，并担心接受惩罚。事实上，优秀的管理者，没有不能容忍下属在工作上犯错误的；但他们绝对不会重用那些没有失误也没有责任感的下属。有责任感的下属才是好下属，那表明他们愿意自动自发地工作。岗位权力其实只是责任的象征，管理者把权力给下属就是要他承担责任，权力越大，责任越大。民警的工作有分工，角色有不同，但责任心都是不可少的。一次认真的查岗点名，一项生产任务的顺利完成，一次圆满的会务接待，需要民警认真认真再认真，细致细致再细致，表面上是吃苦，实质就是责任心的具体体现。

（3）监狱管理者要尽量避免因责任分散而造成集体冷漠　现代社会是法治社会，其基本要义是"责、权、利"相统一。如果"责、权、利"不明确，一味强调"集体负责"，必然会导致"集体不负责"，造成责任分散，每个人分担的责任很少，旁观者甚至可能连他自己的那一份责任也意识不到，从而产生一种"我不去做，由别人去做"的心理，造成集体冷漠的局面。

监狱工作是在各种矛盾不断冲突、较量中曲折前进、螺旋上升的。当今的社会，是一个知识爆炸、日新月异的时代，那种缓慢而又微小甚微的危险，才是最可怕的！对于监狱管理者自身来说也是一样，监狱的各级管理者能不能主动地承担起责任、主动查找潜在的危机，超前预防和化解各种矛盾，是对监狱工作有没有主人翁的责任心的重要体现。管理者应主动在组织内部打破均衡状态，勤于思考新问题、勤于学习新知识，去积极应对、解决危机；而不能像"冷水煮青蛙"，一味地沉迷于现状、安于现状、不思进取，管理者不能默认没有能力的人在重要岗位上，不能默认"思想老朽"的管理者在关键岗位上消磨时间直至退休，不能放任工作水平下降而寻找借口，绝不能追求"一团和气"，否则，只能面对突如其来的危险，而忽视那种缓慢而又微小甚微的危险，到头来贻害监狱工作的创新发展。

二、责无旁贷，从目标管理到责任管理

目标管理是由美国著名的企业管理学家德鲁克（Peter Drucker）提出的一种管理方法，在企业管理中有着广泛的应用，是目前被普遍采用的管理方法之一。

1. 目标具有不可忽视的激励作用，目标明确才能责任明确

心理学的研究表明，人的目的性行为的效率明显高于非目的性的行为。换句话说，当人们意识到自己行为的目标时，便会表现出较高的工作热情，从而大大提高行为的效率。

美国著名管理学家杜拉克在《管理与实践》一书中认为："一个企业的目的和任务必须转化为目标，各级管理人员只通过这些目标对下级进行领导，并以目标来衡量每个人贡献的大小，才能保证一个企业总目标的实现。"杜拉克之所以倡导目标管理，是因为目标具有不可忽视的激励作用。但是，目标要真正起到激励作用，必须具备以下三个标准。

（1）目标必须是具体的、明确的　确立目标，应该有具体而明确的标准和确切的时间表。监狱管理者应充分利用监狱体制改革、职能进一步分化和规范的有利契机，组织梳理、制订各职能科室、基层监区（分监区）和各民警工作岗位的工作职责目标规范性文件（类似于操作规程和作业指导书），将民警各个工作岗位、各项工作的标准、程序、要素、要求和完成的具体时间尽可能地进行细化、明确，使监狱民警所有的工作都有据可依、有范可循，不管什么人在这个岗位上都可以按照规范完成好自己的工作，真正实现监狱的规范化、精细化管理，实现监狱工作由经验型向科学化的转变。

（2）目标必须具有相当的挑战性　监狱管理者所确立的目标应该是民警经过努力可以实现的。目标的难度应以"跳一跳能摸得着"的标准最为适宜。目标定得过低，不费吹灰之力，人人都可以实现，民警不仅没有成就感，同样也就不会带来满足感，因此会丧失激励的作用。当然，目标的确立也不能过高，如果目标可望而不可即，也不可能有激励作用。在监狱工作实践中，一般来说，监狱管理者设定工作目标主要应包含三个层次：一是使命（mission），说明为什么监狱的这一级组织（及其成员）会存在和这一级组织（及其成员）应该做什么；二是愿景（vision），明确监狱的这一级组织（及其成员）在较长的时间内要实现的计划；三是目标（goal），监狱的这一级组织（及其成员）需要达到的指向更高发展水平的目标。监狱管理者设定的目标要明确具体，使民警执行起来有的放矢，使民警个人对工作目标有切实可行的现实感和能够完成目标任务的满足感，从而引发民警实现目标的巨大动力。如果管理者指定的目标模糊，看不见、摸不着，民警执行起来就会感到无所适从。

（3）必须让下属参与目标的确立　要想让一个目标对下属有更好的激励效果，必须让下属感觉到这是自己的目标。所以，让下属本人参与目标的确立是非常必要的。参与的程度越深，民警的责任感就会越强，工作的积极性也就越大。让下属参与本身就是一种激励，其作用往往大于实现目标所得到的物质报偿。如果不这样做，下属就会认为这不是自己的目标，而是管理者强加给他的，从而降低激励效果。只有自愿才能自觉，只有自主才能自动。一个优秀的管理者应该创造一个竞争、宽松、和谐的环境，最大限度地引导下属的参与，使组织目标变成下属个人的目标。在心理学中，"进门槛效应"指的是如果一个人接受了他人的微不足道的一个要求，为了避免认知上的不协调或是想给他人留下前后一致的印象，就极有可能接受其更大的要求。研究者认为，人们拒绝难以做到的或违反个人意愿的请求是很自然的，但一个人若是对于某种小请求找不到拒绝的理由，就会增加同意这种要求的倾向；而当他卷入了这项活动的一小部分以后，便会产生自己以行动来符合所被要求的各种知觉或态度。这时如果他拒绝后来的更大要求，自己就会出现认知上的不协调，而恢复协调的内部压力会支使他继续干下去或做出更多的帮助，并使态度的改变成为持续的过程。在与民警的交往中使用"进门槛效应"的原则，让他人从心底里愿意接受你提出的观点。经由沟通交往的过程，一步步地迈进他人的"心田"，给对方留下亲切友好的印象。这样的方法既能达到教育管理的目的，又能在和谐的氛围中形成比较良好的上下级关系；即使民警必须接受较高的工作目标，经过管理者这样的铺垫，也有利于使民警心悦诚服，采取主动配合的态度。

目标激励是一种比较科学的激励手段，同时也是一种很民主的激励手段。管理者通过组织目标的制订、实施和评价，把组织内部各个方面的工作合理地组合起来，把上下左右的力量充分地调动起来，把每个下属的潜力都充分地挖掘出来，形成一个通过实现下属个人目标而达到实现组织总目标密切配合的有机整体，无疑会有力地促进事业的蓬勃发展。而在具体操作过程中，还应该考虑到以下几个问题。

一是个人目标与组织目标要相互一致。目标分为个人目标和组织目标。组织目标应该是组织成员的共同目标，这是组织管理活动的出发点，也是实现激励的落脚点。所以，管理者必须根据组织目标来制订个人目标，个人目标不得偏离组织目标，当个人目标实现之后，组织目标自然也就实现了。

二是"目标＝权力"。在实现目标的过程中，应强调实现目标的下属拥有与之相适应的权力，上级应该信任下级，尽量下放权力，让下属去自主行动，依靠自己的分析判断来决定行动方案。这无疑有利于发挥下属的主动性和创造性。

三是公正客观地进行目标成果考核评价。管理者对目标成果的评价，应以民警个人目标实现的质量为主，同时，结合考虑达到工作目标的难度和努力程度，尽量客观公正地进行，这样做，也有利于下一次激励的进行。比如，监狱对民警的目标考核一般有两种标准：一种是"结果"标准，即完全根据工作结果来评价民警的功过，民警工作结果达到要求就有功，工作结果达不到要求就有过；另一种是"过程"标准，即根据民警工作过程中付出努力的程度来评价其功过。一般而言，管理者对复杂性工作比较适宜采用"过程"标准，对简单性工作比较适宜采用"结果"标准，但无论是复杂性工作还是简单性工作，管理者都可以同时采用"结果"和"过程"双重标准。许多监狱目前通行的做法，就是对监管安全和罪犯改造质量的考核都采用"结果"标准，一旦监管安全出了问题，管理者就要对责任单位和责任民警进行责任追究，甚至对责任单位和责任民警的工作"一票否决"，让责任单位和责任民警"一失万无"，使在基层监区、分监区工作的民警要承担"8小时的艰苦工作、24小时的责任追究、365天的沉重压力"，让在基层监区、分监区工作的民警长期背负着"脑袋别在裤腰带上，说没就没了"的沉重精神负担。但是，管理者也应当看到：对监管安全方面考核采用"结果"标准，就容易逐步形成不符合监狱监管安全工作规律、不符合监狱工作科学化要求的靠民警拼体力、拼精力的"严防死守"以确保监管安全的"短期行为"模式；对罪犯改造质量方面的考核采用"结果"标准，就容易产生与实际情况不符的"改好率"。监狱管理者应坚持以科学发展观为指导，对监管安全的考核比较适宜采用既重视"过程"标准、又重视"结果"标准的方式；对罪犯改造质量方面的考核比较适宜采用以"过程"标准为主，以"结果"标准为辅的方式。管理者对罪犯改造质量进行考核评估采用"结果"标准，虽然由于罪犯思想的隐蔽性、欺骗性等容易使评估结果难以准确，但是，只要民警对改造工作的过程是科学的，民警比较出色地完成了改造罪犯工作流程规定的任务，罪犯也顺利地接受了个案教育，在每个阶段都表现良好，就能够有效保证民警对罪犯改造的质量。同样，管理者也可以在对监管安全的考核上建立工作流程标准，既重视"过程"考核，又重视"结果"考核：如果"过程"考核不合格，即使没有出现监管安全事故，管理者也要对民警查找责任；如果"过程"考核合格，即使出现监管安全事故，管理者也能分清是监狱工作流程设计不科学、硬件设施保障不到位的责任，还是当事民警个人的责任。

2. 对监狱民警实行目标管理的难点

在监狱管理的实践中，目标管理存在着两点不足，直接影响到目标管理在监狱管理实践中的成效。

（1）监狱民警的工作目标难以量化　一般说来，管理者在制订组织目标的基础上，为所有岗位制订数量化的目标，常常是非常困难的，有时是根本不可能。比如说，监狱民警的工作目标就很难量化。根据我国《公务员法》和《人民警察法》的规定，对民警应重点考核工作实绩，但监狱目前通行的做法，常常将对民警"绩"的考核，等同于对"德、能、勤、廉"的考核，反而没有突出最关键的"绩"的重要性。多年以来形成的"大锅饭"格局，无形中使监狱只注重对民警"勤"的考核，以出勤时间定等，而对民警出勤时的工作效率、工作质量、工作成效重视不够，或无法考核，形成许多民警"出工不出力"、"拼时间"、"熬资格"、"苦等机会"的弊病。即便是监狱管理者能够为民警制订出明确的岗位目标，也难以避免因目标分解所造成的监狱整体组织目标偏离。

（2）监狱民警的工作目标商定困难　在管理实践中，目标的商定往往需要管理者与被管理者双方反复的沟通与协商。具体到操作层面，监狱工作的性质，决定了管理者对民警的绩效考核不能简单套用社会企业"计时考核"、"计件考核"或"承包考核"等模式。特别是对于从事罪犯管理岗位和非直接从事监狱企业生产的监督与辅助岗位（如政工、纪检、行政后勤等岗位）的民警，目标管理的作用与优势难以发挥。

不仅如此，目标管理也是导致本位主义的重要原因，使得监狱基层组织的部门目标和岗位目标与监狱总体目标相脱节。

3. 从目标管理到责任管理

目标管理从本质上而言更倾向于工作导向的管理方法，现代管理理论更强调人的能动性在工作中的重要作用，只有充分发挥人的作用，将工作目标转化成人的责任，才能从根本上克服目标管理的不足，提升管理水平。

（1）责任管理的优点　责任管理不仅涵盖了目标管理的内容，而且还弥补了目标管理的不足，实现了管理思想与管理方法的进步，更加符合监狱从事改造人的工作、为社会提供"公共产品"的职能定位和定性考核多于定量考核的职业特点。与目标管理相比，责任管理具有以下特点：①管理思想的转变。目标管理的出发点是工作，通过人来实现管理目标；而责任管理的出发点是人，通过工作来履行责任、体现个人价值，而实现管理的目的。所以，两者之间的管理思想是有着本质差异的。②管理方法的转变。目标管理强调目标的约束作用，责任管理强调下属的成长与责任感，更注重下属的自我管理。③责任管理克服了目标管理的不足。责任管理首先克服了目标分解带来的问题，通过人的能动性来克服由于目标的刚性造成的目标分解带来的总体目标的偏离。

（2）监狱责任管理的过程　根据管理过程理论，监狱责任管理的过程可以分为六个环节，即"定其责、告其责、知其责、尽其责、尽到责、问其责"的"六责管理"，通过监狱管理者与被管理者两者角色的共同作用，达到监狱责任管理的目的。监狱管理者按照实施时间的顺序，可以将"六责管理"分为事前的责任管理（定其责、告其责）、事中的责任管理（知其责、尽其责）、事后的责任管理（尽到责、问其责）。

① 定其责、告其责。监狱管理者应积极推动制订出台专门文件，明确规定并告知监区、科室（及其管理者、一般民警）承担具有共性的主要工作职责。

② 知其责、尽其责。监狱管理者要努力督促监区、科室（及其管理者、一般民警）必须按照监狱事先确定的工作职责和阶段性的工作安排，完成好各自的工作。

③ 尽到责、问其责。监狱管理者要对监区、科室（及其管理者、一般民警）是否"尽到责"进行事后的督查考核，对没有"尽到责"的下属单位（及其管理者、一般民警）按照事先的规定兑现考核处理。

在"六责管理"中，六个"其"分别代表管理者与被管理者两类不同性质的角色。其中，"定其责、告其责、问其责"中的"其"是指被管理者的角色；"知其责、尽其责、尽到责"中的"其"是指管理者的角色。作为监狱高层管理者，要做到"知其责、尽其责、尽到责"。那么，这"三责"对应的内容是什么？其对应的就是为监区、科室等管理层和执行层的一般民警"定其责、告其责、问其责"。由此可见，"六责"通过管理和被管理两类角色，统一于同一个人的责任体系，也是同一责任主体责任的不同层面和不同环节的精细化。

（3）监狱责任管理中的岗位责任和流程　岗位是组织责任最基本的、最小的独立单元，是部门责任的进一步细化与延伸；同时，岗位也是组织责任分解与执行的终端。尤其是对于监狱工作而言，教育改造罪犯、开展狱政管理、确保监狱安全稳定等工作，都体现出可以定性但不容易定量的特点。因此，客观上也决定了岗位责任是监狱责任体系当中最为活跃的部分。监狱高层在岗位责任的层面将责任真正落实到了监区、科室等管理层和执行层的一般民警等特定的个体，实现了责任的活化。监区、科室等管理层和执行层的一般民警通过岗位责任的有效履行，来保证和实现部门责任与监狱责任履行的有效性。

以制度形式固定下来的岗位职责，是责任点的概念。而监狱责任和部门责任是一个框，众多的点悬浮于框架内，使得点的定位不稳定，点的"飘移"不可避免。监狱责任和部门责任是体现在监狱的多项工作当中，而一项工作的完成，需要经过多个岗位，需要多个岗位的有效协作。岗位责任的界定只是明确了岗位范围内的责任，但是对于不同岗位在同一项工作中的协作责任缺乏明确的说明和界定。没有流程的岗位责任，只是实现了岗位层次的责任优化，但对于不同岗位间的协作缺乏约束，这种岗位责任的明确只是解决了责任点的问题，并没有为监狱责任的实现提供保证。监狱管理者通过梳理业务流程，进行流程化管理，将飘移的责任点通过流程固定下来，从而通过流程的形式，将监区、科室等管理层和执行层的一般民警的岗位间的协作责任固定下来，有利于被管理者对岗位责任流程化的理解与认识，最终有利于监狱责任的履行与监狱目标的实现。

三、开诚布公，责任、权力和利益一体化

和君创业高级咨询师何凡新先生在咨询实践过程中，在对大量调查资料分析的基础上，总结提出了人性的正态分布假设模型。所谓人性的正态分布假设模型是指组织中有三种人，一是损人利己者；二是合法利己者；三是无私奉献者，三种类型的人在组织内部呈正态分布，其中合法利己者居多，如图11。

监狱管理者应认真学习借鉴何凡新先生的人性假设模型，积极创造条件去引导鼓励民

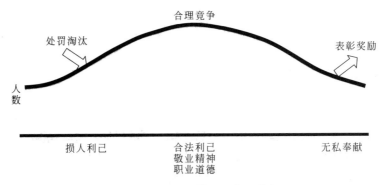

图 11　人性假设模型：合法利己

警在国家法律和监狱规章制度允许的范围内去获取个人的最大利益、满足个人的各种需要。"合法利己"要求监狱管理者尊重合法框架下民警的利益追求，合理配置民警的责任、权力和利益，实现监狱工作发展与民警个人需要的满足得到最好的结合。

1. 要把权力、利益和责任同时分配下去

从客观上讲，许多监狱管理者往往对监区管得太细、太具体，束缚了基层民警的积极性。另外，许多监狱管理者在对科监区管理中，责、权、利也没有统一，比如说，监区长承担的责任很大，但其他监狱高层领导却往往并没有给予他们履行职责的必要权力。很多时候，监狱高层领导让科监区领导和一线民警有权力，科监区领导和一线民警就有权力；监狱高层领导不让科监区领导和一线民警有权力，科监区领导和一线民警就没有权力，权力似乎成了监狱管理层所独有的东西。其实，权力具有鲜明的组织特性，监狱高层领导要想让科监区领导和一线民警真正地准确履行监狱工作职责，就必须要根据科监区领导和一线民警的具体职位和工作需要配置必要的权力，同时还要让科监区领导和一线民警享有应得的利益分享。

（1）权力的职位意义　　管理一直以来都存在着一个基本的命题，就是权力是个人的还是组织的。如果从领导理论的层面上来讲，一个领导者如果要发挥影响力，必须借助于权力和个人魅力。从这个意义上，权力好像是个人的。但是，权力本身需要借助于一个组织来发挥作用，如果没有组织，权力所依托的载体就成了问题，所以这个时候权力似乎又有着组织的特性。在理论界，韦伯组织管理的原则约定：权力是组织的而非个人的。尤其是具体到监狱执法工作的实践来看，科监区领导和一线民警的管理对象是罪犯，罪犯与民警之间具有一定的对抗性，监狱高层领导不赋予科监区领导和一线民警一定的权力，民警对罪犯的管理就无从谈起。同样，科监区领导和一线民警作为管理和被管理关系，他们之间也具有一定的对抗性，不赋予科监区领导一定的权力，科监区领导对一线民警的管理也无从谈起。所以，监狱组织管理的核心，就是让权力从个人的身上回归到职位上，也就是组织本身上，只有在这种情况下，监狱管理效率才会得到提升。

以往，许多监狱管理者认为，监狱的各个职位只是一个分工而已，并没有把监狱的各个职位看做是权力的一个最为基本的条件，也没有认识到权力并不是权力的意义，而是监狱各个职位的意义。当监狱的各项权力是职位的含义的时候，就要求拥有这些权力的民警表现出能够胜任监狱执法工作所必需的专业能力，简单地说，也就是监狱高层领导把权力赋予科监区领导和一线民警的不同职位，同时也要求科监区领导和一线民警必须承担相对应的职责，没有职责的权力是不存在的。一些监狱在某段时期内会出现人浮于事的状况，就是因为在这些单位权力与职位是分离的，所以就出现了权力变成象征和待遇，很多人苦苦地追求权力，他们所追求的是权力带来的种种待遇和象征性。这个时候权力就是一个纯粹的权力而已，没有承担责任。这样的权力存在使得监狱的管理表面上是现代管理，实际上是封建管理，与现代管理有着根本的差异。

（2）责、权、利应相互匹配　正如上面权力的职位意义所阐述的，很多监狱管理者喜欢把权力、利益留在决策层，无论大事小事都要监狱高层领导集体研究决定，只是把科监区领导和一线民警应当承担的责任分下去；好一些的监狱管理者把权力留在决策层，把利益和责任一起分到科监区领导和一线民警；也有监狱管理者认为责任和权力以及利益都应该留在监狱高层，根本不做分配，基层科监区无论是人事使用调配，还是监管改造工作的组织，或是民警利益的考核分配调整，都需要一层一级地申请、报上级研究，最终由监狱高层领导研究拍板。其实，这些管理者的做法是不妥的，监狱是实行半军事化管理模式的执法机关，监狱民警与罪犯之间改造与反改造的矛盾是监狱最基本、最主要的矛盾，很多时候还会出现越狱、暴狱、哄监闹事、对抗管教等突发事件，如此层层节节的繁冗权力管理体制，既容易滋生官僚作风、文牍主义，又容易贻误时机、消减监狱执法工作的效能。此外，监狱基层科监区承担着监狱工作的大部分责任，监狱高层基于各层级民警所承担的责任而做的权力和利益的分配，才是最合适的管理行为，才能真正有效地激发民警的能力和热情，促进监狱工作的健康、文明、科学发展。

监狱管理体制改革后，新的激励体系尚未完善，在实际工作中还客观存在着干好干坏一个样、干多干少一个样的状况，没有形成向基层监区倾斜的利益导向机制。从客观上讲，监狱民警的公务员待遇目前得到了较好的落实，但少数基层民警的公务员意识并没有随之增长，始终盯着监狱企业利润，对监狱的上级管理机关关于不准用企业利润发奖励的决定耿耿于怀，影响了执法情绪。从主观上讲，少数民警不能正确对待待遇差别，盲目攀比，认为监狱民警工作辛苦，条件艰苦，收入不多，自身价值难以实现，心理上产生失落感或不满情绪，执法中的"亚规范"现象客观存在。从客观上分析，监狱管理者也需要正视这部分民警的思想状况，研究和探索多元激励的途径和方法，避免出现大锅饭的弊病，实现对民警的有效激励。

还有一个问题被监狱高层领导长期忽略：我国监狱通常采用直线职能制的组织架构，监狱的职能部门究竟是领导者还是服务者？应该说，监狱的职能科室和基层监区在权力的配置上是具有一定的对立性的：强化了职能科室的权力配置，就必须弱化基层监区的权力配置；强化了基层监区的权力配置，就必须弱化职能科室的权力配置。但是，在监狱工作中，许多监狱管理者常常是在这里讲"强化职能科室"、在那里讲"强化基层监区"；上一个时期讲"强化职能科室"、下一个时期讲"强化基层监区"。其实，从责、权、利一体化的角度来思考，监狱的职能部门是不能够拥有权力的，只能够给予专业的指导意见和专业的服务。所以从这个意义上讲，在一个监狱的组织结构中，职能部门不能够拥有权力，原因很明显，因为职能部门并没有承担相应的实体责任，所以监狱高层领导需要明确在组织中权力和责任需要匹配，不能够出现拥有权力的人却不需要承担责任，承担责任的人却没有权力。

（3）职位就意味着责任，同时也意味着权力和利益　既然监狱管理者知道组织的分工主要是分配责任和权力，那么，监狱必须保证对于一个组织所要承担的责任有人来负责，同时让负有责任的人拥有相应的权力和利益。因此组织中个人和组织的关系事实上是一种责任的关系，分工让每一个人和组织结合在一起，同时也和组织目标结合在一起。组织分工需要理性设计和法律界定，没有共同的对于分工的承诺和认识，没有管理者和被管理者对于分工的权威的认同，事实上是无法实现组织管理的。

2. 突出从严治长、以长带员，让管理层在其位、享其利就要谋其政

（1）加强科监区领导班子建设　监狱高层领导应不断完善科监区领导干部公开选拔、竞争上岗等竞争性选拔干部方式，坚持考能与考绩相结合，一方面考核能力，组织开展笔试、面试，确保参与竞岗的民警符合所竞争岗位应具备的基本能力素质条件；另一方面考核实绩，将平时和年度考核结果与选拔任用干部紧密结合起来，作为以实绩选干部的主要内容，配强、配优科监区领导班子，使想干事的民警有机会、能干事的民警有舞台。

（2）对科监区领导干部严格管理、严格考核　监狱高层应坚持"以实绩论英雄"，对科监区领导实行按月考核，确定等次，上网公布，对实绩不突出的及时予以调整。认真落实中层科监区领导"一岗双责"，建立队伍管理责任区，落实中层科监区领导对所有民警的逐级分工包管包教责任制度，切实做到"一手抓好业务，一手抓好队伍"。

（3）适度加大轮岗交流力度　监狱高层领导应对执法工作的重点环节、重点岗位人员加强监督管理，定期组织管人、管钱、管物等重点岗位人员进行述职述廉活动，定期对重点岗位人员开展轮岗交流。监狱高层领导还应加强对科监区领导干部的管理和监督，综合运用辞职、免职、降职等管理抓手，建立干部能上能下、能进能出、轮岗交流的动态管理机制，进一步提高监狱中层干部的工作执行力。

（4）加强对后备干部的选拔培养工作　监狱高层领导应加快对年轻民警的培养使用，将那些德才兼备、素质过硬、贡献突出、年轻且有朝气的民警选拔到中层后备干部人才库中来，加大培养、锻炼和选拔使用力度。

（5）建立中层领导干部常态化的淘汰退出机制　监狱高层应依据《公务员法》、《人民警察法》等法律和规章制度，探索实施监狱中层领导干部辞职、免职、降职的管理体制机制，对因工作严重失误、失职、渎职，造成重大损失或恶劣影响的，或者对重大事故负有主要领导责任不宜再担任现职的科监区领导干部，让其引咎辞职，或责令辞职、免职；对不胜任现职又不宜转任同级其他职务的科监区领导干部，监狱高层领导应及时对其予以降职。

3. 恰当运用惩罚手段确保责任的有效落实

（1）惩罚的目的　在现代监狱管理中，惩罚和批评是应该有的，但其实施的前提不应是借以泄愤，而应是激励包括被惩罚、被批评者在内的所有下属齐心协力，为提高监狱的警务效能、实现监狱的管理目标而努力。所以，监狱高层领导在监狱管理工作中对下属进行惩罚和批评必须讲究方式、方法。不可否认的是，监狱工作在较长的一段历史时期还带有一定的"人治"色彩，有一些监狱管理者是比较喜欢运用简单的行政命令进行管理的，他们在下属工作中发生错误或是没有达到管理者要求的标准时，动辄当众指责下属，或是把下属叫到办公室训斥一顿，管理者事后也会承认自己这是"刀子嘴豆腐心"、一时没有控制住自己的情绪，其实这种做法是不可取的。因为任何人都有自尊心，即使犯了错误，在大庭广众之下遭到训斥，也会产生受辱的感觉，下属难免产生逆反心理，使批评的效果

适得其反。软弱无能的管理者不是优秀的管理者；滥加批评惩罚，不讲究方式、方法，同样也成不了优秀的管理者。柏克·罗杰斯对犯错误的员工坚持私下规劝。他说："我不想让人知道我的下属办事不力。当发生问题时，我一个个找有关人员单独规劝，从不大声吼叫，让下属反感或惧怕。"一般人的本性，是喜欢奖赏、害怕惩罚。因此，管理者可以运用软硬两手驾驭下属，使其按着自己的意图行事。

（2）使批评和惩罚最得法　强化理论在当今社会领域运用得极为广泛。强化分为正负两种：正强化表现为奖赏，负强化表现为批评和惩罚。多数心理学家主张尽可能少用负强化，特别是惩罚，如果运用不当会产生消极作用。因此，管理者在实践中运用强化手段时必须慎重得法。"罚不可不均"、"罚不可妄加"，其中，惩罚要出于公心，公平合理，是运用惩罚手段的关键。①做到公平合理，惩罚要不计亲疏。②惩罚要不论贵贱。③运用惩罚手段，要凭章依法，有理有据，使被惩罚之人心服口服。同时，要坚持教育挽救的原则，不一棍子打死，给犯错误的人以改过自新的机会。④实施惩罚，不能对人严、待己宽。管理者应当勇于承担责任，引咎自责，才能服众心。⑤惩罚要把握好"度"。惩罚运用不当，危害极大。《菜根谭》中有"攻人之恶毋太严，要思其堪受。"意思是说，当责备别人的过错时，不可太严厉，要顾及到对方是否能接受。

（3）惩罚的管理学意义　软硬兼施的方略，是中国古代传统的驭臣之道。早在先秦时期，韩非就明确指出："凡治天下，必因人情。人情有好恶，故赏罚可用。"此后数千年，大凡有作为的政治家，不论是刘邦、曹操、李世民、朱元璋等，无不是深谙赏罚二术的好手。奖赏是正面强化手段，即对某种行为给予肯定，使之得到巩固和保持。而惩罚则属于反面强化，即对某种行为给予否定，使之逐渐减退，这两种方法，都是管理者领导下属不可或缺的手段。

惩罚在保障责任的落实中具有重要的意义。如果下属没有做好自己工作，监狱管理者就可以依法依规让其承担不利后果或强制性义务。管理者运用时，必须掌握奖罚两者的不同特点，适当运用。一般来说，监狱管理者运用正面强化手段应立足于正向引导，使民警自觉地去行动，这个手段的优越性更多些，应该多用。而监狱管理者运用反面强化手段，由于是通过威胁、恐吓方式进行的，容易造成民警的对立情绪，要慎用，将其作为一种补充手段。

强化激励，可以获得管理者所希望的行为。但并非任何一种强化激励，都能收到理想的效果。从时间上来说，如果一种行为和对这种行为的激励之间间隔时间过长，就不能收到好的激励作用，因此，监狱管理者要做到"赏不逾时"。管理者的一种行为刚刚作出以后，民警对其感触较深，这时管理者即予以表扬和奖赏，对民警的刺激较大、激励作用比较强。因此，及时奖励是一个重要的方法。这就要求监狱管理者要积极开动脑筋，多调查研究、了解民警的各种合理需求，进而有针对性地对民警的成绩作及时多元的奖励。

（4）惩罚的"热炉法则"　监狱管理者对违反规章制度的民警进行惩罚，必须照章办事，该罚一定罚，该罚多少就罚多少，来不得半点仁慈和宽厚。这是树立管理者权威的必要手段，西方管理学家将这种惩罚原则称之为"热炉法则"，十分形象地道出了它的内涵。"热炉法则"认为，当下属在工作中违反了规章制度，就像去碰触一个烧红的火炉，一定要让他受到"烫"的处罚。"热炉法则"形象地指出了惩罚的特点：①即刻性。一旦当你碰到火炉，立即就会被烫。②预先警示性。火炉是烧红摆在那里的，你知道碰触则会被烫。③适用于任何人。火炉对人不分贵贱亲疏，一律平等。④彻底贯彻性。火炉对人绝对"说到做到"，不是吓唬人的。

我国《公务员法》和《人民警察法》对公务员和人民警察的惩罚都做出了明确的规定。《公务员法》第九章第五十五条规定："公务员因违法违纪应当承担纪律责任的，依照本法给予处分；违纪行为情节轻微，经批评教育后改正的，可以免予处分。"第五十六条规定："处分分为：警告、记过、记大过、降级、撤职、开除。"第五十七条规定："对公务员的处分，应当事实清楚、证据确凿、定性准确、处理恰当、程序合法、手续完备。"《人民警察法》第七章第四十八条规定："人民警察有本法第二十二条所列行为之一的，应当给予行政处分；构成犯罪的，依法追究刑事责任。行政处分分为：警告、记过、记大过、降级、撤职、开除。对受行政处分的人民警察，按照国家有关规定，可以降低警衔、取消警衔。对违反纪律的人民警察，必要时可以对其采取停止执行职务、禁闭的措施。"这两部法律为监狱管理者依法处理违法违纪的民警提供了法律依据。监狱管理者必须兼具软硬两种手段，实施起来坚决果断。奖赏人是一件好事，惩罚虽然会使人痛苦一时，但绝对必要。如果监狱管理者执行赏罚之时优柔寡断、瞻前顾后，就会使奖罚失去应有的效力。

四、精诚所至，让民警在承担责任中与监狱共成长

1. 监狱组织和管理层次的责任动力机制

在监狱管理中，决定民警为监狱努力工作的责任感强弱的因素主要包括民警个体的目标、知识、思维方式和情感等四个方面。在监狱的组织和管理层次，监狱管理者主要通过基本框架、垂直影响、横向作用这三种基本手段来促进民警个体的目标、知识、思维方式和情感等四个要素发挥作用，进而激发起民警忠诚地为监狱工作的冲动、勇气、意志力及各种特征的情绪、情感等，也就是激发起民警对监狱的责任，如图12所示。下面，结合监狱管理者如何加强监狱基层基础工作来阐述如何构建便捷、通畅、高效的责任动力机制。

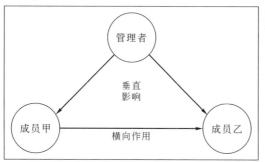

图 12　监狱组织和管理层次的责任动力机制

（1）监狱责任机制基本框架的确定　　第一种手段，监狱管理者应设定一个组织活动的基本责任框架，让全体民警在这个基本责任框架的联结下有效地集团化、齐心协力地对监狱负责，并使全体民警共同因对监狱工作承担了责任而共享监狱赋予民警的权力和利益。

组织是由两个以上的个人有意识地加以协调的行为的系统，组织的本质在于协作；正是由于人们聚集在一起，协同合作共同从事某项活动，才产生了组织。构成组织实质内容的是人的行为。这种行为不是每个单独个人行为的简单累加，而是经过周密的安排、部署和调整的行为体系，是一种新形成的集体行为。这种集体行为单靠把个人集合在一起工作是不可能产生的，必须按照统一的目的、有计划、有步骤地对个体的行为加以引导和调整，从整体上构成完整的整体力量。组织行为中这种有意识的协调行为就是依靠责任机制基本框架实现的。

比如，基层监区是监狱一切工作的终端，加强基层基础工作说到底就是加强基层监区建设。为此，监狱管理者应牢固树立重视监区、面向监区、服务监区的思想，着力构建"警力要向监区集中、政策要向监区倾斜、决策要向监区问计、工作要为监区考虑"的责任机制基本框架。监狱管理者要通过体制机制建设，明确监狱管理者自身、中层科监区领导干部和基层一线民警的责任目标以及为实现这一目标必须达到的责任要求，进一步明确各层各级分工协调的框架，确定各层各级责任沟通的渠道和方式。监狱高层领导要完善工作机制，充分体现责权利的统一，给予科室、监区主要领导与其现职相适应的权与利；监狱高层领导要转换工作思路，既不能当甩手掌柜，也不能越俎代庖。通过这些基本的规范，监狱管理者为组织成员各自的行为划分一个结构有序的责任框架，也为监狱的各层各级行使职能、发挥作用提供现实的条件。

（2）监狱责任机制的垂直影响　监狱组织和管理层次第二种基本手段，是监狱责任机制的垂直影响。即组织管理过程中监狱管理者由上而下的，对监狱各层级成员的行为、学习、决策、心理活动、目的、认识、思维方式和情感等不同层次的要素所施加的影响。监狱高层应高度重视，并努力统一监区定员、定岗、定编的"三定"工作，出台专门文件对监区岗位名称、岗位设置、人员编制、岗位职责等进行规范，形成规范、效能相对统一的监区管理体系。同时，监狱高层领导要积极推行"监狱-监区"的二级管理，既有利于监狱减少管理环节、提高行政效能，又有利于警力下沉、增强基层力量。在此基础上，监狱高层领导要加强对基层工作的指导，通过建立领导联系点、下派职能科室民警到基层监区蹲点等途径，落实对基层监区的管理责任、帮扶责任。垂直影响是监狱组织管理手段中最基本的组成部分。监狱管理者应通过责任机制来影响民警个体的目的、知识、思维习惯和情感的途径，间接地支配民警个体的行为。

（3）责任机制的横向作用　监狱组织成员之间责任机制的横向相互作用，是监狱组织责任管理的第三种基本手段。日常工作过程中，监狱民警相互之间发生的交往、配合、相互影响甚至是冲突，都会给交往双方的认识、思维习惯、心理活动乃至目的带来各种各样的影响。尤其是因为监狱物态形式的相对封闭性，监狱民警之间交往的圈子比较小、相对比较固定，民警长期的交往和影响会在一定范围内形成类似的思维方式和心理习惯，形成理解的共同基础，或者说相互之间共同的成分越来越多。民警之间这种相互作用导致的一致性，客观上有助于增进监狱民警相互之间的理解、沟通和配合，能起到一种特殊的激励和鼓舞作用，能造就团结、融洽的合作气氛。此外，监狱管理者还应主动加强对民警中非正式群体的正面引导，充分利用"移情效应"温暖人心。我国古代早就有"爱人者，兼其屋上之乌"之说，就是移情效应的典型表现。在监狱管理工作中，组织层面苦口婆心的说教，往往不如民警非正式群体成员之间潜移默化的影响渗透。移情效应首先表现为"人情效应",即以人为情感对象而迁移到相关事物的效应。监狱管理者应当对各类群众性团体加强正面引导,吸收那些在小团体中有一定威望和影响力、感染力的人帮助监狱管理者做一些宣传发动工作,把非正式群体成员对朋友的情感迁移到监狱工作上去。移情效应还表现为"物情效应"和"事情效应"。监狱管理者应当重视各类兴趣爱好小组、监狱社区和群众性文化活动建设,不遗余力地培养民警对监狱工作和监狱主流文化的归属感,使全体民警尽可能多地把责任和情感迁移到推动监狱整体工作上来。

综上所述,基本框架、垂直影响、横向作用这三种基本手段,就是监狱组织管理层次上责任机制发挥作用的三个基本范畴。其中,责任机制的基本框架和垂直影响主要来自管理者,属于他律的范围;责任机制的横向作用主要表现为成员间自发的作用和自我约束,基本属于自律的范围。组织管理的一个基本特点,就是自律和他律的并存,所以,监狱管理者把组织管理过程理解为单纯的支配控制或理解为完全的自发过程,都是错误的。自律与他律并存,一个阶段更多地强调他律,换一种情况又充分依靠自律,把握自律和他律的平衡,通过责任机制的有效运作来实现监狱组织的基本目标,正是监狱组织责任管理的真实写照。

2. 让监狱的组织关系变成相互负责的奉献关系

(1) 工作评价来源于工作的相关者　不同监狱对各层级民警工作的评价会采用各种不同的评价方式,但是不论管理者使用什么样的方式,其共同点都是以民警工作的结果作为对民警工作评价的根本对象。监狱管理者如果想要在监狱内部和民警之间获得互相负责的奉献关系,就需要改变对民警工作评价的主体以及对民警工作评价的根本对象。在这个评价体系中,最为关键的评价主体是与民警工作相关者:只要与民警工作在流程上相关的人,都是对监狱民警工作进行评价的主体。

比如,监狱管理者可以实行监狱职能科室与基层监区之间"互评、互学、互促进"制度,由基层监区考核评议监狱职能科室的职能作用发挥、办事效率、工作作风、服务质量、廉政建设等方面,由监狱的职能科室考核评议基层监区的工作指标完成情况,并以互评的结果作为对职能科室和基层监区进行绩效考核、兑现奖惩的重要依据。这样,由于职能科室和基层监区互相掌握着对方的考核评议权项,客观上就可以起到相互监督、相互制约的作用,促使职能科室主动地加强对基层监区的指导服务、基层监区也努力地完成职能科室分配的各项任务,客观上在职能科室民警和基层监区民警之间形成相互负责、相互奉献的关系。

(2) 让民警劳有所得、多劳多得、优劳优酬　"绝不让雷锋吃亏"是华为公司企业文化中非常重要的一个准则。"华为基本法"的第四条和第十四条指出,华为精神是:"爱祖国、爱人民、爱事业和爱生活是我们凝聚力的源泉。企业家精神、创新精神、敬业精神和团结合作精神是我们企业文化的精髓。我们绝不让'雷锋们、焦裕禄们'吃亏,奉献者定当得到合理的回报。"同样,监狱管理者也应根据《公务员法》和《公务员考核规定(试行)》,按照定量考核与定性考核相结合的原则,不断加强和改进对民警的绩效考核工作,充分调动民警工作积极性,切实提高整体工作效能。监狱管理者应结合某一时期内监狱工作的总体工作目标和监狱民警履职的内容、标准,设计系统化的考核标准体系,尽可能地按照不同层次和不同的工作性质制订出具体可行的标准来,尽量减少不确定的主观评价条文，使每位民警在每日履职中的各种情形，都可酌情予以及时加分奖励或严格扣分处罚，以有效地解决民警（公务员）考核管理工作大而统、凭印象和回忆考核定等、可操作性差等问题。监狱、职能科室、基层监区均应专门建立细致、全面的考核工作台账，每天对民警进行考核打分，每月公布民警的得分情况，考核结果按月、季度书面通知民警本人，民警如有异议可申请复议，阳光操作，杜绝"平时考核不到位，年度考核无基础"的现象。监狱管理者应尽可能地用现代化技术对考核过程和结果进行科学处理，比如设计应用考核软件、对民警进行智能门禁系统考勤、采用民警执法质量评估技术和罪犯改造质量评估技术等，减少对民警考核中的人为因素，增强被考核人的信任感。监狱管理者应努力提高对民警考核结果的综合运用水平，对民警考核定等、利益分配设置明确的标准，作为对民警年度考核定等、实施奖惩的依据，与民警免职、告诫、停止执行职务和年度公务员考核等相挂钩，与民警休养、培训以及物质利益分配相挂钩，做到"奖得其所，罚得有据"，使监狱高层领导管理有抓手、基层民警奋斗有目标。监狱管理者应将对民警的平时和年度考核结果与选拔任用干部紧密结合起来，作为以实绩选干部的主要内容，就能真正做到阳光操作，真正将群众公认、德才兼备的优秀民警选拔到领导岗位，真正使民警职务晋升有实实在在的、可以一步一步攀登的"阶梯"。

（3）激励和宣扬组织的成功而不是监狱管理者个人的成功　监狱要培养每个民警相互负责的奉献行为，需要一种氛围，那就是注重团队或者组织的荣誉而非监狱管理者个人的荣誉，注重全体民警在团队或者组织中的角色或者所发挥的作用。一个监狱管理者无论多么优秀、卓越，但是其个人的力量和贡献总是有限的。如果监狱管理者只注重树立个人的绝对权威，其他人只是配角、不能够分享成就和成功，那他就不能赢得民警的认可和拥护，就不可能在民警中营造团结奉献、携手奋进的工作氛围。

3. 监狱管理者应充分发挥好表率作用

（1）监狱管理者必须时刻保持谨慎的作风　监狱管理者之所以不能摒弃谨慎的作风，首先是由管理者所处的特殊地位决定的。监狱管理者的行为举止，不仅关系到管理者个人，还关系到他所管理的整个监狱；不仅关系到管理者本人的一时一事，还关系到监狱工作目标的能否实现。管理者认识到这一点，也就明白了慎重行事的重要性。如果管理者疏忽大意、轻举妄动，往往会铸成大错，导致工作的被动，甚至给监狱工作造成难以弥补的重大损害。监狱管理者之所以必须具备谨慎的作风，也是由现代监狱管理的艰巨性和复杂性决定的。现代社会的环境越来越复杂多变，监狱管理工作往往处在多因素、多结构、多变化的困扰之中，面对着各种各样的新情况、新问题，监狱管理者必须审时度势、权衡利弊，于千头万绪之中找出问题的关键所在，切实加强和推进监狱管理创新。监狱管理者如果没有谨慎行事的作风，就无法在艰巨复杂的局面中实施卓有成效的管理。监狱管理者除了要努力地倾听民声、了解民意、体察民情、汇聚民智，增强自身把握大局的主动性、决策的科学性，同时要为基层排忧解难、与基层共谋对策，与基层民警建立紧密型的工作关系，才能充分激发和调动全体民警的积极性、主动性、创造性，共同找问题、析原因、出主意、想办法，进而实现监狱工作的长治久安和长足发展。

（2）监狱管理者必须带头奉献，争创一流业绩　监狱管理者保持谨慎的作风必须是不泯灭开拓进取精神，不排斥勇气和果断的处事作风。如果监狱管理者一味地谨小慎微，无心开拓进取，不敢冒半点风险、优柔寡断，只会损害甚至葬送监狱事业的生机与活力。监狱管理者必须始终牢记使命、牢记责任，不回避、不退缩，敢于面对、勇于担当，提升自己适应新形势、解决新问题、争创新成绩的能力，切实解决影响监狱工作效能的源头性、根本性、基础性问题，努力为群众解决困难，用热情影响群众，用真情赢得群众，才能真正成为民警的表率。

４．让民警和监狱共同成长

让民警和监狱共同成长应当成为监狱管理者的基本价值追求。新形势下，监狱管理者应始终秉持以人为本的工作追求，培育"人人都是管理者、人人都是创新者"的理念，努力寻求监狱整体工作目标和民警个人目标两者之间的动态平衡，积极探索多元激励的方法和手段，既保障监狱整体目标的落实又兼顾民警个人目标的实现，努力寻求监狱民警"人"的现代化，即：努力实现全体监狱民警思想境界的高层化、道德水准的文明化和社会心理的现代化，全力打造一支过硬的监狱警察队伍，切实转变发展观念、创新发展模式、提高发展质量，把监狱工作切实转入全面可持续发展的轨道，为构建社会主义和谐社会提供坚强的组织保证、智力支持和精神支柱。

（１）监狱管理者应努力谋求民警思想境界的高层化　新时期监狱民警队伍建设的核心目标，就是要培养具有较高精神境界、较高理想追求的新型监狱人民警察；现代化文明监狱的主要标志之一也应该是具备一支情操高尚、富有理想和现代意识的现代警察队伍。这种高标准的思想工作目标，在新时期就具体表现为监狱民警确立起正确的世界观、人生观和价值观。围绕这个目标，监狱的各级领导、职能部门在具体的思想政治工作中，要从实际出发，注意概括出能够体现凝聚人心、激励广大民警努力奋斗的职业精神和奉献精神。监狱管理者要特别注重和提倡奋发向上的进取精神、不怕困难的拼搏精神、敢于竞争的开拓精神、脚踏实地的务实精神和为民造福的公仆精神。通过对这些精神的培育和宣传，把广大监狱民警的思想境界提升到更高的层次。监狱管理者必须教育和引导广大民警树立正确的世界观、人生观和价值观，引领广大民警把时间和精力花在踏踏实实、全心全意谋求监狱事业的健康发展上，在具体的工作举措上强调针对性和实效性，使民警不断在监狱事业发展中发挥先锋模范作用，为民警立足岗位建功立业打下坚实的基础，也为监狱整体工作的健康、快速发展提供强大的精神动力和智力支持。

（２）监狱管理者应努力谋求民警道德水准的文明化　道德水准是人的现代化的主体要素之一，也是新时期思想政治工作的现实体现。不论从社会发展的需要还是从当前人的发展现状来看，道德建设都应作为人的现代化中的重点工程抓紧、抓实。监狱民警的道德建设主要包括社会公德、职业道德和家庭伦理道德三方面。

在社会公德建设中，监狱管理者要按照社会主义荣辱观的要求，通过制度建设和舆论导向，在广大民警中大力倡导社会新风，使民警努力形成强大的道德力量，弘扬正气；使民警牢固树立社会主义法治理念，深入推进执法规范化建设，努力促进监狱执法公正。监狱管理者必须使广大民警时刻牢记权力是人民给的、是实现为人民服务职责的条件和手段，要始终把权力、责任和服务三者有机结合起来，把人民给予的权力用于为人民服务，按照人民的根本利益和意愿行使权力。

在职业道德建设中，监狱管理者要提倡敬业精神。这是因为"敬业是责任的延伸"，[❶] 而不断提高专业知识和能力，则是敬业的具体表现。因此，监狱管理者要教育和引导全体民警本着为人民服务、对社会负责的精神，扎实、深入地开展好岗位练兵，不断提高民警自身的业务水平，进一步提高罪犯教育改造质量，全力维护社会的安全稳定。

在家庭伦理道德建设中，监狱管理者要积极倡导健康、文明的监狱警察职业道德舆论。针对监狱改革发展和住房城市化过程中民警家庭伦理观方面的新问题、新动向，监狱管理者一方面要加强对民警"8小时"以外的管理，另一方面要积极引导民警逐步确立科学、文明、健康的家庭生活方式，使民警在干好工作的同时，又要兼顾家庭，对父母尽孝、对儿女有慈、对配偶有爱，才能使民警享受家庭生活的真谛，也才能有爱心、善举，切实筑牢思想堤坝，不断提高抵御风险和诱惑的能力，真正做一个高尚的脱离了低级趣味的人。

（3）监狱管理者应努力谋求民警社会心理的现代化　文明向上的社会心理状况是新时期思想政治工作成效显著的集中体现，也是新时期人的现代化的动力基础。监狱管理者必须不断研究新情况、解决新问题、总结新经验、推进监狱民警队伍社会心理的现代化，适应新形势，为民警奋斗人生指明具体而科学的努力方向。

人的现代化发展由三大要素系统构成，即综合素质的提高、现代生活方式的确立和培育科学、积极的现代心理观念体系。因此，新时期，监狱管理者在全面推进监狱工作现代化的同时，必须努力塑造出广大监狱民警与现代文明趋势相同构的三大社会心理特征。

首先是对生活意义的现代性理解。监狱管理者必须利用阵地抓教育、树立典型抓示范，充分运用民警喜闻乐见的形式、渠道和阵地，切实加强警察文化建设，变抽象教育为形象教育，努力引导和教育民警树立健康合理的生存意识，使民警既要求实现人的自我价值、满足人的发展需求，又要不断强化人的社会责任感，将民警个人的个性取向和监狱事业的发展、乃至于社会整体利益取向融为一体，使民警的生存价值体现为自我实现取向和参与奉献取向的高度统一。

其次是对生活信念的现代性选择。监狱管理者必须通过大力开展监狱警察文化建设，增强整个监狱和民警队伍的文化底蕴，引导和带动民警去探索、交流、相互影响，大力弘扬先进典型，理直气壮宣传先进典型，用身边人、身边事教育、引导民警自觉向先进看齐，使民警逐步建立起健康向上的生活信念系统，在确认生命价值和意义的前提下，为广大监狱警察勾勒未来生活的美好前景，激发起奋发向上的生活信念，进而强化立足本职、争创一流的责任意识。

最后是对生命价值实现方式的取向。监狱管理者要通过文件、会议、各种宣传载体和组织层面的、群众自发的活动，积极引导广大民警不断提高文化心理素质、改善心理品质；通过建立相应的工作、行为评价、激励机制，将广大监狱民警个体的奋斗目标凝聚到监狱整体的工作目标上来，通过全员的、全面的、全过程的和多方法的建设，全面提高监狱管理水平，为服务社会主义和谐社会建设建功立业，同时也提高民警个人价值取向的层

---

❶ 蓝雨编著. 责任比能力更重要. 北京：中国商业出版社，2010：85.

次，实现监狱民警个体人格的全面、持续发展。

5. 监狱管理者应努力做好从优待警工作

（1）从严治警才是最大的从优待警　木桶理论有两个推论：其一，只有桶壁上的所有木板都足够高，那水桶才能盛满水；其二，只要这个水桶里有一块木板不够高度，水桶里的水就不可能是满的。在监狱管理中，民警队伍安全问题被提到监狱"大安全"体系之中，越来越受到监狱高层领导和社会各界的普遍关注。纵观近些年来民警队伍安全的一些问题，主要表现在以下几个方面，即个别民警不能适应新形势对监狱执法工作的要求，管理罪犯方法简单粗暴，殴打、体罚、虐待罪犯，使民警自身受到法纪处罚；有些民警缺乏必要的防范意识和防范技能，对罪犯抗拒改造的危险性认识不足，为极个别罪犯伤害民警、实施犯罪留下可乘之机，有的民警甚至因此牺牲在工作岗位上；个别民警收受罪犯及其亲属的财物，自身也沦为罪犯；少数民警履职意识淡薄，对发生各类事故的危险性认识不足，不能认真排查隐患，不能严格执行制度，让工作漏洞长期存在，致使发生责任追究事故、案件；部分民警长期承受巨大的压力，身心处于亚健康状态，也在一定程度上影响了工作的质量和效率。监狱管理者应真心关怀、关爱民警的政治安全，尤其是要全面加强反腐倡廉制度建设，深入推进警情廉情分析工作，尤其是必须高度重视加强对法纪意识相对较差、工作能力相对较弱的"短板"民警的严格管理，既要在制度上进行严格防范、全方位监督，更要在感情上关心、关爱，在技能上帮扶、帮助，主动贴上去做工作，这样既是对监狱工作负责，也是对"短板"民警本人及其家庭的负责，要知道，从严治警才是最大的从优待警。管理者要经常对民警开展警示教育，用罪犯伤害民警的典型案例教育民警清醒地认识到罪犯伪装积极改造的狡猾性，清醒地认识到罪犯对抗改造手段的凶残性，清醒地认识到遭受人身攻击后果的严重性，使民警时刻提高警惕、远离职业伤害，确保人身安全。管理者要建立和完善民警岗位练兵的长效机制，使民警不断提高执法能力、教育改造罪犯能力、维护监狱安全稳定能力、应急处突能力、信息化实战应用能力和开拓创新能力，确保民警依法履行职责。

（2）坚持以人为本，做到"事业塑人，感情暖人，待遇留人"　监狱管理者应坚持政务公开，主动吸引民警参加监狱的民主管理，增强民警实现自身价值的自豪感、贡献社会的成就感、得到社会承认和尊重的荣誉感。同时，监狱管理者还要积极创造条件，大力改善民警办公条件、警务装备、物防技防等条件，美化民警工作环境，鼓励民警成立各类兴趣小组，确保民警休息娱乐正常化。监狱管理者应关心民警的身心健康，定期组织民警体检，为每位民警建立健康档案，及时进行健康提醒；积极推行监狱民警医保工作社会化，除推进监狱民警参加监狱所在地的居民医保外，还应积极创造条件让民警参加大病医疗补助、公务员医疗补助，监狱单位自身还可以建立特殊形式的民警医疗统筹体系；广泛深入地开展对民警的心理健康教育，举办心理咨询培训班、利用宣传载体和辅导培训等形式普及心理健康知识，让基层民警了解压力的早期预警信号、自我调适方法等，使民警筑起"心理免疫"堤坝，增强"心理抗震"能力。此外，监狱管理者还应主动关心民警的日常生活，定期召开民警与家属的座谈会或联欢会，走访民警家庭，既可以了解和帮助解决民警家庭的实际困难，又可以使民警家属了解民警工作的艰辛、取得的成绩，从而理解民警、支持民警。

（3）积极创造条件让民警共享社会公共资源、实现自身的全面发展　监狱民警合理的社会交往需求既是其自身不断适应社会、发展进步的必然趋势，更是监狱工作科学、健康发展的必然诉求。随着监狱物态和管理制度更加开放，监狱工作日益走向"前台"，民警个人思维方式和能力发展也不允许再局限于狭窄的范围和相对孤立的地点。监狱管理者应当充分认识并大力支持民警参加各类社会活动，保障监狱民警有足够的自由支配时间去获取知识、磨砺品格，提升与世界丰富性相适应的感觉、思维能力、获得和享受最新的社会文化的能力，促进民警加快由"监狱化"的人向"社会化"的人转变。

第八章 创新管理——活力决定发展

1995 年，江泽民同志在全国科学技术大会上指出："创新是一个民族的灵魂，是一个国家兴旺发达的不竭动力。如果自主创新能力上不去，一味靠技术引进，就永远难于摆脱技术落后的局面。一个没有创新能力的民族，难以屹立于世界先进民族之林。"2011 年 2 月 19 日，胡锦涛同志在省部级主要领导干部社会管理及其创新专题研讨班开班式上发表重要讲话，强调指出，加强和创新社会管理，要高举中国特色社会主义伟大旗帜，全面贯彻党的十七大和十七届三中、四中、五中全会精神，以邓小平理论和"三个代表"重要思想为指导，深入贯彻落实科学发展观，紧紧围绕全面建设小康社会的总目标，牢牢把握最大限度激发社会活力、最大限度增加和谐因素、最大限度减少不和谐因素的总要求，以解决影响社会和谐稳定突出问题为突破口，提高社会管理科学化水平，完善党委领导、政府负责、社会协同、公众参与的社会管理格局，加强社会管理法律、体制、能力建设，维护人民群众权益，促进社会公平正义，保持社会良好秩序，建设中国特色社会主义社会管理体系，确保社会既充满活力又和谐稳定。

监狱工作作为社会工作的重要组成部分，也必然要求不断加强管理创新。进一步完善监狱管理体系，既要全面展开工作，又要抓住源头性、根本性和基础性问题，紧跟政治、经济、社会的发展大局，以法制现代化为导引，参照世界监狱制度的现代化进程，积极探索监狱工作社会化的科学路径，建构具有中国社会主义特色，运用现代科学理论做指导，与社会主义现代化建设相适应、相协调、相一致的科学文明公正法治的现代社会监狱制度，激发监狱发展活力，有效解决长期困扰监狱工作科学发展的一系列难题。

一、监狱创新管理的语义分析

讲创新管理就必然要讲存在的问题和矛盾，否则创新就没有任何意义。众所周知，差异、矛盾、不平衡，是组织发展过程中的常态。监狱作为一类比较特殊的社会组织，自始至终也都必然伴随着各种各样的差异、矛盾、不平衡，监狱管理创新的任务，就是要在新的历史阶段加强管理创新，不断认识新形势、提出新问题、探索新举措，重新找到均势、找到平衡，实现监狱工作的不断创新发展。

监狱发展过程中主要面临着三类基本问题和矛盾：一是在变化着的外部环境中监狱自身面临的适应、革新问题；二是正确认识监狱改革发展过程，如何调整监狱工作战略和方针、把握动态平衡的问题；三是不确定环境条件下监狱的对策问题。此外，监狱本身也存在一些基本的矛盾，监狱发展过程本身就意味着均衡的破坏，如组织目标与个人目标、技术与人性、自律与他律、原则性和灵活性等。

1. 矛盾伴随着监狱发展的全过程，需要通过不断的创新来解决

(1) 监狱发展过程中的矛盾冲突　监狱发展过程中之所以充满了矛盾冲突，一是由于监狱本身的性质和特点包含了各种矛盾的成分在内；二是由于监狱内部环境和外部环境均存在时刻变化着的因素和打破现有平衡的力量。矛盾冲突是监狱发展过程的常态。

① 监狱本身的矛盾因素。监狱作为一个系统，对内面对个人，对外面对环境；一方面要集合民警个人的力量；另一方面要适应环境，谋求自身的发展。这种特殊的性质和位置，决定了它不可避免地处在各种矛盾的焦点。监狱发展过程中面临着各种矛盾，就监狱的基本矛盾而言，主要包括：一是社会大环境对监狱工作的要求和监狱内部自身发展变化的要求之间的矛盾。从变动的外部环境的要求来衡量，监狱革新、竞争、多样化、灵活是基本的要求。然而，从监狱内部作为一个长期的协作团体的性质分析，又要求监狱的管理具有安全、稳定、连续、协调的特性。监狱工作革新与稳定之间，变化与连续之间，竞争与安全之间，多样化与协调性之间，不同程度地存在矛盾。监狱工作的现实状况表明，监狱工作的成效对罪犯改造质量的高低是重要的，但同时又受制于其他监狱所无法控制的因素，如宏观方面的社会发展水平、社会文明状况、社会控制能力、社会保障程度等；微观方面的个体思想素质、社会适应能力、本人的谋生能力等。换句话说，监狱对罪犯惩罚和改造的功效是有限的，而不是无限的。监狱职能的有限性，在现阶段就更加明显。监狱工作目标与要求、工作运行与责任、配套法律与政策、考核方式与兑现，这些都涉及到惩罚与改造罪犯工作的实际表现在监狱管理中的职能定位和权重。监狱职能的有限性，在现阶段还因为监狱警察队伍的职业化建设的不力。除了个别情况的妥协执法外，不少监狱民警的业务能力有限是重要因素。监狱职能的有限性，在现阶段还受制于技术层面的诸多因素。教育矫正手段的局限性、教育内容的陈旧性、矫正技术的科学化程度不高，甚至于时间、经费、场地都很难以保证，这种状况持续下去，有限性的监狱职能也难于最大限度地发挥。二是监狱整体目标与个人目标之间的矛盾。监狱有其共同的目标。共同目标是根据社会整体环境提供的可能，以及监狱生存发展的需要和自身的能力确定的，不依个人的目标为转移。但是，参与监狱管理活动的个人又都有其个人的目标与追求，个人的目标与追求如果得不到满足，个人的积极性会受到影响。如何在监狱整体目标与个人目标之间取得平衡，也是一个难题。三是科学、理性与人性之间的矛盾。一方面，监狱作为一个社会组织，要生存发展，就要讲究科学、依靠理性、提高效率，要尽可能采用自然科学、社会科学等先进理念、技术手段和方法，严格各项工作流程和管理制度，按科学规律办事；另一方面，人是一种社会的、心理的、情感的存在，不是一架理性的机器。这其间的矛盾，也是监狱本身就有的。

② 环境的变化引发的新要求、新标准与监狱工作现状之间的矛盾。监狱工作与社会整体环境之间的均衡，是通过适当的目标和战略实现的。社会整体环境不是一成不变的，而是时刻处在变动中。环境因素的变化，会打破监狱原来形成的均衡状态，使监狱面临一种新的局面。刑罚与监狱制度是一个国家法治水平的重要表现形式，也是一个国家的一扇文明之窗。随着刑罚的轻缓化和社会化思想的传播，当今世界各国都在不断进行刑罚制度的变革，尝试用最有益的方式矫正犯罪人，以促进他们重返社会。我国是文明古国，也是社会主义法治国家，应该成为这场刑罚变革中更有影响力的国家。监狱管理者无论是制定政策、规范层面的目标，还是研发手段、方法层面的技术标准，都要以人为本、致力于关怀、促进和服务于罪犯重返社会的努力。在法治化和监狱体制改革的背景下，我国刑罚执

行（监狱与社区矫正）制度都得到了不断完善，而通过加强监狱等矫正组织规范体系建设、场所文化建设等措施，积极推进组织变革与管理创新，使我国刑罚执行的方式更加符合法治精神和科学标准，是监狱管理者应当有所作为和不断探索的领域。监狱管理者要紧紧围绕"打造文明监狱、服务和谐社会"的总目标，积极探索"首要标准"背景下的服刑人员教育改造工作的新途径、新方法，不断丰富教育改造内容，创新教育改造机制。同时，管理者要积极引进社会资源参与教育改造，提高教育改造工作的社会化程度，着力构建教育改造大格局，才能实现罪犯改造质量的不断提升。管理者要整合教育改造资源，着力提升监狱科学改造服刑人员的水平，不断拓宽教育改造工作的社会化途径，充分发挥监狱减少和预防犯罪的职能，这是监狱管理创新的重要方面。

③ 监狱的发展过程中会出现新的矛盾。监狱的发展是带来新问题、产生新矛盾的一个重要原因。其主要表现，有三个方面：一是监狱发展会带来监狱与环境均衡的破坏。这些情况常常使得监狱原来制定的战略不再有意义，出现了新的不平衡。新中国成立以来，监狱工作在中国共产党的领导下，认真贯彻落实惩罚与改造相结合的方针，积累了一些好的做法，摸索出了一些成功的经验。当前国际行刑形势发生了一些新的变化，监狱工作也顺应国际形势发展的潮流，进一步总结和发展。监狱管理者要正确处理好对罪犯惩罚与改造的关系。罪犯作为被惩罚的对象，将其关押和监禁，剥夺其人身自由，体现了国家刑罚权的行使，满足了社会公众对公平正义感的需求；而对罪犯进行改造和矫治，将罪犯改造成为守法公民，不仅是监狱改造罪犯的根本目的，也是刑罚人道主义的体现，更是从一定程度上化解了罪犯对社会的仇视和报复，有利于社会主义和谐社会建设。监狱管理者必须坚持以科学发展观为指导，将司法体制和机制的改革与监狱工作改革创新有机结合起来，牢固树立罪犯是可以改造的唯物史观，很好地总结我国监狱在改造罪犯方面取得的很多成功经验，想方设法在改造罪犯上下工夫。二是监狱的内在矛盾。即由于监狱的成功和发展，原来适宜、稳定的管理体系和运作模式变得不适应，需要作出调整和修正。监狱不是远离社会的孤岛，监狱矫正工作对于预防和减少重新犯罪具有重要意义。监狱管理者必须把降低违法犯罪率作为衡量监管工作的首要标准，大力深化监狱体制改革，加快推进监狱布局调整，坚持把教育改造作为监狱工作的中心任务，不断丰富教育改造内容，积极创新教育改造方式方法，同时广泛动员社会力量参与社会帮教，全面试行社区矫正工作，全面提高罪犯教育改造质量，促进罪犯刑满释放后顺利回归社会，为维护社会和谐稳定作出积极贡献。三是长期的监狱发展过程中，必然会滋生一些与成功和发展相伴随的弊病。如机构官僚化、办事拖拉、文牍主义、自满、大意等。这些弊病会降低监狱的效率，失去原有的生机和活力，失去在环境变化方面迅速作出反应的能力，成为监狱发展的严重障碍。

（2）监狱创新发展需要克服惯性、打破常规，必须解决发展与惯性之间的矛盾　组织发展过程还是一种打破常规，与各种保守的力量斗争、克服惯性的过程。❶ 不论是为了适应环境，还是为了解决发展带来的问题，监狱管理都需要在新情况下谋求新的平衡。因此，必要的新陈代谢、吐故纳新就是监狱发展过程管理的基本内容之一。换言之，为了适应变化了的情况，新思维、新技术、新战略、新人事等许多方面，都是监狱的管理者需要探索的。

---

❶ 王利平，黄江明著. 现代企业管理基础. 北京：中国人民大学出版社，1994：253.

探索新的东西往往同时意味着要扔掉一些旧的东西，要开创性地尝试解决新问题。然而，探索和开创会遇到来自惯性的阻碍。工作程序也好，沟通过程也好，或者是思维方式也好，监狱的管理者和被管理者往往习惯于采用原已熟悉了的或习惯了的方式方法，排斥生疏的、不熟悉的东西。但是，监狱如果不能从旧的体系方法当中解放出来，就不可能产生或形成解决新问题的办法，无法适应变化了的情况，因此，监狱发展过程还必须解决发展与惯性之间的矛盾。

① 体系惯性。监狱发展当中的惯性，从大的方面划分，可分为体系惯性和个人惯性。体系惯性是在监狱运行过程中，整体意义上形成的相对固定和容易僵化的体系和程序。个人惯性指监狱的管理者和被管理者在长期监狱管理工作中，形成的相对固定的观念、准则和思维方法、工作习惯等。

体系惯性存在于两个层次：一是业务活动层次。监狱在以往的探索、尝试过程中，形成了一套相对固定、成熟的操作规程，各部分、各环节之间，有了密切协调的配合关系，已形成了一套成熟的业务操作规范。这种情况对原有条件而言，是一种最有效的方法，但同时有不易变革的弊病，改变其中一个部分、一个环节和改变整个过程一样，都是非常困难的。当前，我国发展已进入重要的战略机遇期，同时也是各种矛盾的凸显期。从监狱工作的实践来看，罪犯构成日趋复杂，押犯中的重大刑事罪犯、判刑两次以上的罪犯所占的比例持续上升，这也给监狱矫正罪犯工作带来了严峻的挑战，对监狱管理者的工作提出了更高的要求。监狱管理者要在全面分析罪犯的新情况、新特点的基础上，不断探索和创新矫正罪犯的新形式、新手段和新方法。比如，监狱管理者应该结合监狱信息化建设，不断完善基础数据的统计、汇总和分析，提高矫正罪犯工作的科学化程度；要加强罪犯改造质量评估、心理矫治等科学矫治手段的综合运用；要充分开发和利用社会资源，整合社会相关科研、教学机构的研究力量，加大对监狱在押犯新情况、新变化以及管理教育罪犯的规律性的研究，探索科学有效的矫治办法，不断提高罪犯改造质量。二是管理体系层次。如监狱的组织结构体系、计划与控制体系、制度体系，建立起来经过一段时间稳定下来以后，都有不易改变、自身维持原习惯做法的倾向，因而都有在面临新情况时不易调整的一面。面对新时期监狱矫正罪犯工作对民警素质和民警管理体制的新挑战和新要求，监狱管理者应积极创新队伍管理方式，结合监狱工作的特点和民警岗位职位要求，规范民警工作程序和工作纪律要求，探索建立中国特色的监狱民警分类管理制度。

② 个人惯性。个人惯性也有两个基本方面。一是思维方面的；二是情感方面的。一个人的思维方式越是固定成熟，越是不能发现与其价值观念不一致的新问题，对变化的反应越是迟滞、麻木。思维方式僵化的人不易发现和接受新事物，对变革持消极抵抗态度。情感方面的惯性主要是人际关系方面的。监狱民警长期在同一个监狱或者同一个部门工作，管理活动中的相互协同和形成的文化环境，会在相互之间的感情、作风、习惯等方面形成一定的一致性和适应性。这种状态包含许多非理性的成分在内。当新事物与这部分人的情感方面的习惯不吻合时，就会遇到强有力的抵抗。

上述两个方面的惯性，在某种意义上是一种均衡状态。它是在监狱组织发展过程中为了提高效率，减少不必要的摩擦和冲突，有意无意地形成的消除或缓解矛盾的状态。这种惯性在一定程度以内是有意义的，它有利于监狱工作提高效率、降低内耗，但超过了必要的限度，就成了一种发展变化的阻碍力量。因为它消除了矛盾，使监狱的组织处于稳定不变的状态，缺少发展所需要的创造性，缺少比较、竞争和刺激，缺少活力，不利于监狱工作的不断创新发展。

2. 监狱管理创新就是不断地发现新问题，准确地判断和把握新形势，不断地探索和解决出现的新矛盾

前面的分析表明，稳定不变不是监狱工作发展的理想状态，对矛盾、差异、对立不加调整、任其自然发展，也不是理想状态。监狱工作发展既需要稳定，也需要变革；既不能没有矛盾，也不能任矛盾发展。因此，监狱管理者不能用一套固定的、不变的体系和方法对待监狱工作的发展，而是要在各种极端之间找到某种平衡，要随情况的不同而采用不同的方法手段，在动态中协调监狱工作内部各方面关系，把握某种"中庸之道"。

（1）在变动的情况下动态进行监狱管理创新，寻求合理地解决矛盾的方法　管理上的权变观点认为，不存在一套任何时候、任何条件下都适用的管理体系和管理方法，管理过程中一切都处于变化之中。监狱所处的社会环境、内部各种因素和力量都处在变动之中，不可能找到一剂包治百病的灵丹妙药，能解决一切管理问题。当然，监狱管理也不是没有基本的原理和手段，需要对每一种情境找到一种特殊的方法。在一般的管理原理、体系和具体情境下的特殊方法之间，存在着一系列可供管理者选择的体系方法。权变观点强调的是在变动的情况下寻求合理的方法。它所强调的基本点，一是变化，即一切要从变化了的情况出发，用发展变化的眼光看待和把握问题，条件变了管理的体系方法也要相应调整。二是管理体系和方法的灵活运用，即根据系统理论的基本原理，学会灵活巧妙地根据变化了的情况选择适当的管理方法，既讲求原则性，又讲求灵活性；既讲"经"，也讲"权"。原则性与灵活性相结合，"经"与"权"相结合，就是权变观点的要旨。

比如，2011年2月十一届全国人大常委会第十九次会议，表决通过了现行刑法的第八个修正案。《刑法修正案（八）》的出台，对进一步落实宽严相济刑事政策、打击威慑犯罪、保护民生、维护社会和谐稳定等方面必将起到积极作用。但作为监狱管理者，也应当清醒地认识到，《刑法修正案（八）》中关于限制部分死刑缓期执行罪犯减刑、延长死刑缓期执行罪犯和无期徒刑罪犯实际服刑期限等新规定，都会对监狱安全稳定、教育改造、刑罚执行、队伍建设等各项工作带来重大影响：监狱押犯人数上升，重刑犯比例将大幅增加；监管安全面临巨大压力，管理难度加大；现有教育改造的内容方式需要调整，罪犯改造难度增大；现有监狱监管设施难以满足关押需要；监狱民警的现有数量和能力难以满足监管改造罪犯的需要等。为此，监狱管理者应充分认识《刑法修正案（八）》颁布实施的重大意义，采取积极有效的措施妥善应对，积极做好依法收押准备，对《刑法修正案（八）》施行后被判处的死刑缓期执行、无期徒刑等严重刑事罪犯的人数进行测算，评估自身收押能力，在管理、教育方式、方法上要做出预案，探索分类集中关押等方式，确保监管安全；要全面推进分押、分管工作，根据新修订的《监狱建设标准》，按实际需求建设能够关押严重刑事罪犯和高度危险罪犯需要的高度戒备监狱、监区，积极推进监区管理分类，对不同类型、不同危险程度的罪犯给予不同的处遇，加大分级处遇制度在刑事激励、狱政激励、物质激励、精神激励等方面的力度，切实调动各类罪犯的改造积极性；要全面加强监狱安全稳定工作，健全完善"人防部署严密、物防设施完善、技防手段先进、联防协调统一"的集管理、防范、控制于一体的监狱管理体系，通过抓规范化管理，确保监狱的安全稳定；要高度重视对被判处死刑缓期执行限制减刑的累犯等"九种人"的监管改造

工作，切实加强专管民警队伍建设，着重提高对这部分罪犯专管民警在组织、监管、改造、执法、协调、处置等方面的能力建设，以适应新形势的需要。

（2）能动地利用矛盾和冲突，调动两方面的力量进行监狱管理创新，在新水平上实现协调，促进监狱发展　监狱的矛盾与发展过程管理的一个基本精神就是要讲究中庸之道。因为在监狱的矛盾与发展过程中，管理者碰到的问题常常都是左右为难，怎么做都各有利弊，偏于哪一个方面都不适宜，必须寻求某种矛盾中的平衡和动态中的平衡，利用矛盾和不平衡谋求监狱工作的发展。这里所说中庸之道，既不是不偏不倚，也不是相互妥协。管理者要能动地利用矛盾和冲突，促动两方面的力量，在新水平上实现协调，促进监狱发展。矛盾也好，发展也好，虽有消极的一面，同时也有积极的一面。监狱管理者只有利用矛盾和不平衡带来的发展机会，开创性地建立新的平衡，才是促进监狱整体工作又好又快发展的有效途径。

（3）积极创造和利用条件促进监狱管理创新，不断调整和重塑监狱管理新模式　模式不能等同于范式，模式包括理论、原则、流程和方式方法，它是在某种环境条件下，组织发展过程中形成的从工作程序到行为方式、管理方式、思维习惯和价值观念都成为某种内在一致的特定类型的状态。显然，特定的监狱管理模式要有一定时间的积累才可能形成，它是监狱内部各方面经过反复探索、学习、调整和适应才形成的。对某种特定的环境条件而言，监狱管理的模式化是监狱管理水平提高、效率提高、浪费和内耗减少的结果。它是先进的监狱文化的重要组成部分，在监狱工作中具有简化管理程序、密切相互协调配合、鼓舞和激励工作热情的重要作用。

一定的监狱管理模式的形成，意味着对某种环境条件而言，监狱管理工作达到了较理想的状态，监狱对社会大环境和内部微观环境的适应达到了较高层次。但同时另一方面，它也意味着监狱工作的发展达到了某种稳定状态，失去了革新和变革的活力。从监狱工作进一步发展的要求来衡量，这不是一种理想状态。因为一种模式一旦形成，就有了保守、排斥其他类型的特点，特别是当社会大的环境条件发生较大变化、要求监狱管理模式与之相应调整时，监狱在原有模式内部依靠其自身是很难转变的。

为此，监狱管理者必须从四个方面努力地推进监狱管理创新。一是善于提出问题。这不是简单地提出问题，而是监狱管理者要有意识地使矛盾、不平衡或挑战明朗化、尖锐化，为探索实施变革创造条件。因为差异、矛盾和不平衡是监狱管理变革的时机，是除旧布新的机会。特别是当监狱发展形成某种固定的模式时，同时也意味着与环境变化之间的差异和矛盾增大。这时，依靠监狱内部自然演变的方式无法解决矛盾，不能进一步发展，必须创造条件、转换管理模式。这种模式转换不是个别监狱主要管理者的事情，牵涉到监狱内部上下左右各方面，是整体变化。这种重大的、根本性的改革创新必须依靠监狱内部各方面的力量、调动各方面的积极性。因此，监狱管理者首先要做的，就是提出问题，使各层次明确监狱面临的处境，突出矛盾和危机，使监狱上上下下都意识到问题的深刻性和严重性，为转换管理模式和改革创新创造条件。这一阶段的关键，是主要管理者的作用。一个监狱能否把握适当的时机，适应环境的变化，迅速调整自身，实现管理创新，关键在于主要管理者。主要管理者的预见能力、胆略和气魄，在这一阶段起决定性作用。管理者提出问题的过程，在现实生活中，往往同时伴随着对监狱工作未来的预见和展望。如"未来的竞争主要是人才的竞争"；"抓住机会，转换监狱管理体制"；"积极地理解和贯彻'首要标准'"等提法，既明确了监狱工作现存的主要问题，同时也指出了监狱工作改革创新的目标和方向。二是积极探索创新。在第一阶段充分准备舆论的前提下，转换管理模式和实施管理创新的实际过程从部分探索、试验开始，没有不经过探索和试验而能成功地实现管理创新的。在这一阶段，主要管理者所能做和应该做的，就是为探索和试验创造条件，从人、财、物等几个方面给予必要的支持和保证。比如，改革开放以来的三十多年，我国监狱对传统的管理模式与方式进行了积极有效的改革与探索，而且解放思想积极地引进新的管理方法并努力地实践，积累了许多成功的经验。但是不容置疑的是，在监狱积极改革传统管理模式、尝试引进管理新方法的进程中，那种根深蒂固的"粗放型"的、"经验型"的管理痕迹依然非常地显现，监狱的管理模式难以有根本性的突破与改变。后现代工业的信息化时代，为监狱管理模式的改革创造了难得的条件。信息化建设，这在监狱发展史上想都不曾想过的"软实力"，正融合在监狱布局调整的步伐中，被充分地认知，被强有力地推进。信息化外观看似的"网络"、"平台"与"图像"，但是其内核是思想观念的一次革命，是运用信息化的功能与方式对传统管理模式的一次现代化的变革。现代信息技术的普遍与广泛运用，已经将监狱引领到了一个崭新的科技时代，监狱的组织机构、警察职能、改造方式、狱务管理等已经或正在将发生深刻的变革。[1] 而且，这种变革将直接推动着监狱的转型——推动着监狱管理模式由传统向现代、由粗放向精细、由经验向科学转型。体现的是在信息化的视野下对罪犯所有的改造信息采取的一种全新的管理模式，监狱狱政管理模式的一次重大变革，具有管理模式"质"的变革与推进。监狱管理者要致力于建设完善基础网络，实现信息传输网络化；建设完善基础信息资源库，实现信息处理数字化；建设完善安全防范系统，实现安全防范智能化；建设完善监管和执法管理系统，实现监狱管理、执法规范化；建设完善电子政务系统，实现办公自动化；建设完善标准规范，实现技术应用标准化，并据此确定相应的管理体系和方式方法，从而形成这一时期监狱工作新的发展模式。

二、监狱管理创新的必要性

　　监狱是依附于国家的一个"特殊标志物"：它既是当时社会的一个"病态物"，同时又是当时社会的一个"文明物"。在专制社会，监狱是张扬暴力的机器；在文明社会，监狱成为治理社会的工具。监狱文明进程的脚步无不折射了社会文明、进步的曙光。在当代，监狱其实是一个国家真正实现高度文明的特殊而重要的标志，推进监狱管理创新具有重要而现实的历史意义和现实意义。[2]

　　1. 监狱管理创新是实现监狱法治、建构现代监狱制度的需要

　　（1）建设社会主义政治文明对监狱的工作理念、体制设计、谋略统筹、运行机制、管理模式等方面的创新提出了更高的要求　党的十六大提出了全面建设小康社会的目标，建设社会主义政治文明摆上了与精神文明、物质文明同等重要的位置。发展社会主义民主政

---

❶ 汪东方. 信息化引领下的监狱变革. 安徽监狱，2009（3），18.

❷ 参考自"法制现代化进程中的中国现代监狱制度价值解读". http://ccce. its. csu. edu. cn/html/qitalanmu/bangzhu/ziliaowendang/5979156150. html.

治、建设社会主义政治文明，是全面建设小康社会的重要目标。监狱工作作为加强社会主义法治建设的一个重要部分，很显然，应当体现和贯彻政治文明的要求、呼应政治文明的建设大局，在未来的工作理念、体制设计、谋略统筹、运行机制、管理模式等方面，法治的理念应当是始终如一、一以贯之的。

在监狱的各项工作中，法治理念的表达形式是多种多样的，内容是丰富多彩的。不过，法治理念确立的困难不在于对法治的理解、对形式的把握，而在于清除传统理念的消极影响。比如，我国监狱曾经长期奉行的阶级斗争的"专政哲学"，简单地将监狱理解为"暴力机器"，对罪犯就是要"惩罚、惩罚，再惩罚"，"剥夺、剥夺，再剥夺"；罪犯是"义务主体"，"如果有权利，就是接受惩罚的权利，就是履行义务的权利"……其实，公民的权利、罪犯的权利，其存在的意义在于权利的价值蕴涵，在于权利背后隐含的、法律所表达的公正、平等与正义精神。因此，权利对所有人都是神圣的，决不区分权利的主人是一般公民，还是罪犯。正如王平博士所言，"保护罪犯的权利，最终是为了保护所有人的权利"。权利，无论为谁所有，在它的逻辑层面、在它的法治层面确实没有什么不同。这正如所有的人都要吃饭、穿衣一样合理、正常。何况罪犯还是弱势群体。在推进政治文明的进程中，在依法治国的情形下，当然监狱管理创新需要的是建设中国现代监狱制度。应当说，改革开放以来，监狱民警的思想观念发生了深刻变化，认识水平有了较快的提高。表现在法治的理念方面，对罪犯权利的认识愈加统一；对监狱性质的认识已开始走出绝对"专政工具"论的理解等。这些，也都为现代监狱制度的全面构建奠定了一定的基础。但是，法治在监狱工作中的意义不仅表现为将有关内容、原则、重点、方法、措施、条件、责任等纳入制度化的轨道，还在于人们法治观念的增强以及依法办事的自觉性，这就为监狱管理创新提供了广阔的发展空间，当代的监狱除了监狱本身"与生俱来"的乃至于"天赋"的报应、监禁、惩罚、专政等传统价值外，当代监狱进步文明的价值更在于要与时俱进，赋予和开发其具有时代意义、创新意义、引导社会发展意义的崭新价值。

（2）推进社会管理创新、化解社会矛盾对监狱管理创新提出了更高的要求　公平执法是监狱工作的基础。监狱是社会公平的最后一道屏障，监狱执法不公，其恶劣后果将是人们对法律信任的危机；对监狱来说，一次不公正的执法可能会摧毁千百次的说教。清末人士徐谦认为"监狱制度与刑法审判二者有密切之关系，监狱不良则行刑之机关未完善，而立法与执法之精神均不能见诸作用。无论法律若何美备、裁判若何公平，而刑罚宣告以后悉归于无效。故监狱、立法、审判三者之改良必互重并行，始能达到法治之目的，增人民之幸福。"这是中国历史上较早论述监狱制度在立法执法中蕴涵公平精神的论述。换句话说，监狱刑罚执行出现了问题，法律再好，判决再公平，都失去了意义，仅仅是一种形式外壳而已。

刑罚执行是社会公平的最后防线，而监狱是"最后防线"的最后屏障。监狱执法不公，抑或妥协执法，意味社会公平防线的全面崩溃。法治不存，秩序缺失；秩序不存，公平缺失；公平不存，法治缺失；假使社会到了如此地步，法治国家则是无从建立的。这里仅以减刑、假释为例。正如监狱民警普遍知道的，减刑、假释对罪犯的影响最大，是罪犯在服刑期间最关心、最高层次的需要。减刑、假释的公正、公平运用，能引起罪犯对法治的普遍关注，对法律的权威能起到强化、示范作用，从而成为每个积极改造的罪犯可以预期（期待）的目标，不断地强化、激励罪犯的持续积极改造的心理和行为。从更广的范围看，可以形成一个监狱的积极向上的改造氛围，形成一种良好的态势，促进监管安全稳定，并反过来为罪犯积极改造提供环境保证，使改造手段发挥事半功倍的作用。反之，积极改造的罪犯得不到相应减刑、假释，而那些"关系犯"以及靠"钱刑交易"的罪犯可以轻而易举地获得减刑、假释，仅从改造层面上来说，可造成全部改造手段的失灵，因为纵然监狱民警在口头上说得天花乱坠，而现实的反差是执法上的不公正、不公平，又怎能令罪犯心服口服呢？又怎能使罪犯在心灵深处建立法律权威与公平的通道呢？法律社会学的研究表明，人们对法律的信任并进而形成"法律至上"的信仰与理念，取决于对生活中对法律权威的现实感受和对法律职业人员（监狱警察应是一种法律职业）公正执法的现实体验。为此，监狱管理创新应致力于构建公正、文明、廉洁、高效的现代监狱制度。

①　将公正执法作为监狱法治的核心。公正即公平、正义，这是法治的实质含义。在全部法治中，公正执法是至关重要的。如上所述，监狱人民警察是法律工作者，其言行举止代表的是政府，是法律的化身。监狱人民警察的公正、平等执法对形成全社会法律至上的意识具有直接的作用，尤其是监狱作为刑事司法的最后一道程序，是社会正义的最后防线。

②　将权利保障作为监狱法治的标志。权利是人所应当享有的法律保障的权利。"权利是目的，义务是手段。"然而，在监狱实践中，对罪犯的权利保障力度仍然是不够的。随着现代监狱制度的建立，权利保障不仅受到了越来越广泛的关注，其保障力度也在加大。尤其是对罪犯权利的保障的理性观念正在逐步确立。

③　将法律至上作为监狱法治的根本。法律至上就是要求人们崇尚法律、信仰法律精神，以法律作为言行的准绳，养成法律习惯，由强制到自觉，最终形成"法律信仰"。对于监狱人民警察来说，在对罪犯实施惩罚与改造中，必须认真执行法律，依法办事，杜绝违法行为，同时，要尊重罪犯人权，尤其在罪犯权利受到侵害时，应及时提供救济手段，切实确立法律的崇高权威性。

④　将法制完备作为监狱法治的形式。监狱法制的完备，是监狱法治的必要条件之一。监狱法是规范监狱工作的重要法律，但不能因此说有了监狱法就标志着监狱法治的实现。因为法制完备涉及的面很广，内容也很多。今后，应当根据监狱事业发展的需要，以现代理念作指导，完善从监狱警察到罪犯、从管理到教育的完备监狱法治。

⑤　将依法治监作为监狱法治的要求。长期以来，监狱倡导的"依法管理"，其重心是指管理罪犯，强调的是法律的权威与威慑，同时，强调罪犯必须履行劳动、学习等义务。现代监狱制度中的依法治监的首要要求就是依法管理监狱人民警察，依法监督其管理罪犯的权力，不能对罪犯法外施权、法外施刑。同时，也要求监狱管理机关在管理监狱时，应以法律为准绳，不能滥施管理权。比如，不能动辄对监狱人民警察，甚至对罪犯乱施"罚款"（无论是监狱管理机关，还是监狱都没有这一行政处罚权。否则，即是行政违法）。依法治监还要求监狱及其管理机关在制定规章制度时不能违背、违反有关法律，否则是无效的。

⑥　将监督规范作为监狱法治的保证。监狱法治缺少监督，是不能实现的。换句话说，完整意义上的监狱法治，包括了执法监督。目前监狱的执法监督，既不健全、又不完善，有的还流于形式。在新形势下，应当大力加强。从监督形式上看，应包括权力机关监督、党的监督、群众监督、舆论监督；从过程上看，应包括事先监督、事中监督、事后监督；

从监督内容上看，应包括执法监督、管理监督等。一些地方还结合实际，从具体的监督上有了突破，如编制罪犯手册，将罪犯从入监到出监，从劳动、学习到接受管理，从减刑、假释到处分、加刑等有关权利、义务进行浓缩，条理清楚，提高了执法透明度。比如，实行狱务公开制度，将监狱工作有关内容、流程、期限、幅度向社会公布，接受社会群众监督；如聘请社会名流、党政人士做执法监督员，定期视察监狱，不仅沟通了与社会的联系，也消除了社会误解，促进了监狱事业的发展等，这些，都是监狱管理创新的有益探索。

2. 监狱管理创新是准确执行刑罚、恢复社会正义的需要

(1) 监狱管理创新的价值追求就在于监狱应"源于报应，表于惩罚，载于改造，止于自由" 英国功利主义法学家边沁这样表述刑罚的存在：犯罪是禁止的恶；而刑罚同样也是恶，是必要的恶，是不得已的恶。因此必须严格限制刑罚的使用，更不得随意扩大刑罚。在当代，刑罚的伟大在于刑罚所蕴涵的对罪犯的矫正价值。监狱警察如果认为自己具有可以对罪犯实行"惩罚具有不确定性"的威慑，那将是非常危险的。在依法治国的框架里，很难想象，监狱警察除了依法对罪犯惩罚外，还有什么权力去诠释"不确定性"；监狱警察作为法律的化身，除了模范地执行法律，在法律许可的范围内对罪犯管理外，还有什么权力可以"言出法随"。那些动辄对"罪犯惩罚、惩罚，再惩罚"的论者，那些言必对罪犯权利"剥夺、剥夺，再剥夺"的论者，那些号称对罪犯自由"限制、限制，再限制"的论者，自以为是在代表监狱警察的权利，维护法律的威严，其实，充其量不过是封建色彩的特权思想流露。现代法理学告诉我们，罪犯在监狱服刑是因为惩罚，而不是为了惩罚。现代监狱的伟大价值就在于"源于报应，表于惩罚，载于改造，止于自由"，"不自由，毋宁死"已成为一句广为流传的法治格言。在这里，自由不仅是哲学意义上的，更是法律意义上的。在现实工作中，有一些罪犯确实表现不好，有的还重新犯罪。对这样的罪犯，必须惩处。但除了依法之外，似乎还没有更好的办法，也很难想出还有比法律更好的办法。事实也正是如此，随着全民法律意识、权利意识的提高，体罚虐待罪犯的情况只是个别现象；随着现代监狱制度的建立，法治化、科学化、人性化的理念深入人心，改造罪犯的文明化程度大大提高，体罚虐待罪犯不仅是法律所不容，也是监狱警察无能的表现。

更加注重和有效地保护罪犯的合法权益，是监狱管理创新的题中应有之义。罪犯也是弱势群体，罪犯权利在目前的监狱工作中位置的突出、意义非同寻常。《中华人民共和国监狱法》对罪犯权利作了广泛而明确、具体而有保障的规定；新修订的刑法、刑事诉讼法也将罪犯权利置于特殊的保护之下。如新刑法将"体罚虐待被监管人罪"由渎职罪调整为"侵犯公民人身权利、民主权利罪"，并相应提高了法定刑。这从立法原意上理解是将罪犯列为与普通公民具有同等的法律地位。同时，随着社会的发展以及世界先进行刑思想的影响，罪犯作为权利易受侵犯的一类弱势公民，罪犯权利保护方面的法律将应运而生。这种保障，其实质就是保障所有人的权利，是文明社会的标尺。

(2) 监狱管理创新应体现对社会公平正义的维护 监狱职能的特定性表明，监狱依据人民法院的判决对罪犯执行刑罚，是社会正义的直接体现。对罪犯惩罚、对罪犯威慑，都是恢复社会正义的必然选择。惩罚是监狱的天然属性。没有惩罚，何须要监狱；没有威慑，何须要刑罚？但监狱仅仅是刑罚，仅仅是威慑，那不是社会主义的监狱，也不是文明社会的监狱，更不是法治社会的监狱。所以，监狱的公平正义，更要体现在对罪犯的改造

和矫正上，让罪犯顺利回归社会，让罪犯成为守法公民，"止于自由"。罪犯犯了罪，破坏了社会的和谐，应该惩罚他，但罪不当死，所以，最终要回归社会，成为构建社会主义和谐社会的一分子。监狱的管理创新的价值就在于，要通过监狱以及全社会的努力，让罪犯成为和谐社会的一员，而不是不和谐的因子。民警的对罪犯改造和矫正的公平正义的言行，恰恰是社会公平正义的孵化器，让正义在这样的环境中诞生和成长，让正义在曾经有过非正义行为的罪犯身上生根、发芽和成长；让正义在社会主义的监狱里得到全面和准确的展现、伸张和光大，这就是监狱对社会主义和谐社会的最大贡献了。❶

3. 监狱管理创新是科学矫正罪犯、践行科学发展观的需要

监狱存在的法律意义是对罪犯实施惩罚和改造。贯彻落实"以改造人为宗旨"的监狱工作方针，将罪犯改造成为"守法公民"，不仅是一项法律任务，而且是现代监狱制度的根本标志。当前和今后的较长一段时期，我们所面对的是我国由计划经济向市场经济的转型，由传统社会向现代社会转轨的大背景。在社会经济成分、组织形式、生活方式、分配方式和利益关系日益多样化的条件下，押犯的构成、思想、心理、行为发生了明显变化，对此，我们必须以变应变、调整视角，以更加务实、更加严谨、更加科学的作风和态度，把改造罪犯工作提高到一个新水平，必须由传统、经验逐步走向现代、科学，这是监狱管理创新的重要内容。

（1）监狱科学矫正罪犯面临着诸多的挑战　一是监狱职能多元化的挑战。从理论意义和法律意义上说，监狱就是监狱，其职能是贯彻党的"惩罚与改造相结合，以改造人为宗旨"的监狱工作方针，将罪犯改造成为"守法公民"。这可以被认为是监狱的"天然属性"。然而，由于长期受传统思想、体制的影响以及人们对监狱工作的不正确认识和定位，监狱的职能至今仍呈现出监狱、企业以及办社会高度合一的格局。客观地说，这种高度合一体制的监狱职能多元化曾经作过历史性的贡献，可谓功不可没。但在社会主义市场经济条件下，在社会分工日益细密、职能分化日益纯化的情况下，很显然，监狱职能多元化已成为制约监狱工作未来发展的最大的体制性障碍。我们必须从改造人的大局出发，从社会主义监狱惩罚与改造人的职能出发，尽快实现监狱职能单一化，为改造科学化创造良好的外部条件。二是押犯结构恶性化的挑战。罪犯是监狱教育改造的对象，押犯结构变化是探索推进教育改造科学化首先必须面对的问题。随着社会刑事犯罪出现的新情况，特别是大要案居高不下，流窜犯罪、涉恶涉黑涉毒犯罪、经济犯罪等上升的趋势，押犯结构呈现出恶性化的趋势，这给改造工作带来严峻的挑战。三是教育改造工作自身的挑战。改造科学化的推进受制于监狱工作的刑罚执行、狱政管理以及监狱生产、队伍建设等项工作。近几年来"妥协执法"现象屡禁不止，不少罪犯对公正执法、文明执法存在疑虑，这给改造科学化的推进带来致命冲击。现实中，各种改造手段的协调与整合常常发生冲撞，致使监狱工作的评价体系不合理、不科学。教育改造本身的形式主义，监狱安全稳定工作的高要求、严考核，常常使得改造科学化相形见绌。

（2）践行"首要标准"对监狱管理创新提出了具体而明确的要求　在传统的监狱理念中，罪犯是被动的受教育者，对罪犯的教育强调的是战斗性、进攻性、强制性，因而教育

---

❶ 参考自"法制现代化进程中的中国现代监狱制度价值解读"。http://ccce. its. csu. edu. cn/Html/qitalanmu/bangzhu/ziliaowendang/5979156150. html.

中"我说你听"的填鸭式教育，罪犯成了没有思想的被动客体角色。这种状况极不适应押犯结构发生重大变化的新形势，监狱管理者应通过管理创新，努力营造改造科学化的新模式。要按照适应犯情变化特点，服务监管安全需要，着眼于提高改造质量的总体要求，着力构建以现代、科学理念为指导，以人性化教育为原则，以全方位、多层次、宽领域的教育载体为依托，以提高民警队伍素质和改善教育的设施条件为保障的改造科学化新模式，使教育改造呈现出生机和活力。在教材上，突出专题性、应时性以及罪犯的可接受性，使罪犯感到新鲜、愿听；在教法上，突出灌输与疏导的结合，鼓励罪犯自愿参加学习，提高罪犯认同感和感情相融性，增强教育效果。即使对顽危犯的挂牌攻坚，也要体现人文关怀，以劝导、明理、喻义为主要形式。在有条件的监狱，还可以尝试给罪犯提供自愿有偿接受教育的平台，对罪犯开展外语、电脑等兴趣教育，激发罪犯的学习兴趣和增强学习自觉性。广泛推广电化教育手段，为罪犯提供形象、直观、现实的教育。对罪犯进行心理常识教育和心理测试，对少数心理障碍明显的罪犯，邀请社会上的心理学专家会诊矫治。利用亲情会餐、亲情热线、亲情帮教、特优会见、特困帮扶、离监探亲等多种形式进行亲情教育，充分发挥亲情的吸引力、亲和力、期盼力，让罪犯在希望中改造。

(3) 努力创新监狱绩效管理评估的制度　　按照绩效管理的理论，监狱提高执法效能、提高罪犯改造质量，应当是一个重要的管理创新和机制创新。绩效管理的根本目的是实现监狱职能；绩效管理的直接价值在于提高罪犯改造质量；绩效管理的重要作用是提高警察的执法能力和水平；绩效管理重在规划，难在执行，难在以过程保证结果。❶

监狱工作的绩效管理的实现，是一个复杂和系统性问题。监狱的核心问题是提高罪犯改造质量，这是绩效管理的出发点和落脚点。因此，包括绩效管理在内的监狱全部工作都是为提高罪犯改造质量服务的；而罪犯改造质量的提高又取决于警察职业化建设的水平；监狱作为国家的刑罚执行机关，其警察的执法工作，无疑会对监狱以及罪犯的改造产生重要的影响，因而，对警察执法质量的绩效评估、对罪犯改造质量的绩效评估、对监狱改造罪犯的技术化问题的绩效评估，都是监狱管理创新的重要课题。

三、监狱创新管理的内容

加强组织管理，提升管理效能的关键在于创新，因为管理是动态的、发展的。组织要使管理发挥其积极作用，就需要根据管理组织的发展阶段和具体情况，管理对象、管理内容、管理目标等情况的变化，不断创新。管理者只有把管理和创新紧密相结合，管理才能实现其神奇效能，最大限度地促进组织又好又快发展。管理创新的重点在于独创，不同的管理组织有不同的管理内容，同一管理组织在不同的时期也有不同的管理内容和目标要求。监狱实施创新管理——把新的管理要素包括新的管理理念、新的管理方法、新的管理手段、新的管理模式等，或者要素的组合，引入监狱管理系统，以更有效地实现监狱工作目标的创新活动。监狱管理创新的内容包括：管理思想理论上的创新、管理制度上的创新、管理模式上的创新和管理技术方法上的创新。四者之间相互联系，相互作用。

1. 监狱管理理念的创新

---

❶ 参考自"首要标准：时代课题的展开"。http://wenku.baidu.com/view/35ec780e6c85ec3a87c2c5e4.html.

理念决定未来，思路决定出路，目标决定行动。监狱管理者实施管理创新，首先要坚持以科学发展观为统领，牢固确立与时俱进、开拓创新的理念；其次要在监狱不断发展过程中，充分认识监狱管理内容、目标要求、功能价值的变化，不断更新观念、创新管理理念，以适应社会发展的需求变化，跟上时代发展的步伐。

（1）现代监狱管理职能分析 我国《监狱法》规定：监狱的性质是国家的刑罚执行机关。监狱的性质决定了监狱是国家机器的重要组成部分，监狱是法定的惩罚和改造罪犯的国家机关，惩罚和改造罪犯是监狱的重要职能。惩罚和改造职能是辩证统一的，相辅相成，相互作用。惩罚罪犯是监狱的法定的政治职能，通过强制执行、限制自由等措施对罪犯进行惩罚，为实施劳动改造和教育改造罪犯提供法律保障；同时，惩罚罪犯也是为了更好地改造罪犯。改造罪犯是社会发展对监狱管理的要求，是监狱管理罪犯的主要途径和目标追求，主要体现监狱管理的社会职能。

伴随人类社会的进步、法治社会的健全和国际社会需求变化，现代社会管理的职能也由政治化向公共服务职能方向发展。纵观中西方监狱发展史，监狱管理职能也发生了巨大变化，由一味地强调政治职能，向充分体现监狱的社会公共服务职能转变。从监狱管理技术方法的发展方向看，监狱实施惩罚的同时，更加注重罪犯的矫正教育，把罪犯的教育改造、思想行为矫正工作和罪犯回归社会重新犯罪率作为监狱管理服务社会的重要努力方向。监狱为了罪犯回归社会，更好地服务社会发展，促进和谐社会建设，通过法律援助、心理矫正、改造质量评估等活动载体，积极开展认罪伏法教育、思想政治教育、职业技能培训和回归创业指导。监狱教育矫正活动的目的就是为了更好地改造罪犯，让罪犯回归社会做一个守法公民，体现监狱在和谐社会建设进程中的社会公共服务职能。罪犯是社会的弱势群体，要通过监狱服刑改造成守法公民，监狱仅仅对罪犯加强思想教育、法律法规教育、劳动改造还不够。罪犯一旦走上社会，缺乏社会生存的技能，势必还会为了生存，重新走上犯罪的道路，监狱没有从根本上把罪犯改造成守法公民。监狱要积极为罪犯提供学习职业技能的机会，把劳动改造作为罪犯职业技能培训的主要手段，为罪犯走上社会创造谋生的本领，才能充分体现"把罪犯改造成为守法公民"根本目标的深刻内涵和深远意义，真正体现监狱社会公共服务职能的本质和精髓。

（2）现代监狱管理目标定位 监狱的根本目标是把罪犯改造成守法公民。2008年6月，周永康同志在全国政法系统学习贯彻党的十七大精神和胡锦涛总书记重要讲话专题研讨班上作重要讲话，明确指出："监管场所要把改造人放在第一位，通过创新教育改造方法，强化心理矫治，提高罪犯改造质量，真正使他们痛改前非，重新做人。要把刑释解教人员重新违法犯罪率作为衡量监管工作的首要标准，确保教育改造工作取得实效"。"首要标准"是监狱是否实现根本目标的衡量标准。"首要标准"的提出有着鲜明的时代意义，它是监狱工作贯彻落实科学发展观，构建社会主义和谐社会的必然要求；是监狱工作方针的具体体现；是监狱体制改革的目标追求；是指导新时期监狱工作创新发展的重要方针。"首要标准"是具有时代性的命题，体现了先进性的要求，对监狱具有统领性的地位，是监狱管理工作目标的恒久性衡量指标。监狱落实"首要标准"，核心就是要提高罪犯改造质量，最大限度降低刑释人员的重新犯罪率，更好地服务于社会主义和谐社会建设。

（3）现代监狱管理价值理念 "首要标准"对新时期监狱工作目标提出了更高的要求，明确了衡量标准，是监狱管理的社会价值追求，是现代监狱管理理念的重要体现。新时期监狱工作目标定位，促进监狱管理理念的创新，由监狱政治化方向向服务社会建设理念转变。监狱管理者创新监狱管理理念，就是要贯彻落实"首要标准"，瞄准现代行刑制度方向，建立科学的考核标准体系，创新罪犯教育改造载体，真正把罪犯教育好、矫正好，改造成为遵纪守法的公民，最大限度减少对社会的危害，服务社会主义和谐社会的建设。"把罪犯改造成守法公民"与罪犯回归社会不再重新犯罪是监狱社会职能的升华。重新犯罪就是说明，罪犯的改造还不彻底，没有把罪犯改造成真正意义上的"守法公民"；罪犯回归社会不再犯罪，不再危害社会，才是真正意义上的"守法公民"。例如，现代监狱管理已经把罪犯的教育改造工作推上重要议事日程，监狱管理者围绕提高罪犯改造质量目标，开展罪犯矫正、心理矫治、改造质量评估、创业培训等一系列工作。结合监狱发展规律和价值取向，监狱管理者必须推进监狱管理理念创新，更加坚定提升改造质量、服务和谐社会的目标定位和服务理念。监狱管理者首先要正确处理好提升改造质量与监管安全的关系、与社会安置帮教的关系、与刑罚的关系。其次，监狱管理者要在监狱管理创新服务和谐社会建设的理念指导下，科学设定监狱工作的目标，加强民警专业化、职业化建设，加强基层基础建设，完善监狱工作运行机制，重视发挥劳动改造手段的作用，创新教育改造工作手段，建立与提高改造工作质量相适应的保障体系和罪犯改造质量评估体系。总之，监狱管理者只有不断地创新监狱管理理念，才能用符合时代要求、适应监狱发展目标的新理念指导监狱管理实践；监狱管理者只有牢固确立监狱管理服务社会发展的价值理念，才能指导监狱管理创新，积极探索维护安全稳定、提升改造质量、服务和谐社会的新举措，并统筹协调推进措施落实。

2. 监狱管理制度的创新

"制度"是要求大家共同遵守的办事规程或行动准则，是一个宽泛的概念。"制度"一般是指在特定社会范围内统一的、调节人与人之间社会关系的一系列习惯、道德、法律（包括宪法和各种具体法规）、戒律、规章（包括政府制定的条例）等的总和，它由社会认可的非正式约束、国家规定的正式约束和实施机制三个部分构成。制度的形成具有不确定性，按照设计、修改、验证、完善的思路不断地健全的制度，才具备科学性、针对性、实效性。再好的制度也不是一直不变的，制度只有在不断总结完善中才能发挥其最大的约束效能。监狱制度也是如此，不可能突破事物发展的规律，需要不断地创新和完善，才能更好地规范和约束监狱管理工作，好的监狱制度会促进监狱的发展进步。

（1）监狱管理制度的变革和现状分析　从监狱近代发展史看，监狱管理制度是不断完善的，正朝着科学化、法治化、正规化方向稳步迈进。例如：清末新政时期，清政府面对内忧外患的困窘局面不得不对监狱管理制度进行改良。尽管这是监狱发展的某个阶段性的制度改革创新，但清末监狱管理制度改良仍不失为监狱近代化的一次有益尝试，其成果并不因清王室的覆灭而化为乌有，相反却影响深远，为南京临时政府、北洋政府以及南京国民政府统治时期监狱管理体制的产生提供了蓝本。从现代监狱发展史看，特别是新中国成立以后，针对中国行刑制度的发展变化和中国社会发展的不同需求，新中国的监狱制度也经历了不同的发展阶段。监狱职能从专政的政治职能向服务社会的改造职能转变，为社会服务提供帮助，实现了政治模式向社会模式的转变。不同的时期，国家制定了与之相适应的监狱管理制度。1994年，《监狱法》颁布实施以来，标志着监狱管理法治化、科学化、正规化建设要求进一步明确，与之相适应的管理制度相继出台，监狱管理制度更加适应社会主义社会建设的目标要求，监狱的管理也越来越科学、规范，依法治监的进程快速推进。建设现代化文明监狱的新要求，更加要求和快速推进监狱管理制度的创新。

从当前监狱管理制度和管理现状分析，监狱管理制度建立在中国特色社会主义法律框架下，体现了法律完善的方向，是依法治监的行动指南。紧密联系监狱工作实际，这些制度基本适应当前监狱工作的实际需求。当然，任何一项制度都不可能尽善尽美，在实践中也出现了一些矛盾和不和谐的因素，需要在管理实践中针对不同时期出现的矛盾和需求，通过制度创新渠道，不断地、反复地完善和修订，由此才能制定出更加适应和促进监狱发展的新制度。

（2）从《刑法修正案（八）》看监狱制度创新　《刑法修正案（八）》（以下简称为"修正案八"）的颁布，为我国刑法的不断完善留下了浓墨重彩的一笔。"修正案八"废除了十三个经济性非暴力犯罪的死刑，这充分反映了我国刑罚理念的改变，其积极意义被刑法学界所普遍认同。然而，在学术界，有关附加刑及未成年人、怀孕妇女和老年人从宽条款的适用尚存争议，死刑缓期两年执行的减刑以及是否应当废除贪污贿赂罪的死刑也是见仁见智。"修正案八"对监狱工作来说，综合分析总体是积极的。但是，从制度的平衡与和谐标准来说，分析其利弊尚存一些急待完善之处，需要法律上的完善。监狱的行刑成本明显增加。例如：判处无期徒刑的罪犯最少要在监狱关 13 年，死刑缓期执行减为无期徒刑的罪犯最少要在监狱关 20～25 年，有期徒刑的刑期最长可以判处 25 年，行刑时间加长，在吃、住、用、看病等方面，明显增加了监狱的管理成本。监狱管理难度增加，75 周岁以上老人故意犯罪的可以从轻或减轻处罚，过失犯罪的，应当从轻或减轻处罚，绝大多数不判处死刑，在监狱养老，这一类人管理难度增加，显然行刑成本也不断增加。刑罚处罚的力度削减，往往会造成短刑期罪犯再犯罪率的提高，导致了社会管理成本、司法机关办案成本都明显增加。通过行刑成本的分析，监狱要建立、完善一套与"修正案八"相适应的管理制度。当然，这仅仅是一个典型案例，目的就是为了说明，监狱管理制度创新是必需的、持久的、系统的工程。一项制度的出台，要看到新的问题，不回避矛盾，积极探索、创新管理制度，实现制度的平衡与和谐。

监狱制度是社会公共政策的重要组成部分，社会制度的创新，推动着监狱制度的创新，但是仅仅靠监狱内部制度的创新还不能完全解决监狱管理面临的困难和矛盾。监狱发展进程中遇到新的矛盾，有的可以通过完善内部管理制度来解决，有的矛盾还需要社会公共政策的创新来协同解决。例如，"修正案八"的出台，导致了社会管理难度增加，行刑成本增加，就需要通过社会公共政策职能来协调，建立相应的财政保障制度，加强监狱软、硬件设施建设，给予监狱充足的行刑财力、人力、物力和技术保障。

（3）监狱管理制度创新的瞻望　矛盾无处不在、无时不在，不适应的制度就会阻碍发展。管理者只有发现问题和矛盾的根源所在，创新管理制度，才能高效地推动发展和进步。监狱管理制度的创新要充分考虑法律体系的完善。制度创新要以现行法律为依据，监狱管理者要以完善监狱管理制度体系为出发点，进行必要的改革创新，不能为了创新而创新，不搞无谓的标新立异。在监狱管理中，监狱管理者要不断分析监狱法律和管理制度执行中的矛盾，分析原因，寻求解决问题的新途径。法律的修正和制度的完善要充分考虑法律体系的完善和管理制度的完善，充分体现法律、制度的系统性、科学性和协调性，才能最大化实现法律修正、制度创新的真实意义，减少监狱管理成本，提升监狱管理效能。例如：我国监狱法颁布实施以来，实践证明迫切需要制定一部《监狱法实施细则》，来加以完善监狱管理。监狱管理制度需要创新，而且需要持续创新，当现行的监狱管理制度与监狱发展不相适应的时候，就必须要创新，否则就会阻碍监狱的持续发展。监狱管理者对监狱制度的创新要进行综合、利弊分析。实施制度创新的目标要明确，其目标首先是为了解决发展中的矛盾问题，阻碍因素。实施制度创新之前，监狱管理者要充分分析现行制度执行中的矛盾及其根源，对照问题根源有的放矢地进行修订；制度创新和实践过程中，监狱管理者要充分分析新的管理制度出台的利弊，实践中将会出现什么新的矛盾，如何去防范，以实现制度的平衡与和谐，最大限度发挥制度创新的作用。监狱管理制度的创新要着力于提升执行力。制度创新的目的是为了更好地强化管理，提升执行力是制度创新的出发点和落脚点。一项新的制度不能得到很好的执行，或者根本没有得到被管理者的认可和接受，谈其执行力只是一纸空文。所以，制度创新一定要紧密联系实际，从执行环境和执行者的能力角度多考虑一些。监狱管理制度的创新要有系统的超前意识。世间万物都是发展的，任何人都不能违背发展的客观规律，作为监狱实施制度创新，要积极探寻监狱发展的新规律、新方向，作系统超前的分析，创新出更符合监狱发展的完善的制度体系。监狱管理制度创新需要社会公共政策的创新。监狱内部制度的创新是监狱管理的内部动力，监狱管理还需要借助于外力，就是要靠社会公共政策的创新来提供监狱管理的外力。监狱管理职能由政治职能向社会服务职能转变，不是孤立于社会管理之外的组织管理。监狱管理过程中出现的一些问题和矛盾，仅仅靠监狱内部的管理创新还不够，需要借助于社会公共政策。例如，把罪犯改造成守法公民，创新和应用教育矫正技术改造罪犯，先进矫正技术的应用仅仅通过民警的专业技术还不能满足日益复杂的押犯构成，需要借助于社会专业矫正机构和专业矫正人员来完成。监狱管理者要积极探索罪犯矫正社会化的新路径，建立完善的与社会矫正接轨的罪犯矫正制度。综上所述，实施监狱管理制度创新，是长期的、持续的系统工程。

3. 监狱管理模式的创新

监狱管理模式的创新是监狱管理创新的一项重要内容，包括监狱管理理论、管理原则、管理流程和管理方式的创新。监狱管理模式创新是现代监狱行刑制度理念的迫切需要，也是监狱实现可持续发展、服务社会主义和谐社会建设的迫切需要。监狱管理必须实现经验型、粗放型向理性化、科学化、法治化、规范化、精细化方向的转变。

（1）监狱管理传统模式分析　传统的监狱管理模式是监狱发展特定时期的产物，与当时的社会主义法制环境、经济环境、人文环境等因素密不可分，监狱管理粗放，缺乏规范化、标准化。传统的管理模式主要表现：一是管理规范化水平不高，监狱管理不够精细，工作流程不清晰，工作标准不明确；二是理性化水平不高，凭经验办事，理论指导实践不够，缺乏理性管理；三是法治化水平不高，制度的执行力有待加强；四是科学化管理水平不高，物态管理多，信息化水平低，管理组织架构复杂，管理效率低，成本高；五是监狱管理功能定位不准，监狱的本质职能和监狱办社会的职能没有清楚地分离。监狱管理的粗放模式、经验模式，不能适应新时期监狱工作目标要求，不能适应监狱社会公共服务职能的要求。从整体上看，监狱工作的基本运行模式大多还是沿用在计划经济中形成的模式，信息化建设滞后，监管条件基础薄弱，特别是监、企、社合一的监狱管理体制，在某些监狱仍然保留着几十年前的模样，直接导致监狱工作安全防范能力不足、执法功能弱化、改造效果下降，各种矛盾、困难、挑战纷至沓来。因此，监狱要积极、主动地适应变化了的社会经济生活条件，以增强监狱基本功能为目标，发扬创新精神，走信息化之路，彻底改革已经不适应社会主义市场经济体制的传统监狱管理模式。

（2）监狱管理模式转变方向　监狱管理模式的转变，是监狱管理创新的必由之路，监狱管理模式转变定位应该是最大限度实现监狱管理的社会化功能，目标是通过管理实现罪犯的再社会化。监狱管理模式应该向理性化、科学化、法治化、规范化、精细化方向努力。监狱押犯主体结构的转变，确定了监狱管理模式转变的方向。新中国成立初期到20世纪80年代，监狱关押的罪犯以"反革命"为主体转变为以"弱势群体"为主体，现在关押的罪犯多以社会弱势群体为主体。押犯主体结构的转变，迫切需要监狱管理模式的调整，监狱应该以帮助罪犯回归社会、更好地适应社会为价值追求，来调整监狱的管理模式。社会政治经济体制变化，确定了监狱管理模式转变的方向。中国社会主义政治经济体制下，监狱由国家的专政机器向社会公共用品转变，监狱的职能由政治职能向社会服务职能转变，实现了监狱职能的回归。社会政治经济体制的变化，推动了监狱体制改革，新的监狱体制、新的监狱管理模式正在逐步建立。例如：大多数监狱实施监狱体制改革，大力推进监、企、社分离，将监狱办社会职能转移到社会。有的监狱通过体制改革，加快机构人事制度改革，实行"扁平化"管理，这都是管理模式的转变方向。监狱管理模式转变的总体方向是一致的，但是要紧密联系监狱实际，有目标、有计划地推进适合本监狱实际的管理模式，不能搞"一刀切"或者"通用模式"，而且要循序渐进，逐步完善。例如：有的监狱具备较好的管理文化环境，监狱领导层管理理念先进，民警队伍素质高，信息化技术水平高，推进精细化管理的力度大，措施实，成效也很明显。有的农村监狱基础建设相对落后，或者受到人文环境等因素的影响，推进精细化管理的难度显然偏大，需要一个长期的努力过程。

（3）监狱管理模式创新思路　监狱管理模式创新方向明确，就是要推陈出新，建立适应新时期监狱发展的管理模式。一是通过管理模式的创新，促进监狱法治化建设。监狱是国家的刑罚执行机关，监狱的管理活动都必须在法律框架下进行。同时，社会主义监狱的职能回归，决定监狱管理的本质职能就是惩罚和改造罪犯、把罪犯改造成守法公民，使之更好地回归社会、服务社会，监狱管理活动应该适应现代的行刑制度发展方向。监狱要对罪犯的劳动改造职能进行科学定位，积极探索新时期监狱教育改造罪犯的模式，创新教育矫正技术，把罪犯的劳动改造职能与罪犯的职业技能教育有机结合，把罪犯的职业技能教育与教育矫正有机结合，把罪犯劳动作为罪犯教育矫正和职业技能培训的主要手段，着力于把罪犯改造成守法公民，培养罪犯回归社会后赖以生存的职业技能。二是通过监狱管理模式的创新，促进监狱的规范化建设。监狱要积极推进精细化管理模式，加强监狱管理活动的规范化建设。制度化是监狱规范化建设的前提，监狱管理者要不断加强制度完善和创新，构建健全的制度体系；标准化是规范化的核心，监狱管理者要着力加强工作流程设计和流程的标准化建设，构建监狱工作标准化体系；责任化是标准化的保障，监狱管理者要不断强化民警责任意识教育和责任考核机制建设，构建监狱管理责任体系。三是通过管理模式创新，促进监狱科学化建设。监狱应该建立科学的管理组织架构，根据监狱管理职能分类，监狱管理者要积极推进机构改革，推进"扁平化"，减少管理层级，降低管理协调成本，提升管理效能。监狱管理者应该进一步加大科学技术应用，提升管理水平和管理效能。监狱管理者应该着力加强先进理念和科学理论的研究，并用其指导监狱管理实践。例如，对罪犯矫正机制和矫正方法的创新。"改造囚犯的过程实质上是囚犯人文素质培育的过程、人文精神重构的过程。"● 监狱在罪犯的教育改造过程中可以引进中国传统文化来教育改造罪犯，如"儒家思想"、"弟子规"等，意在更好地弘扬中国的传统文化，并通过行之有效的方法，使中国的传统文化植根于罪犯的思想深处，从深层次上矫治罪犯的思想、心理和行为习惯。不同的罪犯有不同的宗教信仰，监狱也可以尝试将宗教文化应用到罪犯的教育矫正工作中，通过宗教信仰来影响罪犯的思想、心理和行为习惯。监狱还可以积极推进罪犯矫正的社会化，引进和吸收大量的社会团队和志愿者来参与监狱罪犯的教育矫正工作。四是通过监狱管理模式创新，促进监狱管理社会化建设。监狱社会化功能是监狱管理的落脚点，监狱职能就是把罪犯改造好，实现罪犯的再社会化。监狱管理模式转变就是要加强和改进教育改造工作，创新教育改造工作载体，提升罪犯的教育改造质量。监狱体制改革是监狱管理实现社会化的一次实践，体现了监狱本质职能的回归。实施监企分离，可以将监狱管理企业的职能从监狱管理职能中分离出去，委托社会经营，监狱提供场所和劳动力，监狱只负责罪犯的教育管理，企业的经营管理完全与监狱脱离，罪犯参与劳动作为一种职业技能的培训，这才是真正意义上的监狱本质职能回归。

4. 监狱管理技术方法的创新

实施监狱管理技术方法创新，就是在法律框架下，通过积极探索新的管理手段和方法，有效解决监狱管理中遇到的矛盾，最大限度地实现监狱工作目标。监狱工作目标就是把罪犯改造成守法公民，仅仅靠民警的看守、围墙电网的防范还不足以解决全部问题。实践证明，监狱管理者还需要加强监狱管理的现代化、信息化建设。监狱现代化、信息化建设的迫切要求正是监狱管理技术方法创新的重要途径。

（1）监狱管理技术方法的现状分析　就维护监狱安全稳定而言，现代监狱管理技术，分为人防、物防、技防、心防，这就是通常所说的"四防一体化"的工作要求。纵观监狱发展历程和监狱管理实践过程，监狱管理者往往把人防、物防放在了比较重要的位置，多数监狱管理者往往会忽视技防、心防技术的应用。就监狱民警队伍管理而言，人管人、制度管人等管理手段用得更多一些，信息化技术运用程度还不够高。随着现代化监狱建设进程的加快，部分监狱逐步加快了信息化技术建设步伐，但是，由于受观念、财力等因素影响，整体信息化程度不高，且监狱之间、省份之间发展不平衡，差距较大。目前，部分监狱信息化建设多停留于增加和使用电脑，监狱内部为使用某一应用软件而将几台电脑相连，建立局域网、内部电子邮件传输系统，以及在某一范围内使用监控等设备，总体上存在利用率不高，作用发挥不大，与现代信息化互联互通、信息资源共享的要求差距较大。与国家整体信息化发展相比，整个监狱系统信息化建设比较滞后的现象，已严重影响到监狱系统管理现代化进程，阻碍了监狱服务和谐社会建设的进程。监狱是政府体系和社会管理体系重要组成部分，社会发展要求监狱必须创新管理手段，建立信息系统，不断提升监狱管理水平。

（2）信息化是监狱管理技术创新的方向　科技进步，日新月异。随着信息化时代的来临，监狱工作信息化建设已成为当前依法治监、科技强警的战略性工程。监狱要发展，要

● 于爱荣，黄运海等著. 监狱文化论. 南京：江苏人民出版社，2009：2.

实现现代化，必须要依靠科技，加快信息化建设，实现全系统内信息的互联互通，资源的有效共享。监狱信息化建设，不仅仅是为了监狱防逃、防狱内案件，同时还为了提高监狱管理的科技含量，提升监狱管理水平，降低监狱管理成本，实现监狱管理现代化、科学化的目标。它是对监狱布局调整的完善，是进一步提升监狱工作管理水平的迫切需要，是实现监狱管理由传统经验粗放型为主向现代科学集约型转变的必然之举。监狱信息化是指以信息技术为手段，对传统监狱管理技术进行创新和优化，以实现高效率、高质量、低成本的全新监狱管理手段，从而实现信息资源数字化、信息传输网络化、信息管理智能化，管理手段现代化。监狱实现信息化，网络技术是手段，实现管理现代化是目的。监狱现代化是监狱管理追求的目标，监狱现代化的实现对信息化建设提出较高要求。监狱的信息技术必须高度发展，监狱的软硬件建设及管理必须溶入较高科技含量，各项工作必须与时代发展要求协调一致。因此，实现监狱现代化必须首先实现信息化，二者要同步推进。离开信息化而谈监狱现代化，那是无本之木，那样的现代化是低层次的，是原始的，是不符合时代发展要求的现代化。

（3）监狱信息化建设的前景构想　监狱迫切需要加快信息化建设，但是监狱管理者要科学规划，稳步推进实施，建设一套科学、先进、实用、高效的信息化管理系统。从维护监狱持续安全稳定出发，监狱管理者要分析人防、物防力量在监狱管理中的不足和薄弱环节，通过建设现代化技防技术设施，运用高科技手段防范狱内不安全因素。从降低监狱管理成本出发，监狱管理者通过加强监狱系统信息化建设，向科技要警力，向信息化要警力，从而可以减少民警配备总量，节省监狱管理的人力成本。同时，监狱要实现办公自动化，加强信息共享，提高办公效率，减轻民警工作强度和负担，节约办公经费，改善传统的管理思路和管理技术，实现办公无纸化、资源信息化、决策科学化。从建设社会主义和谐社会的要求出发，加强监狱系统信息化建设，民警通过系统搭建的平台，在网上进行交流，开设网上论坛，发表理论文章、观点、见解，交流罪犯改造经验、体会，互商工作中的难点和困难；整个系统内民警通过网上在线进行培训，不断提高民警改造罪犯的技能。同时，监狱利用网络系统，建立全方位、多层次、宽领域的教育载体，改善罪犯教育设施条件，开展网上远程教学，加强对罪犯政策法规、形势道德、文化技术等教育，罪犯可通过网络进行网上法律咨询、心理咨询和治疗，有利于拓展罪犯视野，丰富罪犯知识，净化罪犯心灵，不断提高罪犯自身知识水平和法律素养，不断提高罪犯改造质量，达到维护监狱持续安全稳定、促进和谐社会建设的目的。从突发事件的快速处置出发，加强监狱系统信息化建设，形成纵横双向贯通的、统一协调的快速指挥系统，同时与公安、消防、武警、检察院等部门指挥系统对接，使信息沟通交流更加准确、及时、全面，指挥更加快捷、直接，参与处置突发事件的各种力量反应更加迅速，有效减少因信息不灵、不精、不准等因素而影响突发事件处置，尽量避免给监狱和社会安定和谐环境造成影响。从加强执法监督出发，监狱通过信息网络，扩大狱务公开内容，主动接受罪犯亲属及社会广泛监督，也有利于检察院、人大等专门机构对监狱执法的监督。同时，监狱各项工作主要依靠网络系统传输、处理，有利于执法工作透明化、规范化、科学化。从罪犯信息资源共享出发，监狱系统信息化建成后，可在网络系统上建立罪犯基础信息资料库，包括罪犯基本情况、犯罪记录情况、狱内改造情况、主要社会关系情况、刑释回归社会后跟踪情况等内容，将这些情况进行记载并在一定范围内实现共享，可为罪犯刑释安置帮教、刑事案件的侦破、学术研究、犯罪预防研究等发挥作用。同时地方司法机关还可利用该系统，对出狱人员就业及其他情况进行跟踪，以便更好地保护出狱人的权益，巩固监狱改造成果，更好地维护社会的稳定与和谐。

四、监狱创新管理的路径

监狱实施管理创新，是监狱发展的不竭动力，推进管理创新，才能使监狱管理充满生机与活力。推进监狱管理创新，首先要搞好制度建设，完善监狱管理的一系列政策和法律规范，建立与构建和谐社会相适应的监狱管理新格局。推进监狱管理创新，特别重要的是要完善监狱管理结构，重视对优秀的管理者和优秀的专业人员的培养和培育，通过进行过程引导和规范，形成卓有成效的监狱管理创新的动态机制。推进监狱管理创新，监狱管理者要确立正确方向和科学路径，要促进提升监狱发展活力而不是要限制监狱发展，要尊重监狱行刑价值观念，倡导科学的管理模式，重视沟通与协调。监狱管理创新的关键在于改革要着眼于促进和顺应整个社会发展进步，监狱管理者要引入行政过程管理理论对监狱管理活动进行综合的全面衡量，依法作出科学合理的裁量判断。

1. 以人为本，增强创新意识、能力和责任

监狱管理创新是一种具有高度自主性的创造性活动，依赖于不同思想、意见和利益的相互交流和撞击，依赖于开放性、自由交流、容忍不同观点的环境，更依赖于相关各方全方位参与管理、决策或者提出合理化建议。实施监狱管理创新要落实科学发展观，坚持以人为本，增强民警参与创新的意识、责任和能力，让更多的人理解并积极参与到监狱管理创新活动中去。

（1）增强创新意识　意识是行动的先导。监狱实施管理创新，要求参与监狱管理的所有人都有强烈的创新意识，才能积极参与到创新活动中去。监狱管理者是推动管理创新的积极推进者，首先必须具备与时俱进、开拓创新的时代精神，自觉增强监狱管理创新的意识。民警是监狱管理行为的主体，是监狱管理活动的实践者，在管理活动中积累了丰富的经验，也吸取了深刻的教训，对监狱管理创新体会最深，最有发言权。若是民警对监狱管理活动无动于衷，从何谈起为监狱管理创新建言献策，更不可能去主动适应和积极支持监狱管理创新。为此，监狱管理者要加强民警创新意识的教育和引导工作，让民警充分认识监狱管理创新的必要性和深远历史意义，主动积极地参与监狱管理创新。监狱实施管理创新势必会遇到一些阻力，新出台的管理制度、管理模式和管理技术方法，会在一定程度上影响到某些人群的利益，不和谐的声音会油然而生。推进管理创新，监狱管理者思想上不能松懈，要加强对民警的教育引导，最大限度地把民警的思想统一到监狱管理创新的举措上来，力求能得到绝大多数人的支持和理解，千万不能遇到阻力，就此罢休，否则会大大削减民警参与创新的热情和意识。

（2）增强创新能力　创新不是一件简单的事情，需要经过广泛的调研分析，把准监狱发展过程中遇到的困难和矛盾，深挖其根源，积极探索新的管理制度、模式和方法。监狱管理创新需要监狱管理者和民警具备较强的岗位履职本领之外，还需要具备分析问题、解决问题的综合知识能力，需要丰富的社会阅历、合理的知识结构和较为广泛的知识面。监狱管理者和民警的能力既是参与创新管理的需要，也是执行管理新政的需要。监狱管理者

要立足民警队伍能力结构状况，积极开展民警的教育培训工作，从思想理念教育抓起，着力培训民警的岗位业务知识、管理知识、思维能力等，提升民警知识水平，优化民警的知识结构，更好地为推进监狱管理创新提供能力保障。

（3）增强创新责任　做事就怕"认真"二字，认真来源于责任。有责任就有动力。推进监狱管理创新，首先要加强监狱管理者的领导责任，一方面要坚持带头创新，积极投入到推进管理创新的活动中去；另一方面，要加强实施管理创新活动的领导，狠抓创新理念的贯彻和创新举措的落实。作为监狱民警也要清醒地认识到推进监狱管理创新，是推进监狱又好又快发展的迫切需要，每一位民警都肩负着监狱发展的重任，推进监狱管理创新是民警义不容辞的责任。

2. 健全机制，强化创新制度、激励和保障

推进监狱实施管理创新，需要制度来规范和约束，需要落实激励措施来增强创新动力，需要人、财、物作为保障。为此，监狱管理者要建立、健全监狱管理创新的动态机制，来推进卓有成效的监狱管理创新。

（1）监狱管理创新需要制度规范　监狱管理创新是一项永不停止的工程，贯穿监狱管理的每一个环节、每一个时刻，是一项常规的工作。没有规矩不成方圆，没有制度的约束，监狱管理创新活动就会失去方向。建立创新制度，就进一步明确了监狱管理创新的常态化机制；建立创新制度，就明确了人人参与创新的责任；建立创新制度，就明确了监狱管理创新不能违背事物发展的规律，促进监狱管理创新的科学化、规范化、制度化。

（2）监狱管理创新需要激励措施　激励是为了更好地促进一项活动的开展，提升参与热情和动力。失去激励，民警参与创新的热情会逐步下降，进而影响创新的效果。监狱管理者要建立健全推进创新的激励措施，对积极参与创新，对为监狱创新付出努力的民警要根据贡献大小给予相应的奖励，对不参与创新，或者参与热情不高的行为，要予以批评和相应的惩罚，进而促进民警为监狱管理创新多做贡献，形成人人参与创新、人人支持创新的良好氛围。

（3）监狱管理创新需要健全保障机制　为构建监狱管理创新长效机制，监狱应该积极提高相应的物质保障、智力支撑和环境保障条件水平。首先，监狱要成立专门的监狱管理创新的领导机构和研究机构，确保有人管、有人做。其次，监狱应该划拨专门的经费，用于监狱管理创新研究和实践，在经济上给予支持。第三，监狱要选拔一批优秀人才从事监狱管理创新研究，为管理创新提供智力支撑。

3. 拓宽思路，科学地借鉴和吸收

推进监狱管理创新，不是独创、闭门造车。它一方面来源于对工作实践的总结，另一方面来源于拓宽渠道，开阔视野，广泛地调研征求建议，辩证地吸收多方意见，有选择地借鉴，为监狱管理创新提供好的思路和模型。

（1）监狱管理创新要拓宽思路　思路决定出路，在推进监狱管理创新方面思路要宽。局限的思维，不能推进创新，甚至阻碍创新。在观察分析现有监狱管理的时候，监狱管理者一定要放宽思路，跳出圈子看问题、分析问题，要有系统思维，全面分析现有管理中暴露出的问题和矛盾，要有超前思维，把眼光看得更长远一些，才能探索出更具活力、更有成效的管理机制、模式和方法。

（2）监狱管理创新要善于吸收和借鉴　监狱管理创新是一种创造性活动，来源于不同

思想、意见和利益的相互交流和撞击，依赖于开放性、自由交流、容忍不同观点的环境，更依赖于相关各方全方位参与管理、决策或者提出合理化建议。推进监狱管理创新，监狱管理者需要深入到基层、深入到民警的工作实践中去，进行广泛深入的调研，要善于聆听民警的心声，把有利于监狱管理和科学发展的意见和建议吸收进来，为监狱管理创新提供决策依据。

4. 立足中国监狱特色，协调推进监狱管理创新

立足中国监狱特色和本土化，监狱的总体目标是实现安全防范格局从人力密集型向科技密集型转变，罪犯改造工作从传统经验型向现代矫正型转变，警务管理模式从静态被动型向信息主导型转变，现代科技应用从分散规模型向集成效能型转变。

（1）加快安防一体化建设，筑牢监狱安全稳定根基　监狱管理者要积极推进矫正干预技术示范工程建设，创新运用多媒体和网络技术，开展罪犯电化教育和远程教育；广泛应用心理测量、心理咨询和心理矫治技术开展心理矫正和心理干预，服务罪犯改造；应用罪犯改造质量评估系统、个案矫正技术、危机干预技术和再犯罪预测技术，提高改造工作实效性。监狱管理者要综合运用现代管理方法和科学有效的劳动改造手段，促进罪犯综合素质和劳作技能不断提高。监狱管理者要开展科技创安平台建设，建立健全智能高效的安全预警机制和安全防范长效机制，积极探索运用电子网络技术，实现对罪犯全时空监控；创新应用预警技术和突发事件应急处置技术，确保第一时间处置好各类突发事件；创新应用基于RFID射频识别技术的精确实时定位技术和通讯网络传输技术，提高基础性技术装备和监狱民警警务装备水平。监狱管理者要开展数字警务平台建设，积极吸收应用现代科技，全力打造"数字智能化"警务平台，创新应用监狱"警务通"系统，优化配置和科学使用警务资源；改善基层监区和一线民警的交通、通讯和应急处置等新型警务装备。监狱管理者要着力开展监狱政务支撑体系建设，吸收和创新运用先进的数字网络化信息技术，建立刑罚执行基础数据库。引进使用先进实用的医疗卫生技术和装备，建设突发公共卫生事件预警处置系统。创新应用功能完善的办案智能化网络化技术，推动政务公开，增加执法工作透明度。

（2）创新教育改造手段，提升教育改造质量　监狱管理者要积极探索"首要标准"背景下的罪犯教育改造工作的新途径、新方法，不断丰富教育改造内容，创新教育改造方法，着力提高教育改造工作的科学化、专业化和社会化水平，促进罪犯改造质量不断提升，降低刑释人员重新犯罪率。监狱管理者要积极推进实施"5＋1＋1"教育管理新模式，不断加强罪犯思想道德、法律法规、文化知识、职业技能等教育。监狱要着力加强行为养成教育，促进罪犯明礼守规。通过大量的课堂化教育、个案解析、专家讲座和法律咨询、法律援助等形式，帮助罪犯增强法律意识，树立法制观念。监狱要把文化教育的着力点放在文化层次较低的罪犯身上，将未成年犯的教育纳入到地方义务教育体系，积极促成罪犯参与自学考试。监狱要着力加强罪犯教育网建设，搭建有线电视、广播和罪犯教育网"三网合一"的教育平台，全面整合教育改造资源，实现教育改造信息的共享。监狱要拓宽社会帮教渠道，努力发挥罪犯亲属、社会帮教志愿者、爱国主义教育基地等在罪犯改造中的作用，推进罪犯教育改造工作社会化。监狱要加强与社会保障部门、职业技能培训机构联系，将实用性、操作性强的培训项目引入监内，开展罪犯创业培训（SIYB）工作，提高刑释人员就业、创业能力和社会适应力。监狱要深入推进罪犯改造质量评估工作，更加科

学地认识罪犯、客观公正地评价罪犯和有效地矫正罪犯，不断提高罪犯改造质量。加强罪犯服刑指导中心、心理健康指导中心和罪犯回归指导中心的规范化建设，深入推进个别化矫正工作。

（3）加强执法规范化建设，提升监狱执法公信力　监狱的执法工作是监狱的生命线。监狱管理者要认真贯彻落实宽严相济刑事司法政策，大力推进执法规范化建设，不断规范监狱执法标准和执法程序。监狱在执法管理中，要对罪犯的改造表现全部实行量化考核，罪犯改造表现情况每天一记录，每周一评议，每月张榜公示。在监所积极推行"罪犯减刑、假释听证制度"，会同当地法院探索设立"监狱（所）巡回法庭"，让罪犯参加旁听，提高减刑、假释工作的透明度。监狱要开通罪犯教育网自主查询、会见室罪犯亲属公开查询平台等，对监狱执法和管理工作的各个方面予以公开，使每一名罪犯对自己的改造表现情况都能做到心中有数。监狱要对执法活动的具体标准、要求和程序进行全面规范和明确，并通过开展深入推进"公正廉洁执法"主题活动，不断加强执法管理监督，规范执法行为，确保执法工作统一、规范、公平、公正。通过立体监督，促进全过程阳光执法。有监督才有制约，才能保证公权力不会被滥用。监狱执法的每个环节，都要接受检察机关的法律监督，纪检监察部门的监督，人民群众的社会监督和新闻部门的舆论监督。

（4）加强警务效能建设，提升民警队伍战斗力　监狱要以警务效能建设为主线，切实加强监狱领导层和人才队伍建设，进一步转变警务理念，健全警务机制，开发警力资源，促进民警队伍素质和战斗力显著提升，为监狱事业创新发展提供坚强的人才保障。监狱管理者要善于进一步整合资源，争取效能最大化。围绕司法部"75%的警力配置在监区，带值班警力达到罪犯数 8%"的要求，科学配备、使用基层警力资源，逐步实现警务行为的标准化、程序化和规范化。在组织架构上，监狱要全面推行扁平化管理，实行"监狱—监区"二级管理模式，形成"小机关、大监区"的组织结构，推动警力下沉。从安全防范、公正执法、提高教育改造质量的要求出发，监狱应逐步配备监区专兼职教育改造民警、狱侦民警、心理咨询师等，分类规范民警值班和备勤模式。应充分发挥女民警作用，在男犯监狱成立女民警内勤办公室、女警中心，协助监区完成一些辅助性管理工作，将更多男民警警力置换充实到一线押犯监区。监狱管理者要深化人才队伍建设，提升人才培养层次，拓展人才发展路径，放大人才兴业效应。监狱要加大竞争性选拔领导干部的工作力度，配齐配强监狱和监区领导班子。监狱管理者要加强民警培训考核，构建完整的、贴近实战的教育培训体系，着力提升队伍创造力。监狱要坚持从严治警，深入开展"规范执法行为，提高执法水平"专题教育实践和"警容风纪月"等活动，加强民警日常管理，提高民警队伍管理水平。监狱管理者要善于开展经常性思想政治工作，严格执行"四必谈四必访"、民警思想分析等制度，关注民警的心理健康。同时，作为监狱管理者要认真落实多元化从优待警措施，不断改善民警工作、学习和生活条件，激发民警干事创业热情。

参 考 文 献

[1] 赵建芳编译. 管理大师速读. 北京：地震出版社，2004.

[2] [法] 保尔·拉法格著. 回忆马克思恩格斯. 中央编译局编译. 北京：人民出版社，2005.

[3] 蓝雨编著. 责任比能力更重要. 北京：中国商业出版社，2003.

[4] 王占坡主编. 领导管人，流程管事. 北京：民主与建设出版社，2011.

[5] 栾润峰著. 精确管理. 北京：东方出版社，2006.

[6] [美] 彼得·圣吉著. 第五项修炼. 张成林译. 北京：中信出版社，2009.

[7] 汪中求著. 细节决定成败. 北京：新华出版社，2004.

[8] 于爱荣主编. 监狱文化论. 南京：江苏人民出版社，2009.

[9] 陈树文著. 组织管理学. 大连：大连理工大学出版社，2005.

[10] [美] 罗宾斯等著. 组织行为学. 李原译. 北京：中国人民大学出版社，2008.

[11] 苗丽静著. 非营利组织管理学. 大连：东北财经大学出版社，2010.

[12] 蒋才洪著. 监狱精细化管理. 北京：法律出版社，2010.

[13] 钟安惠著. 西方刑罚功能论. 北京：中国方正出版社，2001.

[14] 司法部监狱管理局主编. 监狱工作手册. 北京：法律出版社，1999.

[15] [美] 彼得·德鲁克著. 管理的实践（珍藏版）. 齐若兰译. 北京：机械工业出版社，2009.

[16] 牧之，张震编著. 管理要读心理学. 北京：新世界出版社，2010.

[17] 臧瑾，代宏坤编著. 中层经理最新管理手册（精编版），北京：中国言实出版社，2006.

[18] 刘伟，刘国宁编著. 高层经理最新管理手册（精编版），北京：中国言实出版社，2006.

[19] 李志敏编著. 态度决定一切. 呼和浩特：远方出版社，2008.

[20] 孙郡锴编著. 做人用人管好人. 北京：中国华侨出版社，2010.

[21] 张静抒编著. 情感管理学. 上海：上海交通大学出版社，2008.

[22] 博瑞森编著. 人人都能当领导. 北京：中国市场出版社，2006.

[23] 贾振明主编. 每天进步一点点全集. 呼和浩特：远方出版社，2009.

[24] 王利平，黄江明主编. 现代企业管理基础. 北京：中国人民大学出版社，1994.

[25] 马银春，吴学刚编著. 读三国学管理. 北京：中国物资出版社，2005.

[26] 饶征，彭剑锋著. 基于能力的人力资源管理. 北京：中国人民大学出版社，2003.

[27] 何孝瑛，冯秋婷主编. 领导科学培训纲要. 北京：中共中央党校出版社，1998.

[28] 宇琦编著. 领导干部每天读点经济学. 北京：中国华侨出版社，2010.

[29] 曾明彬主编. 魅力领导. 广州：广东经济出版社，2008.

[30] 梁作民主编. 公务员能力建设培训丛书. 北京：中国人事出版社，2005.

[31] [法] 埃德加·富尔著. 学会生存——教育世界的今天和明天. 华东师范大学比较教育研究所译. 北京：教育科学出版社，1996.

[32] [美] 戴维 A. 加尔文（David A. Garvin）著. 学习型组织行动纲领. 邱昭良译. 北京：机械工业出版社，2004.